智能财税岗课赛证融通教材·中职系列

智能会计信息系统应用

中联集团教育科技有限公司　组　编

林　娜　黄爱华　主　编
樊　珂　徐　蓓　孙建国　副主编

高月玲　周　丽　黄玉兰　刘　涛
陈燕明　梁颖怡　李　微　赵舒婷　参　编
胡　珊　宋　杰　王利平　李　荣
孙　红　董　荟　罗　燕　段淑荣

电子工业出版社
Publishing House of Electronics Industry
北京·BEIJING

内 容 简 介

本书基于中联集团教育科技有限公司的智能财税平台,以小型商贸企业的典型财务业务为背景,先从会计职业判断角度厘清会计原理,再从平台角度理清会计业务处理,从账套建立开始,详细阐述票—证—账—表业务处理流程。各项目设有思政目标、知识目标、技能目标和任务情境、任务准备(或知识准备)、任务实施、任务评价、任务拓展、单元练习,有理论、有实训,按照"工学一体项目教学法"要求,系统阐述了"大智云移"技术背景下的会计职业判断和会计实操,注重信息系统与经营环境的契合,力求情境创设真实、任务要求明确、指导过程详细,符合行动导向教学要求,使学生领会智慧财经的高效和逻辑,为培养智能财税会计人才夯实基础。

本书体系完整、内容实用、配套资源丰富,既可作为全国中等职业学校、技工院校会计事务、金融事务和纳税事务等会计专业群的通用教材,也可作为企业管理人员的自学参考书。

未经许可,不得以任何方式复制或抄袭本书的部分或全部内容。
版权所有,侵权必究。

图书在版编目(CIP)数据

智能会计信息系统应用 / 林娜,黄爱华主编 . — 北京:电子工业出版社,2022.11
ISBN 978-7-121-44431-9

Ⅰ. ①智… Ⅱ. ①林… ②黄… Ⅲ. ①会计信息—财务管理系统—中等专业学校—教材 Ⅳ. ① F232

中国版本图书馆 CIP 数据核字(2022)第 192247 号

责任编辑:陈 虹
印　　刷:固安县铭成印刷有限公司
装　　订:固安县铭成印刷有限公司
出版发行:电子工业出版社
　　　　　北京市海淀区万寿路 173 信箱　邮编:100036
开　　本:880×1230　1/16　印张:13.75　字数:316.8 千字
版　　次:2022 年 11 月第 1 版
印　　次:2025 年 2 月第 4 次印刷
定　　价:48.00 元

凡所购买电子工业出版社图书有缺损问题,请向购买书店调换。若书店售缺,请与本社发行部联系,联系及邮购电话:(010)88254888,88258888。
质量投诉请发邮件至 zlts@phei.com.cn,盗版侵权举报请发邮件至 dbqq@phei.com.cn。
本书咨询联系方式:邮件 fservice@vip.163.com;手机 18310186571。

前 言

信息化是当今世界发展的必然趋势，是推动我国现代化建设和经济社会变革的技术手段和基础性工程。《2006—2020 年国家信息化发展战略》明确指出，国家信息化发展的战略重点包括推进国民经济和社会信息化；加强信息资源开发利用；推行电子政务；完善综合信息基础设施；提高国民经济信息应用能力，等等。全面推进会计信息化工作，是贯彻落实国家信息化发展战略的重要举措，对于全面提升我国会计工作水平具有十分重要的意义。全面推进我国会计信息化工作的目标是：力争通过 5~10 年的努力，建立健全会计信息化法规体系和会计信息化标准体系［包括可扩展商业报告语言（XBRL）分类标准］，全力打造会计信息化人才队伍，基本实现大型企事业单位会计信息化与经营管理信息化融合，进一步提升企事业单位的管理水平和风险防范能力，做到数出一门、资源共享，便于不同信息使用者获取和分析，用以进行投资和相关决策；基本实现大型会计师事务所采用信息化手段对客户的财务报告和内部控制进行审计，进一步提升社会审计质量和效率；基本实现政府会计管理和会计监督的信息化，进一步提升会计管理水平和监管效能；通过全面推进会计信息化工作，使我国的会计信息化达到或接近世界先进水平。

2021 年 4 月 12 日至 13 日全国职业教育大会在京召开，会上提出，要一体化设计中职、高职、本科职业教育培养体系，深化"三教"改革，"岗课赛证"综合育人，提升教育质量。为深入贯彻和落实全国职业教育大会精神，根据《国家职业教育改革实施方案》《关于在院校实施"学历证书＋若干职业技能等级证书"制度试点方案》等文件的精神要求，我们特编写此岗课赛证融通教材。

本书依托智能财税平台，系统阐述了"大智云移"技术背景下会计职业判断的重要性，注重信息系统与经营环境的契合。书中提供了详细的操作步骤和重点内容的操作视频，具有很强的实用性和可操作性，并兼具以下特色。

1. 案例贯通，情境育人

本书以企业仿真案例贯通全文，以各工作岗位完成相应工作和任务为主线，展示票证、账表处理全貌；融合新技术、新工艺、新规范，运用"大智云移"技术，包括 ORC 识别技术和 RPA 机器人，充分展示会计信息化智慧财经成果。

2. 工学一体，岗课赛证全面融合

将工作融入学习，工作归类和工作任务分解相结合，采用流程化设计、任务驱动，并使思政教育有机融入，做到"教学做"一体。同时，将会计核算岗位技能、1+X智能财税职业技能等级证书内容融入本书，将证书内容融入赛事，形成岗课赛证融通，以提高学生岗位就业能力。

3. 三维评价，过程育人

本书在每个单元后面均设置了任务评价表。评价指标以岗位工作为导向，采用学生自评、教师评价和小组互评等多维度评价模式，及时总结任务达标程度，以提升学生综合素养。

本书由广州市财经商贸职业学校林娜、江西省商务学校黄爱华担任主编；河南省商务中等职业学校樊珂、四川成都财贸职高徐蓓、沈阳现代制造服务学校孙建国担任副主编；江苏省相城中等专业学校高月玲，江西省商务学校周丽、黄玉兰、刘涛，广州市财经商贸职业学校陈燕明、梁颖怡，哈尔滨市第一职业高级中学校李微，四川成都财贸职高赵舒婷、胡珊，沈阳现代制造服务学校宋杰，北京市信息管理学校王利平，山东省济南商贸学校李荣，鲁中中等专业学校孙红，河南省商务中等职业学校董荟，北京市经济管理学校罗燕，河北经济管理学校段淑荣参编。具体编写分工为：单元一由高月玲编写；单元二由黄爱华、黄玉兰、刘涛编写；单元三由林娜、陈燕明、梁颖怡、李微编写；单元四由徐蓓、赵舒婷、胡珊编写；单元五由孙建国、宋杰、王利平、李荣、孙红编写；单元七由黄爱华、周丽、刘涛编写；单元六和单元八由樊珂、董荟、罗燕、段淑荣编写；全书的案例由黄爱华负责编写。全书由林娜、黄爱华负责统稿。

本书在编写过程中得到了电子工业出版社的大力支持和帮助，在此表示感谢！

由于作者认知水平和实践经验有限，书中不妥之处恳请读者批评指正，以便我们不断修改和完善。

编 者

目 录

单元一 智能会计信息系统概述 1

任务一 会计信息化认知 /1
  一、任务情境 /1
  二、知识准备 /2

任务二 会计共享服务认知 /5
  一、任务情境 /5
  二、知识准备 /5

任务三 会计共享服务平台认知 /8
  一、任务情境 /8
  二、知识准备 /8

单元二 系统级初始化 13

任务一 账套建立 /13
  一、任务情境 /13
  二、任务准备 /14
  三、任务实施 /15
  四、任务评价 /17
  五、任务拓展 /18

任务二 系统基础设置 /18
  一、任务情境 /18
  二、任务准备 /18
  三、任务实施 /20
  四、任务评价 /26
  五、任务拓展 /26

单元三 票据管理 28

任务一 发票开具 /28
  任务（一） 发票认知 /28
    一、任务情境 /28
    二、知识准备 /28
  任务（二） 纸质发票开具 /30
    一、任务情境 /30
    二、任务准备 /31
    三、任务实施 /33
    四、任务评价 /36
    五、任务拓展 /36
  任务（三） 电子发票开具 /37
    一、任务情境 /37
    二、任务准备 /37
    三、任务实施 /39
    四、任务评价 /41
    五、任务拓展 /41
  任务（四） 税务局代开发票 /41
    一、任务情境 /41
    二、任务准备 /42
    三、任务实施 /43
    四、任务评价 /45
    五、任务拓展 /46

任务二 票据接收与整理 /46
  任务（一） 纸质票据接收与整理 /46
    一、任务情境 /46
    二、任务准备 /47
    三、任务实施 /47
    四、任务评价 /50
    五、任务拓展 /50

任务（二）　电子票据接收与整理　/50
  一、任务情境　/50
  二、任务准备　/50
  三、任务实施　/51
  四、任务评价　/52
  五、任务拓展　/52

任务三　票据扫描与分类　/53
  一、任务情境　/53
  二、任务准备　/53
  三、任务实施　/55
  四、任务评价　/58
  五、任务拓展　/58

任务四　票据查验　/59
  一、任务情境　/59
  二、任务准备　/59
  三、任务实施　/60
  四、任务评价　/63
  五、任务拓展　/63

任务五　档案管理　/63
 任务（一）　票据影像档案管理　/63
  一、任务情境　/63
  二、任务准备　/64
  三、任务实施　/64
  四、任务评价　/64
  五、任务拓展　/65
 任务（二）　纸质票据管理　/65
  一、任务情境　/65
  二、任务准备　/65
  三、任务实施　/66
  四、任务评价　/66
  五、任务拓展　/66

单元四　票据制单与审核　68

任务一　票据制单方式认知　/68
  一、任务情境　/68
  二、知识准备　/68
  三、任务实施　/69
  四、任务评价　/71
  五、任务拓展　/71

任务二　销售发票制单与审核　/71
  一、任务情境　/71
  二、任务准备　/73
  三、任务实施　/75
  四、任务评价　/77
  五、任务拓展　/78

任务三　采购发票制单与审核　/78
  一、任务情境　/78
  二、任务准备　/79
  三、任务实施　/80
  四、任务评价　/81
  五、任务拓展　/81

任务四　银行结算单据制单与审核　/82
  一、任务情境　/82
  二、任务准备　/82
  三、任务实施　/84
  四、任务评价　/84
  五、任务拓展　/85

任务五　日常费用票据制单与审核　/85
  一、任务情境　/85
  二、任务准备　/86
  三、任务实施　/88
  四、任务评价　/88
  五、任务拓展　/89

单元五　智能工资管理　90

任务一　工资管理内容　/90
  一、任务情境　/90
  二、任务准备　/91
  三、任务实施　/95
  四、任务评价　/95
  五、任务拓展　/96

任务二　智能工资管理流程　/96
  一、任务情境　/96
  二、任务准备　/96
  三、任务实施　/97
  四、任务评价　/98
  五、任务拓展　/99

目 录

任务三　工资数据智能导入　/99
　　一、任务情境　/99
　　二、任务准备　/100
　　三、任务实施　/100
　　四、任务评价　/106
　　五、任务拓展　/107

任务四　个税智能计算与申报　/107
　　一、任务情境　/107
　　二、任务准备　/107
　　三、任务实施　/108
　　四、任务评价　/110
　　五、任务拓展　/112

任务五　工资智能核算　/112
　　一、任务情境　/112
　　二、任务准备　/113
　　三、任务实施　/114
　　四、任务评价　/119
　　五、任务拓展　/120

单元六　固定资产管理　121

任务一　固定资产认知　/121
　　一、任务情境　/121
　　二、任务准备　/122
　　三、任务实施　/124
　　四、任务评价　/127
　　五、任务拓展　/128

任务二　固定资产管理　/128
　　一、任务情境　/128
　　二、任务准备　/129
　　三、任务实施　/131
　　四、任务评价　/139
　　五、任务拓展　/140

任务三　资产凭证账簿智能查询　/140
　　一、任务情境　/140
　　二、任务准备　/141
　　三、任务实施　/143
　　四、任务评价　/149
　　五、任务拓展　/150

单元七　期末会计事项的处理　151

任务一　期末会计事项认知　/151
　任务（一）　期末会计事项的内容　/151
　　一、任务情境　/151
　　二、任务准备　/152
　　三、任务实施　/153
　　四、任务评价　/158
　　五、任务拓展　/158
　任务（二）　期末会计事项智能管理流程　/158
　　一、任务情境　/158
　　二、任务准备　/159
　　三、任务实施　/160
　　四、任务评价　/160
　　五、任务拓展　/161

任务二　月末处理智能管理　/161
　任务（一）　月末处理内容　/161
　　一、任务情境　/161
　　二、任务准备　/161
　　三、任务实施　/162
　　四、任务评价　/163
　　五、任务拓展　/163
　任务（二）　两种增值税纳税人的月末处理　/163
　　一、任务情境　/163
　　二、任务准备　/164
　　三、任务实施　/165
　　四、任务评价　/166
　　五、任务拓展　/167
　任务（三）　月末处理智能管理操作　/167
　　一、任务情境　/167
　　二、任务准备　/167
　　三、任务实施　/168
　　四、任务评价　/179
　　五、任务拓展　/179

任务三　账表智能查询与结账　/180
　　一、任务情境　/180
　　二、任务准备　/180
　　三、任务实施　/184
　　四、任务评价　/189
　　五、任务拓展　/189

单元八　会计账簿与财务报表自动化处理　/191

任务一　会计账簿自动化生成与查询　/191

　　一、任务情境　/191

　　二、任务准备　/192

　　三、任务实施　/194

　　四、任务评价　/198

　　五、任务拓展　/198

任务二　财务报表自动化生成与查询　/198

　　一、任务情境　/198

　　二、任务准备　/199

　　三、任务实施　/206

　　四、任务评价　/209

　　五、任务拓展　/209

单元一
智能会计信息系统概述

↘ 思政目标
1. 主流价值观指引，凝聚价值认同。
2. 融入真实情境，培养文化自信。
3. 激发社会责任感，培养职业担当。

↘ 知识目标
1. 了解会计信息化、会计共享服务的概念。
2. 认识会计信息化、会计共享服务的特征及其现状和发展趋势。
3. 了解会计共享服务平台的种类。
4. 熟知信息化技术给社会形态和财务会计处理带来的影响。

↘ 技能目标
1. 能够娴熟地描述会计信息化的发展历程。
2. 能够合理描述会计共享服务的技术支撑。
3. 能够熟知并运用常见的会计共享服务平台。

任务一　会计信息化认知

一、任务情境

2021年2月，已工作5年的张瑛被单位从往来账岗位调到了会计信息化岗位。当问及会计主管自己的工作内容时，她被告知要求利用信息化技术加强会计管理，提升企业的管理水平和风险防范能力。在学校学习过会计信息化，之前也只是单纯操作往来账目的张瑛，赶忙上网查找会计信息化的有关资料。

二、知识准备

在西方，卢卡·帕乔利于1494年撰写出版的《数学大全》中，归纳、总结并创建了复式记账法，从本质上揭示了资产与资本、负债三要素在企业经济活动中的内在关系。这一理论也成为现代会计学的开端。

在中国，唐宋时期复式记账法便开始萌芽，"四脚账""龙门账"等中式会计思想更是随着明、清两代工商经济的发展不断完善。其中，"四脚账"对所有经济业务均实行"有来必有去，来去必相等"的原则，与现代会计的"有借必有贷，借贷必相等"的思想有异曲同工之妙；"天地合"平账法已与现代商业会计利润（亏损）计算所运用的公式基本相同。无论在东方还是西方，会计理论的形成都建立在工商经济繁荣的基础之上。

20世纪70年代末，财务管理和财务会计步入深入发展的新时期，国际化、精确化、电算化、网络化、数字化成为潮流和趋势。自20世纪90年代中期开始，随着现代计算机技术、电子通信技术、网络技术及数字技术的飞速发展，财务会计电算化已得到广泛普及。从最早期的单机版财务管理软件发展到网络版财务管理软件，再到ERP软件全面集成、业财一体融合等，会计和财务管理信息已经从传统簿记时代全面进入电子数据时代。

（一）会计信息化概述

1. 会计电算化

（1）概念

一般而言，会计电算化有狭义和广义之分：狭义的会计电算化是指以电子计算机为主体的当代电子信息技术在会计工作中的应用，包括利用计算机完成记账、算账、报账，以及对会计信息进行分析、预测、决策；广义的会计电算化是指与实现会计电算化有关的所有工作，包括会计电算化软件的开发和应用、会计电算化人才的培训、会计电算化的规划和管理、会计电算化的制度建设、会计电算化软件市场的培育与发展等。

（2）发展过程

自从1946年世界上第一台计算机问世以来，计算机开始逐渐在各个行业得到应用。计算机在会计中的应用始于1954年，美国通用电气公司（GE）第一次在UNIVC-1计算机上运行了复杂的工资计算程序，从而引发了会计信息搜集和加工方式的革命。

我国的会计电算化是从20世纪80年代起步的。当时，会计电算化主要处于实验、试点和理论研究阶段。1981年8月，中国人民大学和第一汽车制造厂联合召开了财务、会计、成本应用电子计算机专题讨论会，正式提出了会计电算化的概念。随着现代信息技术的发展，计算机技术在我国会计工作中也被普遍应用，并经历了从初级电算化到高级电算化的长期演变过程，形成了我国会计电算化事业的规范化、制度化和现代化。

2. 会计信息化

2014年1月6日实施的《企业会计信息化工作规范》中定义：会计信息化是指企业利

用计算机、网络通信等现代信息技术手段开展会计核算，以及利用上述技术手段将会计核算与其他经营管理活动有机结合的过程。相对于会计电算化，会计信息化是一次质的飞跃。现代信息技术手段能够实时便捷地获取、加工、传递、存储和应用会计信息，为企业经营管理控制决策和经济运行提供充足、实时、全方位的信息。

会计信息化主要包括信息技术引入会计学科、会计基本理论信息化、会计实务信息化、会计教育信息化、会计管理信息化。

3. 两者的关系

传统的会计电算化，实质上并未突破手工会计核算的思想框架。会计电算化与会计信息化虽然都是利用现代科学技术处理会计业务，提高了会计工作的效率和企业财务管理水平，但企业信息化环境下的会计信息系统与会计电算化系统相比，无论是技术上还是内容上都是一次质的飞跃，两者的内涵大相径庭。

（1）历史背景不同

会计电算化产生于工业社会。随着工业化程度的提高，会计业务的处理量日渐增大，会计工作的处理方法日渐落后。为了适应企业的发展，加强信息处理力度，采用电子计算机对会计业务进行处理。会计信息化则产生于信息社会。在信息社会中，有一个公式："企业的财富＝经营＋信息"。可见信息的重要性。信息社会要求社会信息化。企业是社会的细胞，社会信息化必然要求企业信息化，企业信息化必然导致会计信息化。

（2）目标不同

现行的会计电算化系统是基于手工会计系统发展而来的，其业务流程与手工操作方法基本一致，主要是为了减轻手工操作系统的重复性劳动，提高效率；会计信息系统是从管理者的角度进行设计的，能实现会计业务的信息化管理，充分发挥会计工作在企业管理和决策中的核心作用。

（3）技术手段不同

现行的会计电算化系统由于开始设立时的环境限制，主要是对单功能的计算机设立的，后来的会计电算化软件也是在此基础上的发展和改善；会计信息系统是在网络环境下进行设计的，其实现的主要手段是计算机网络及现代通信等新的信息技术。

（4）功能范围和会计程序不同

会计电算化的会计程序是模仿手工会计程序，并实现用计算机对经济业务进行记账、转账和提供报表等功能；会计信息化是从管理角度进行设计的，具有业务核算、会计信息管理和决策分析等功能，按照信息管理原理和信息技术重整会计流程。

（5）信息输入、输出的对象不同

会计电算化系统只考虑财务部门的需要，由财务部门输入会计信息，输出时也只能由财务部门打印后报送其他机构；会计信息系统的大量数据从企业内外其他系统直接获取，输出也是依靠网络由企业内外的各机构、部门根据授权直接在系统中获取的。

（6）系统的层次不同

会计电算化以事务处理层为主，会计信息化则包括事务处理层、信息管理层、决策支持和决策层。

（二）会计信息化特征

会计信息化应用现代信息技术对传统手工会计体系进行变革，其目的是建立以信息技术为特征的新的会计信息体系。会计信息化具有以下特点。

1. 全面性

会计信息化要求对会计进行全方位的变革。它涉及会计的基本理论与方法、会计实务工作、会计教育及政府对会计的管理等所有会计领域，是对传统会计的系统、全面的发展。

2. 渐进性

会计信息化的目标是建立一个打破传统会计模式、全面使用现代信息技术、高度自动化处理、会计信息资源高度共享的开放的新系统。这个过程是一个分步骤、分阶段的渐进发展过程。

3. 动态性

现代信息技术日新月异，决定了会计与信息技术的融合也是一个不断发展、不断变化的动态过程。信息技术的发展无法预见，会计信息化下的会计信息系统的建立也是无法想象的。因此，会计信息化必然是一个动态的长期发展过程。

4. 兼容性和多元性

由于我国各地区、各行业信息化水平严重不平衡，因此在相当长的一段时期内，传统会计组织方式与信息化管理组织方式将并存。但从社会发展的要求来看，会计信息化是必然趋势。

5. 集成性

会计信息化将对传统会计组织和业务处理流程进行重整，以支持"虚拟企业""数据银行"等新的组织形式和管理模式。这一过程的出发点和终结点就是实现信息的集成化。信息集成包括3个层面：一是在会计领域实现信息集成，即实现财务会计和管理会计之间的信息集成，协调和解决会计信息真实性和相关性之间的矛盾；二是在企业组织内部实现财务和业务的一体化，即集成财务信息和业务信息，在两者之间实现无缝连接，使财务信息和业务信息"你中有我，我中有你"；三是建立企业组织与外部利害关系人（客户、供应商、银行、税务、财政、审计等）的信息网络，实现企业组织内外信息系统的集成。信息集成的结果是信息共享。企业组织内外与企业组织有关的所有原始数据只要输入一次，就能分次利用或多次利用。这样既减少了数据输入的工作量，又实现了数据的一致性，还保证了数据的共享性。建立在会计信息化基础上的21世纪会计信息系统是与企业组织内外信息系统有机整合的，高度数字化、多元化、实时化、个性化、动态化的信息系统，具有极强的适应性。

（三）会计信息化是国家信息化的重要组成部分

信息化是当今世界发展的必然趋势，是推动我国现代化建设和经济社会变革的技术手段与基础性工程。《2006—2020年国家信息化发展战略》明确指出，国家信息化发展的战略重点包括推进国民经济和社会信息化、加强信息资源开发利用、推行电子政务、完善综合信息基础设施、提高国民经济信息应用能力等。2016年7月《国家信息化发展战略纲要》进一步补充要求将信息化贯穿我国现代化进程始终，加快释放信息化发展的巨大潜能，以信息化驱动现代化，加快建设网络强国。《国家信息化发展战略纲要》是规范和指导未来10年国家信息化发展的纲领性文件。

全面推进会计信息化工作，是贯彻落实国家信息化发展战略的重要举措，对于全面提升我国会计工作水平具有十分重要的意义。全面推进我国会计信息化工作的目标是：力争通过5~10年的努力，建立健全会计信息化法规体系和会计信息化标准体系[包括可扩展商业报告语言(XBRL)分类标准]；全力打造会计信息化人才队伍，基本实现大型企事业单位会计信息化与经营管理信息化融合，进一步提升企事业单位的管理水平和风险防范能力，做到数出一门、资源共享，便于不同信息使用者获取、分析和利用，进行投资和相关决策；基本实现大型会计师事务所采用信息化手段对客户的财务报告和内部控制进行审计，进一步提升社会审计质量和效率；基本实现政府会计管理和会计监督的信息化，进一步提升会计管理水平和监管效能；通过全面推进会计信息化工作，使我国的会计信息化达到或接近世界先进水平。

任务二　会计共享服务认知

一、任务情境

张瑛经过1个月的学习，终于理清了单位内部会计信息化岗位的职责和工作流程。但是会计信息化需要建立以信息技术为特征的新的会计信息体系，目前我国很多企业都以共享服务的方式将会计与各种新技术相融合。于是，张瑛又研究起了会计共享服务。

二、知识准备

（一）会计共享服务概述

会计共享服务就是将传统的会计与业务化、场景化、实时化的互联网大数据分析融合，并基于对新一代信息技术的深入挖掘和应用，对数据进行采集治理、存储计算和分析挖掘，形成有针对性的数据服务。

(二)会计共享服务技术特征

形成会计共享服务主要依靠大数据、云计算、区块链和人工智能4项新技术。它们使财务管理呈现出数字化、智能化、电商化、共享化的趋势。

1. 大数据

近年来,"大数据"作为一个热门概念被人们多次提及。大多数人第一次听见大数据这个词,往往会按照字面意思去理解,认为大数据就是大量的数据,大数据技术就是存储大量数据的技术。其实不然,按照一般的解释,大数据是指无法在一定时间范围内用常规软件工具进行捕捉、管理和处理的数据集合,是需要新处理模式才能具有更强的决策力、洞察力和流程优化能力的海量、高增长率和多样化的信息资产。简单来说,应用大数据就是利用新的手段存储并分析海量数据后,挖掘出数据价值的过程。大数据主要的特点可以概括为大量性、多样性、时效性和价值性。

2. 云计算

谈到大数据和人工智能,我们不能不提到云计算。人工智能的核心是大数据和机器学习,而云计算是支撑起大数据和机器学习的计算基础。如果我们把大数据比作生产原材料,那么人工智能就是取代流水线上的人工的生产力,云计算就是加工原材料所需要的电力等基础能源。云计算为大数据和人工智能提供了计算海量数据的能力。

根据美国国家标准与技术研究院对云计算的定义,云计算是一种按使用量付费的模式。这种模式可以提供可用的、便捷的、按需的网络访问,进入可配置的计算资源共享池(资源包括网络、服务器、存储、应用软件、服务)。这些资源能够被快速提供,企业只需要做很少的管理工作,或者与服务供应商进行很少的交互。所以说,云计算是一种基于互联网的超级计算模式,它使计算分布在大量的分布式计算机上,而非本地计算机或远程服务器中,在远程的数据中心里成千上万台计算机和服务器连接成一片计算机云。因此,云计算甚至能够拥有每秒运算10万亿次的能力。通过网络的计算能力,云计算取代我们原本安装在计算机上的软件,或者取代原本把资料存在自己硬盘上的动作,转而通过网络进行各种工作,并将资料存放在庞大的虚拟空间中。云计算的主要特点为超大规模、虚拟化、通用性、高扩展性、低成本、按需服务。

3. 区块链

区块链是一种按照时间顺序将数据区块以顺序相连的方式组合成的一种链式数据结构,是以密码学方式保证的不可篡改和不可伪造的分布式账本。每个区块包含特定事务中涉及的数据。当每个事务发生时,它被存储在一个块并添加到链中。这些块组成了一个分布式数据库,可以容纳越来越多的记录。与传统数据库不同的是,分布式的区块链数据库创建了一个共享的数字分类账,而传统数据库中的信息驻留在跨多个合作伙伴的唯一存储库中,并且最终必须进行协调才能更好地使用。区块链的主要特点是去中心化、信息不可篡改、开放性、自治性、匿名性。

4. 人工智能

人工智能（Artificial Intelligence，AI）是研究、开发用于模拟、延伸和扩展人的智能的理论、方法、技术及应用系统的一门新技术科学。

人工智能是计算机科学的一个分支，它企图了解智能的实质，以生产出一种新的能以与人类智能相似的方式做出反应的智能机器。该领域的研究课题主要有机器人、语言识别、图像识别、自然语言处理和专家系统等。

自从人工智能诞生以来，其理论和技术越来越成熟，应用领域不断扩大。可以设想，未来人工智能带来的科技产品将会是人类智慧的"容器"。人工智能可以把人的意识、思维的信息过程进行模拟。虽然人工智能不是人的智能，但可以像人那样思考，甚至超过人的智能。

从阿尔法围棋成为第一个击败人类职业围棋选手、第一个战胜围棋世界冠军的人工智能机器人开始，人工智能的概念就被应用至生活的方方面面。目前在财务会计领域，我们一提到人工智能，更多的是指文字识别、语音识别、知识图谱和财务机器人。

① 文字识别（OCR）。在财务共享系统中引入影像管理系统后，很多纸质业务单据、合同、发票都以影像的方式存储在共享中心，并以影像的方式流转辅助审批。这些业务单据和发票中虽然含有大量有价值的业务信息，但是手工将这些信息输入系统效率低下、差错率高。OCR 技术是一种通过光学输入方式将纸质文档上的文字转化为图像，再利用算法把图像信息转化为可以用电子设备进行编辑的文本信息的技术。这种基于深度学习平台开发出的图像转文本的技术成为共享中心信息电子化的关键，有效减少了人力、物力的浪费，降低了运营成本。而且随着 OCR 技术的识别正确率越来越高，大量的结构化数据和非结构化数据为共享中心的数据基础建设提供了支持。

② 语音识别和知识图谱。财务共享系统使用语音识别技术后，可以通过搜集和分析业务人员的语音指令自动完成业务操作。例如，业务人员说订明天从北京到广州的机票，系统就可以自动识别语音，筛选出机票信息，甚至可以自动填写出差申请单。而当财务共享系统使用了知识图谱技术后，管理者可以通过语音输入一条单据控制规则，系统就可以自动识别并利用知识图谱技术分析生成新的规则，添加到财务共享系统中。利用语音识别和知识图谱，让系统理解管理者的意图，使管控更加智能。

③ 财务机器人。2017年5月，德勤的财务机器人"小勤人"刷爆了朋友圈，随后普华永道、安永、金蝶纷纷推出自家的财务机器人。财务机器人能够自动化处理下列财务流程：付款和发票处理；供应商简单查询管理响应；费用审计；订单管理；通过外部信用评级机构定期进行信用检查；财报生成；绩效报表制作；数据有效性验证，等等。财务机器人的应用消除了财务流程中高度重复的手工操作，提高了效率，降低了手工操作差错率。

（三）会计共享服务现状

近年来，会计共享服务（很多企业称之为财务共享服务）已成为会计界比较热门的词汇，很多大型企业集团也将这一模式运用到公司中。不可否认的是，共享服务这一模式作为财务会计转型的新型模式，相较于传统模式具有很大优势，能为公司带来巨大的利益。但是会计共享理论发展时间较短，尤其是在中国，起步时间晚，人们对于这一理论的认识较少。在具体实践中，大多数企业建设会计共享服务中心时主要借鉴国外公司的先进经验，但是在具体实施过程中，由于中国的国情及市场和政策的变化等，有些公司在建设过程中出现了各种问题。因此，企业需要根据自身状况，建立和完善适合本企业的会计共享服务模式。

会计共享服务发展空间还很大，未来将受到更多的关注。会计共享的高集成化建设及一体化和专业化的业务流程发展，促使很多企业不断探索改进，正确认识和理解会计共享服务并寻求会计共享最优化。于是，众多会计共享服务平台应运而生。

任务三　会计共享服务平台认知

一、任务情境

经过 1 个月的学习，张瑛从众多的会计共享服务平台中选择了 4 个经教育部遴选的职业技能等级平台，随后用 4 个月的时间学习了每个平台的使用方法，最终她将目光锁定在智能财税平台。

二、知识准备

（一）会计共享服务平台种类

提供会计共享服务的平台通常称为会计共享服务平台。当前，中国经济正处在全面转型时期，机遇与挑战并存，科技正深深影响着会计行业的发展。随着国务院印发《国家职业教育改革实施方案》（俗称"职教 20 条"），1+X 证书等第三方评价组织的全面铺开，在会计领域有考试培训、实务操作、财税确认等功能的会计共享服务平台全面开花。目前主流的有以下 4 个平台。

1. 财务共享服务平台

财务共享服务平台主要由北京东大正保科技有限公司开发，主要适用于应用型本科、职业本科、高职和中职院校，面向大数据与会计、大数据与财务管理、会计信息管理、税务、工商企业管理等财经商贸大类专业。财务共享服务平台就是将集团企业中在各子公司或社会上在不同组织主体分散式开展的基础性财务工作集中起来，由一个相对独立的部门、业务单元或组织来集中完成的服务共享平台。

2. 金税财务应用平台

金税财务应用平台主要由航天信息股份有限公司开发，主要适用于应用型本科、职业本科、高职和中职院校，面向大数据与会计、大数据与财务管理、会计信息管理、大数据与审计、税务等财经商贸大类专业。金税财务应用平台是纳税人依托"金税工程"信息系统，完成企业基础税务办理，如工商事项登记、税务事项登记等工作；通过财务软件生成的财税数据信息，实现与"金税工程"信息系统的数据传递，从而完成税务机关的信息采集；借助"金税工程"信息系统构建的纳税人信用登记评价体系，推动企业建立健全税务风险控制机制的平台。

3. 业财一体信息化应用平台

业财一体信息化应用平台主要由新道科技股份有限公司开发，主要适用于应用型本科、职业本科、高职和中职院校，面向大数据与会计、市场营销、大数据与财务管理、会计信息管理、大数据与审计、税务等财经商贸大类专业。业财一体信息化应用平台是运用各类技术工具开展财会业务处理、业务协同、数据分析等应用的财务数字化平台。

4. 智能财税平台

智能财税平台主要由中联集团教育科技有限公司开发，主要适用于应用型本科、职业本科、高职和中职院校，面向大数据与会计、大数据与财务管理、会计信息管理、大数据与审计、税务等财经商贸大类专业。智能财税平台是以社会共享代理实务、社会共享外包服务、社会共享企业管家三大板块业务内容为依据，按照基础业务、运营业务及综合管理业务的层级划分初级、中级、高级三个技能等级，按照相应的工作领域、典型工作任务和职业技能要求3个层次规范应用的平台。

（二）常见会计共享服务平台的使用

1. 智能财税社会共享生态

财税是关乎企业和业主经营发展的大事。我国有8 000万个工商主体，其中95%以上是中小微企业。为中小微企业营造良好的服务环境，不仅是国家经济转型的一项重要战略性任务，也是整个企业财税服务行业的价值所在——由社会专业机构进行财税代理，使企业和业主以微小的代价，享用专业化、规范化、高品质的财税治理服务，使其营商环境和价值管理能够得到有效支撑和规范运营发展。财税代理业务模式并不是新鲜事物，无论是发达国家还是我国，财税代理早已存在。但是随着数字经济的发展，智能财税的出现正在从治理范式、作业模式、服务方式等层面改变，甚至颠覆传统的财税代理行业。基于我国以票控税监管思路而诞生的票财税共享化、便捷化、一体化正在成为财税工作的专业支撑，并构成中小微企业以财税为中心的财经治理结构的基本专业支柱。

智能财税是互联网、大数据、智能化、云计算、物联网等现代技术在财税行业应用的必然结果，是企业和经济领域价值管理和运行的基本业态和核心基础工程。它适应了产业升级和创新创业需求，以核算流程与管理行为智能化和人机交互为基础，以工厂化、共享化、专业化、产业化为典型模式，以技能升级与管理革命为功能特征，实现了财税工作与"大智云移"技术的深度融合发展，并通过智能财税分析促进中小企业财务管理和经营管理的转型升级。其中，智能财税社会共享生态以智能财税社会共享平台为枢纽，以票财税一体化为核心牵引，集成工商、人社、证照、知产等服务系统，形成中小微企业智慧财经管家与大中型企业财税外包服务并举的智能财税社会共享服务体系，集成"智能财税社会共享中心＋智慧财经专业服务机构＋智慧企业财经管理"的智能财税社会共享生态，如图1-1所示。同时，智能财税以企业财税智能化数字引领形态为坐标，体现智能财税的通用性、普适性，并最终体现为线上线下相结合的服务生态。

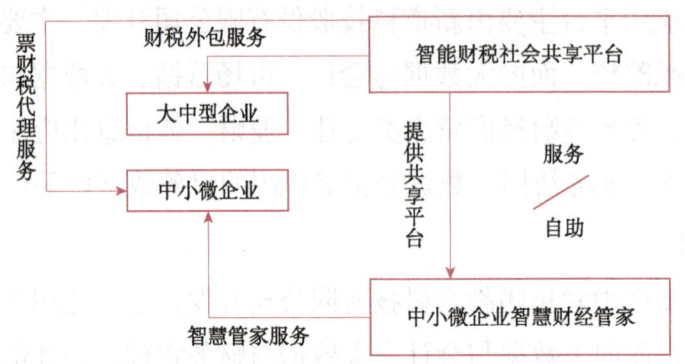

图1-1　智能财税社会共享生态

线上服务是智能财税社会共享平台，包括中小微企业的票财税代理服务和大中型企业的财税外包服务；线下服务是中小微企业智慧财经管家，线上平台＋线下管家、人机交互构成了"大智云移"技术赋能下的智能财税服务体系。

智能财税社会共享平台提供智能财税服务的社会共享系统，纵向实现业票财税融智能化一体化的采集、核算、评估、报告、管理，特别是运用大数据生产方式实现财税作为创值资源和创值业态的变革；横向按工作岗位和内容的共性实施专业化作业，对外联通业务数据输入和输出接口，为财税服务标准化、规范化、高效化和大数据创值产业提供基础设施。

智能财税管家为中小微企业提供财经服务及工商、行政、人事等多个领域的"跨界人才"。智能财经管家工作更多是线下完成的，但是离不开智能财税社会共享平台的支持。如果把智慧财经管家比喻为手机，那么智能财税社会共享平台就是手机里的APP。智能财税社会共享平台既可以由中小微企业智慧财经管家共享自助使用，也可以为智慧财经管家提供共享服务，让智慧财经管家与事务解决方案不再割裂。智能财税社会共享平台与中小微企业智慧财经管家生态如图1-2所示。

智能财税社会共享在应用端表现为财税数据从静态数据演变为生产要素，产生财融、票融、税融等产品，成为广泛的企业生产和经济产出的资源资本。数字经济打造智能财税，智能财税从核心价值数据上构建产业互联网，带动社会经济生产方式和核心资本资源体系的变革，成为数字经济时代的强大引擎。

2. 智能财税社会共享平台

智能财税社会共享平台是依托智能化、大数据、移动互联信息技术，以财税业务流程处理为基础，以优化组织结构、规范工作流程、提升管理效率、降低运营成本和创造服务价值为目的，将不同地域、不同法人、同一时间范围内的财会业务、税务业务，按照其工作环节

单元一　智能会计信息系统概述

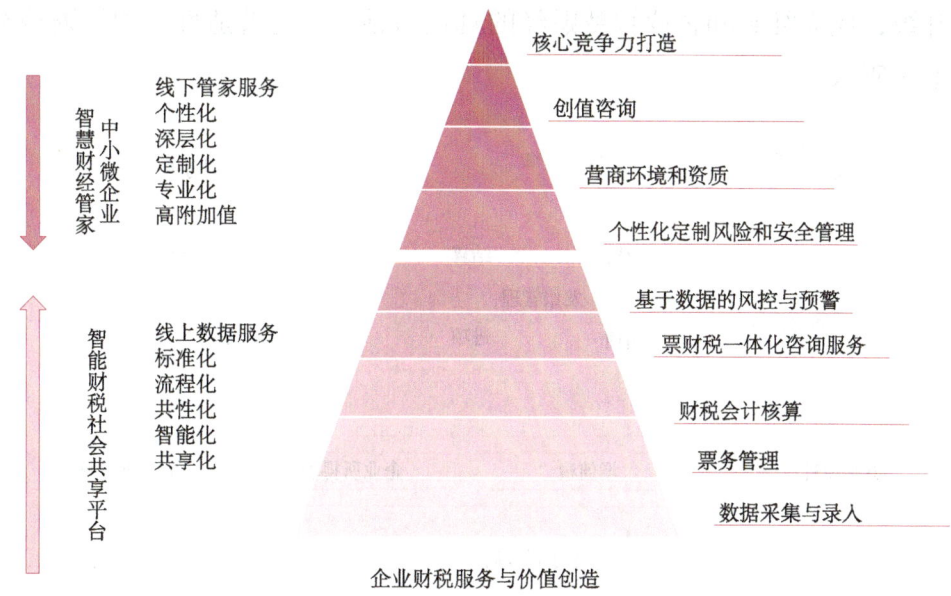

图 1-2　智能财税社会共享平台与中小微企业智慧财经管家生态

内容的共性，按作业专业化模式进行流程再造，在同一个平台统一票务、统一报账、统一核算和报告、统一报税，从而保证会计计量与报告、财税处理的标准规范和安全高效，并且形成大数据财税创值业态的基础工程。

智能财税社会共享平台以票财税一体化为专业逻辑，以智能化为重要技术手段。据此构建平台底层业务逻辑，普遍适用智能化条件下的企业财税业务，兼容社会化服务和企业自行管理。企业票财税一体化流程如图 1-3 所示。

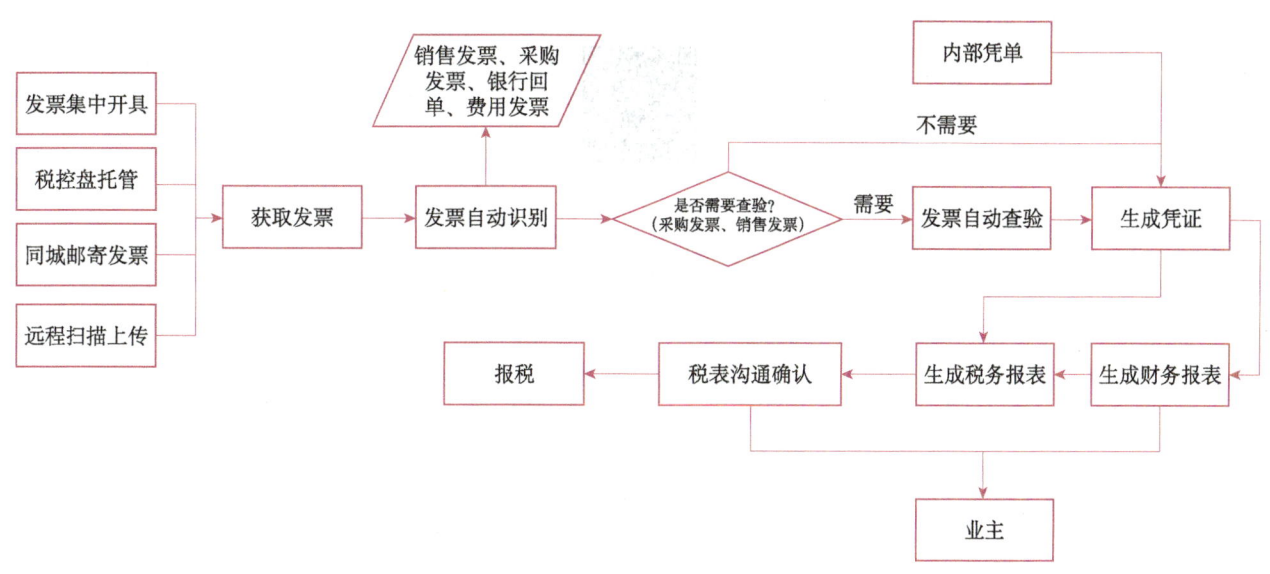

图 1-3　企业票财税一体化流程

智能财税社会共享平台按业务流程对同一内容业务环节岗位进行专业化打造，构建跨流程、跨法人、跨业主、跨区域的专业化共享业态，大大提高了财税工作效率，降低了财税日常数据输入、核算、报告的人财消耗，形成财税数据资源共享和大数据财税创值产业的核心基础。平台的共享、并发、多样性和大数据资源，又成为强大驱动力，使财税智能化、流程再造和业态升级，成为社会和企业智慧财经的真正引领，具有普适性。智能财税社会共享平台流程如图 1-4 所示。

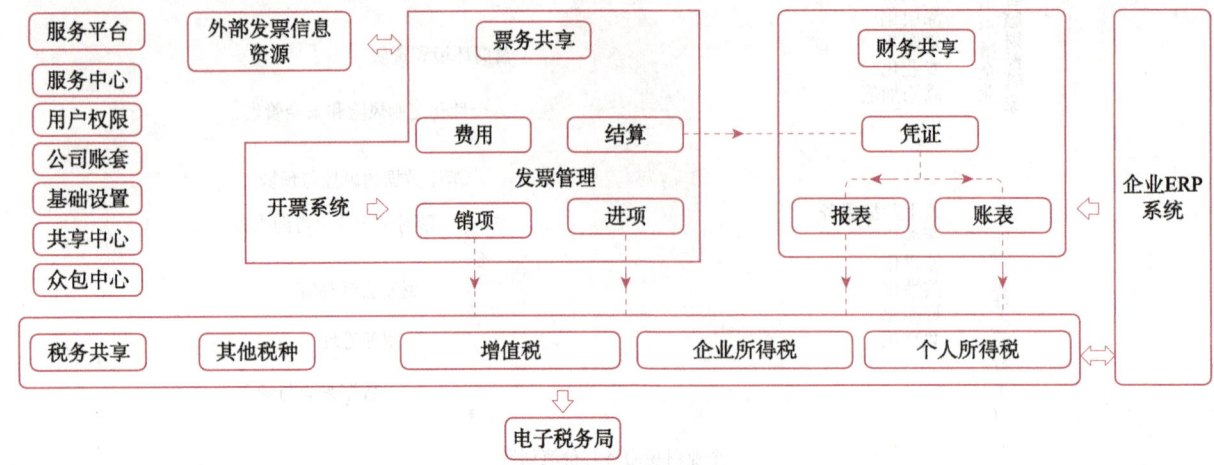

图 1-4　智能财税社会共享平台流程

智能财税社会共享平台在我国得到了广泛运用。其主流平台包括财天下（含票天下、金税师）、云代账、慧算账、大账房等。它们在票财税一体化、智能化、共享化方面具有相似的特点，依据相同法规准则，具有竞争性选择的市场条件。

单元练习

请用思维导图的形式列出本单元知识点。

参考答案

单元二
系统级初始化

↘ 思政目标

1. 增强法律意识，养成严格依照法律办事、不弄虚作假的良好品质。

2. 能够按照 8S 素养要求，整理办公用品，培养严谨、细心的工作态度和爱岗敬业的劳动精神。

3. 通过分工合作，提升团队协作、沟通交流能力和信息素养。

↘ 知识目标

1. 掌握账套的概念。

2. 熟悉账套建立的基本工作流程。

3. 熟悉系统基础设置的基本工作流程。

↘ 技能目标

1. 能够完成账套建立、系统初始设置等操作。

2. 能够运用公司内部会计制度规定，对会计主体的信息加以完善。

3. 能够根据企业的实际需要进行初始设置，为各个系统进行日常业务处理做好共同的准备。

任务一　账套建立

一、任务情境

（一）任务场景

北京康健厨电商贸有限责任公司（以下简称康健厨电）于 2021 年 11 月开始营业。该公司位于北京市，注册资本 1 000 万元，主要经营抽油烟机、消毒碗柜、微波炉、洗碗机等厨卫商品。12 月初，该公司请智能财税共享中心财税核算岗工作人员为其建立账套。

（二）任务布置

建立康健厨电的账套。

二、任务准备

（一）知识准备

1. 账套的概念

账套由多个子系统组成，各个子系统都是为同一个主体的不同方面服务的。各子系统之间既相对独立，又相互联系、协同运作，共同完成一体化的会计核算与管理工作。为了实现一体化的管理应用模式，要求各个子系统共享公用的基础信息，所有数据共用一个数据库。因此，为了完成全面的系统服务，系统中设立了系统管理功能，对财务管理软件所属的各个系统进行统一的操作管理和数据维护，最终实现财务、业务的一体化管理。

账套名称一般用来描述账套的基本特征，可以输入核算单位的简称或账套的用途。账套号和账套名称是一一对应的关系，共同代表特定的账套。

2. 账套建立的内容

账套建立主要包括填写企业的名称、性质、社会统一信用代码和启用其他子系统等内容。

创建账套是指在财务管理软件中为企业建立一套符合核算要求的账簿体系，是企业应用会计信息系统的首要环节。在同一财务管理软件中可以建立一个或多个账套。

在财天下中，可以建立多个企业账套，因此必须设置账套号作为区分不同账套数据的唯一标识。账套号必须输入且不能重复。

> **即问即答**
>
> 1. 在账套建立中，如发生会计准则、建立会计期、纳税人类型填写错误可以修改吗？
> 答：不可以，只能重新建立。
> 2. 在账套建立中，如发生账套名称（公司名字）填写错误，可以修改吗？
> 答：可以，在"基础设置"下的"账套信息"中就可以修改。

（二）操作准备

康健厨电成立于 2021 年 11 月，根据企业工商注册等资料显示，公司基础信息如下。

公司名称：北京康健厨电商贸有限责任公司

企业性质：商贸

账套编号：KJCW

会计准则：2013 小企业会计准则

建账会计期：2021 年 12 月

统一社会信用代码（纳税人识别号）：93632156360800001N

纳税人类型：一般纳税人

经营地址：北京房山区中山路98号

电话：010-86000000

开户行：中国工商银行中山路支行

开户行银行账号：02003668980080080068

公司主要销售抽油烟机、消毒碗柜、微波炉、洗碗机等商品。公司设立行政财务部、采购部、销售部、库管部4个部门。

启用财天下、票天下、金税师、固定资产系统。

（三）任务要领

① 账套名称一定要正确。

② 注意日期的选择。

三、任务实施

（一）任务流程

创建账套的基本工作流程如图2-1所示。

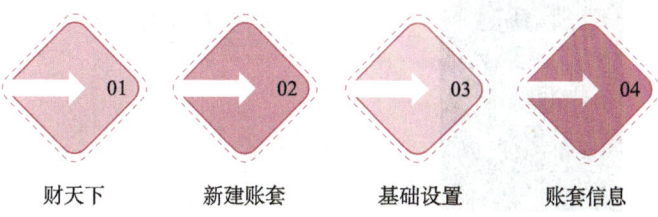

图2-1 创建账套的基本工作流程

（二）任务操作

① 经办人登录财天下，新建财务核算主体，如图2-2所示。

② 在财天下首页中，单击下拉菜单中的"新建账套"命令，进行新建账套的操作，如图2-3所示。

③ 填写康健厨电的企业信息，如图2-4所示。

④ 单击"创建"按钮，如图2-5所示。

⑤ 选择"基础设置" | "账套信息"命令，如图2-6所示。

⑥ 在"账套信息"对话框中补充其他信息，最后单击"保存"按钮，如图2-7所示。

⑦ 在所有操作完成后，单击"退出"按钮。

账套建立操作视频

智能会计信息系统应用

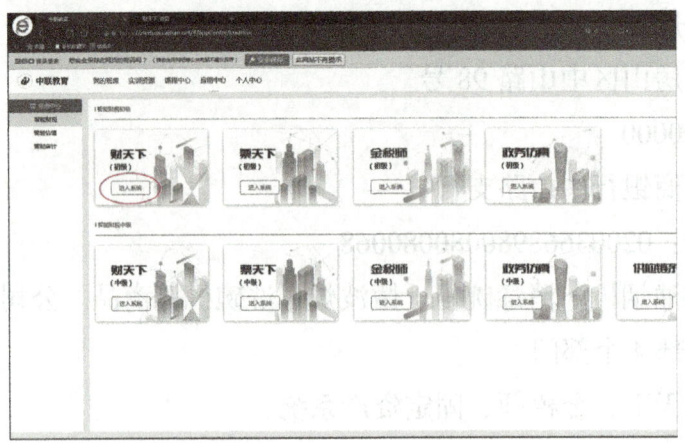

图 2-2　新建财务核算主体

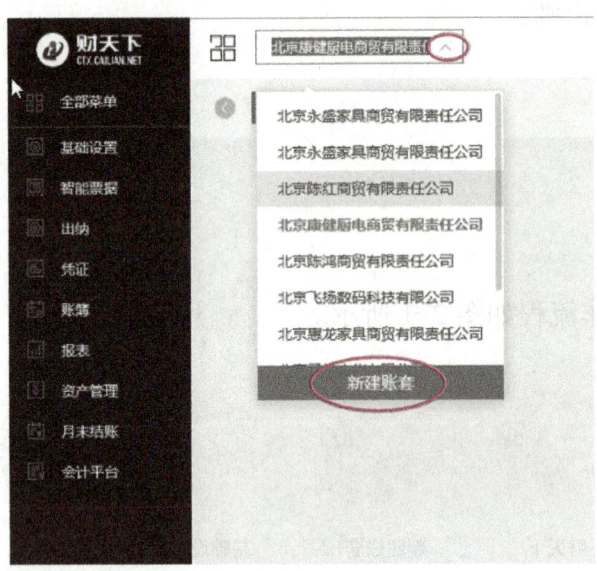

图 2-3　新建账套

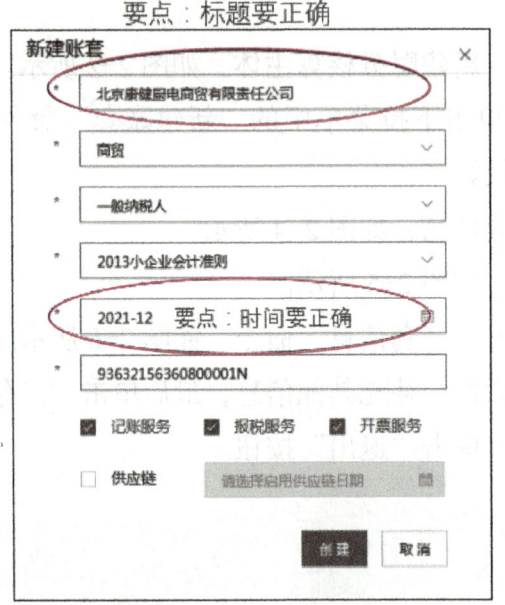

图 2-4　填写企业信息

单元二 系统级初始化

图 2-5 创建账套

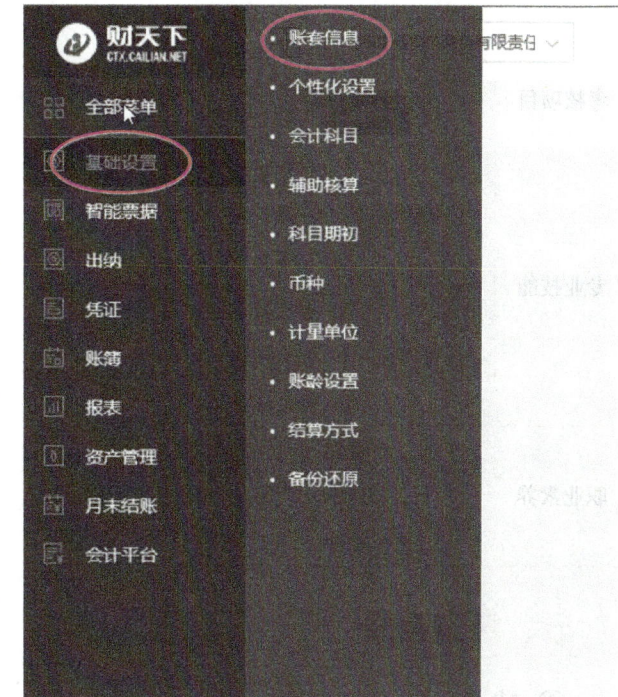

图 2-6 基础设置

图 2-7 账套信息补充

四、任务评价

任务完成之后，教师应对学生完成任务的情况进行评价。评价标准如表 2-1 所示。

表 2-1　账套建立任务评价表

考核项目	考核内容		考核权重/分	评分/分			合　计
				教师评	互　评	自　评	
专业技能	任务准备	知识	10				
		操作	5				
		要领	10				
	任务实施	建立账套	20				
		补充信息	10				
		修改账套	20				
职业素养	签到		5				
	合作		10				
	整理		10				

五、任务拓展

① 建立的账套如何进行备份？

② 如果在建立账套时，票天下或金税师系统没有启用，则在"账套信息"对话框中是否能启用票天下或金税师系统？

任务二　系统基础设置

一、任务情境

（一）任务场景

康健厨电的账套已经建立完毕，现在需要将基本信息输入系统，因此接下来要完成它的基础设置。

（二）任务布置

增加该企业的部门信息、职员档案、商品信息、供应商及客户信息，修改会计科目设置，设置科目期初余额，增加固定资产。

二、任务准备

（一）知识准备

1. 基础设置的概念

基础设置是系统在进行日常业务处理之前应进行的一系列准备工作，是指将通用财务管理软件转成专用财务管理软件、将手工会计业务数据移植到计算机中等工作。这是使用财务管理软件的基础。

2. 基础设置的内容

基础设置主要包括设置部门信息、人员信息、存货信息、往来单位信息等，为以后系统进行部门核算、个人核算、往来核算、存货核算，增加科目的初始设置等做好准备。

> **即问即答**
>
> 在实际工作中，如果信息填写错误，可以修改吗？
> 答：可以。一般情况下都可以修改。

（二）操作准备

1. 企业各类信息表

企业各类信息表包括部门及员工信息表、库存商品明细表、供应商信息表、客户信息表、科目及期初余额表、在途物资表、主营业务收入和主营业务成本明细表和固定资产明细表。

企业各类信息表

2. 公司内部会计制度规定

① 销售与应收。"应收账款"会计科目设置为客户往来辅助核算；所有开具的发票无论是否收款，系统开票后自动转入应收账款，财务人员根据收款情况进行结算处理。

② 采购与应付。"应付账款"会计科目设置为供应商往来辅助核算；所有收到的发票无论是否付款，系统扫描后自动转入应付账款，财务人员根据付款情况进行结算处理。

③ 内部往来。"其他应收款——内部员工借款""其他应付款——员工垫付"会计科目设置为人员辅助核算。

④ 存货核算。公司存货包括抽油烟机、微波炉、洗碗机和消毒碗柜等；"库存商品""主营业务收入""主营业务成本"会计科目设置为存货辅助核算、数量核算，确认销售收入后软件按照全月加权平均法自动结转成本。

⑤ 职工工资。职工工资由基本工资、岗位津贴、绩效奖金三项构成。由单位承担并缴纳的养老保险、医疗保险、失业保险、工伤保险、生育保险、住房公积金分别按上年度缴费职工月平均工资的 16%、10%、0.8%、0.2%、0.8%、12% 计算；由职工个人承担的养老保险、医疗保险、失业保险、住房公积金分别按本人上年月平均工资总额的 8%、2%、0.2%、12% 计算；工会经费和职工教育费的计提比例分别为 2% 和 1.5%。

⑥ 税金及附加。本公司为增值税一般纳税人，销售商品的增值税税率为 13%；城市维护建设税、教育费附加及地方教育附加分别按流转税的 7%、3%、2% 计算；企业所得税按月预计，按季预缴，全年汇算清缴；个人所得税按照 2019 年 1 月 1 日开始实施的《中华人民共和国个人所得税法实施条例》计算。

(三) 任务要领

① 会计科目的辅助核算设置一定要准确，如图 2-8 所示。

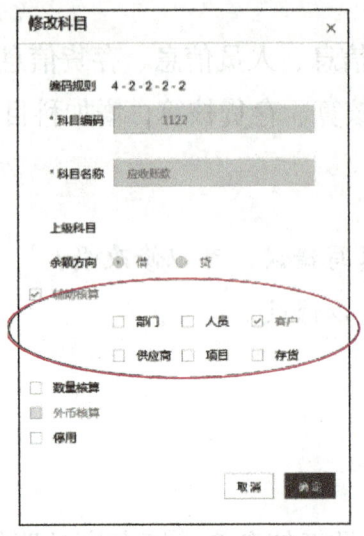

图 2-8　辅助核算设置

② 注意存货核算科目期初余额的填写，如库存商品，如图 2-9 所示。

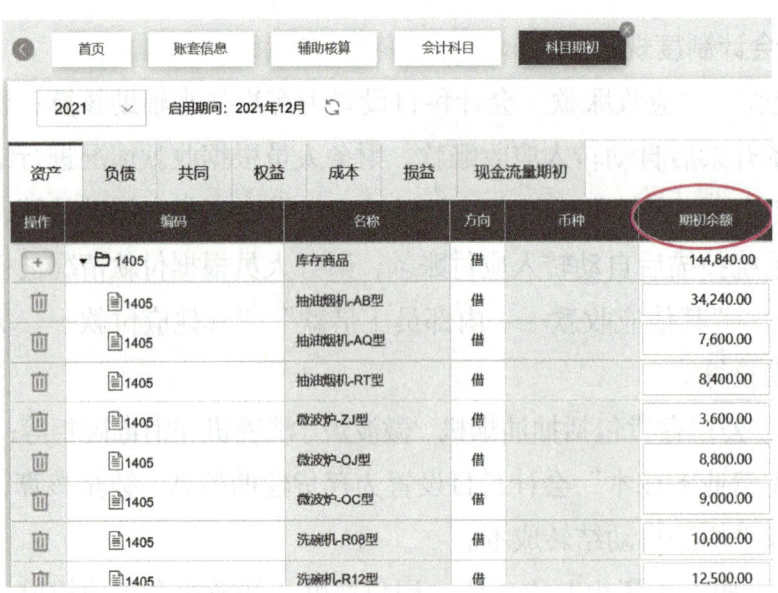

图 2-9　存货核算科目及期初余额

三、任务实施

(一) 任务流程

基础设置的工作流程如图 2-10 所示。

(二) 任务操作

1. 增加部门信息

增加行政财务部、采购部、销售部及库管部 4 个部门。

单元二　系统级初始化

图 2-10　基础设置的工作流程

① 经办人登录财天下，选择财务核算主体——北京康健厨电商贸有限责任公司，如图 2-11 所示。

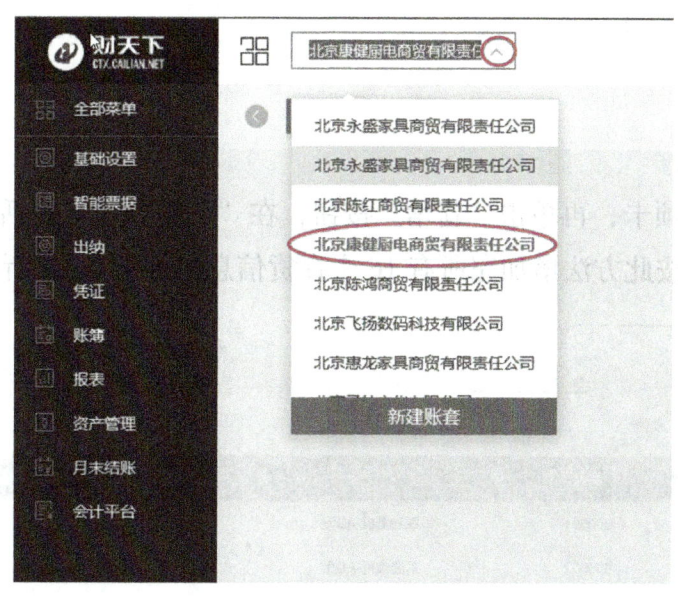

图 2-11　选择财务核算主体

② 选择"基础设置"|"辅助核算"命令，选择"部门"选项卡，单击"新增"按钮，在"编辑部门"对话框中填写相关信息并单击"确定"按钮。按此方法输入所有部门，如图 2-12 所示。

图 2-12　部门信息

2. 增加人员信息

打开"人员"选项卡，再单击"新增"按钮，在"编辑人员"对话框中填写相关信息并单击"确定"按钮。按此方法增加完 12 位人员信息，如图 2-13 所示。

21

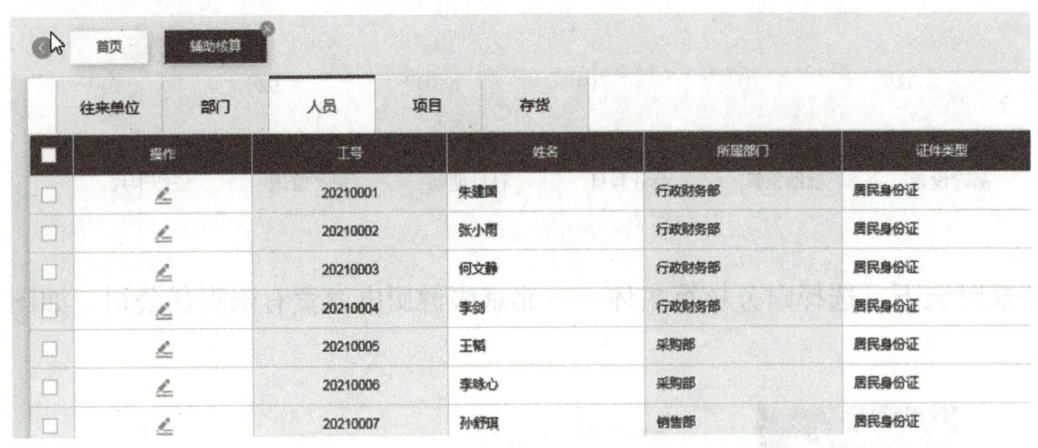

图 2-13 人员信息

增加部门及人员信息操作视频

3. 增加存货信息

打开"存货"选项卡，再单击"新增"按钮，在"编辑存货"对话框中填写相关信息并单击"确定"按钮。按此方法增加完所有 16 个存货信息，如图 2-14 所示。

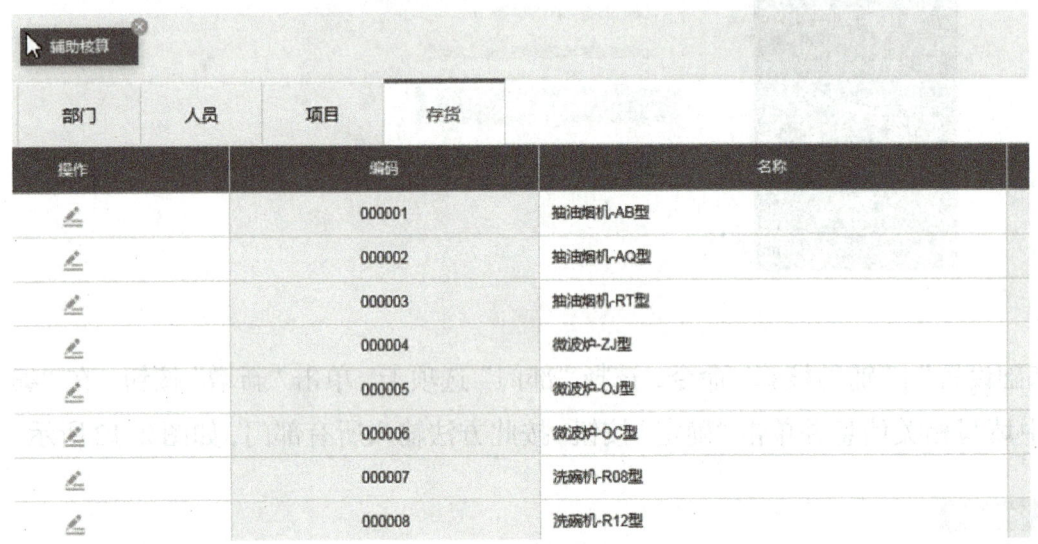

图 2-14 存货信息

增加存货信息操作视频

4. 增加往来单位信息

打开"往来单位"选项卡，再单击"新增"按钮，在"编辑往来单位"对话框中填写相关信息并单击"确定"按钮。按此方法增加完所有往来单位信息，如图 2-15 所示。

5. 修改会计科目设置

① 选择"基础设置"|"会计科目"命令，找到要修改的会计科目的辅助核算，如"应收账款"，单击笔形图标，如图 2-16 所示。

② 增加要修改的会计科目的辅助核算"客户"（注意：像库存商品这类科目，要注意在税目添加税率）。重复以上操作，直至添加完成。结果如图 2-17 所示。

单元二　系统级初始化

图 2-15　往来单位信息

增加往来单位信息
操作视频

图 2-16　修改图标

修改科目

编码规则　4-2-2-2-2

＊科目编码　　1122

＊科目名称　　应收账款

上级科目

余额方向　● 借　　○ 贷

☑ 辅助核算
　　□ 部门　　□ 人员　　☑ 客户
　　□ 供应商　□ 项目　　□ 存货

□ 数量核算
□ 外币核算
□ 停用

取消　　确定

图 2-17　辅助核算

修改会计科目设置操作视频

23

6. 设置科目期初

① 选择"基础设置"|"科目期初"命令,根据资料增加科目的期初余额、本年借方累计、本年贷方累计,如图 2-18 所示。

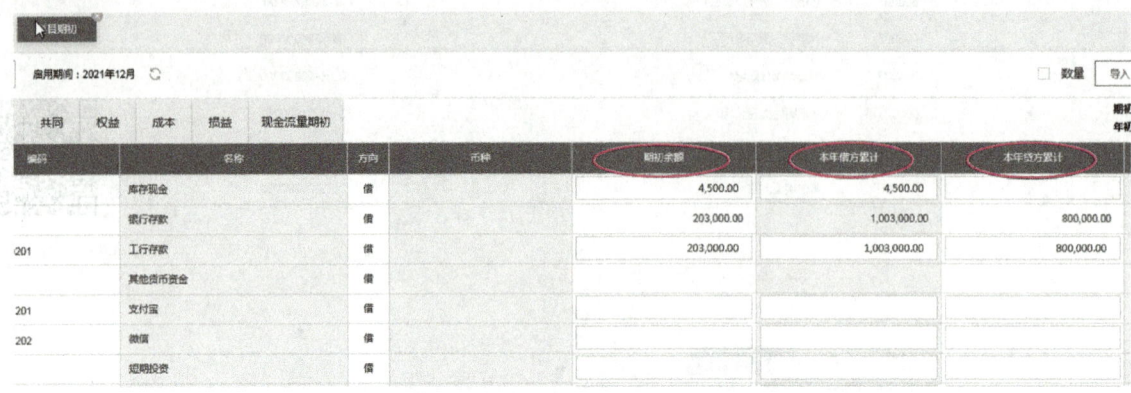

图 2-18　期初信息

② 有些存货核算的会计科目的添加有所不同,需要增加辅助明细。例如,增加"周转材料"的辅助明细,需要单击"周转材料"前的加号图标,选择"存货",再填入期初余额、本年借方累计。单击"新增"按钮,可以增加下一条信息。操作如图 2-19 和图 2-20 所示。

图 2-19　新增信息操作一

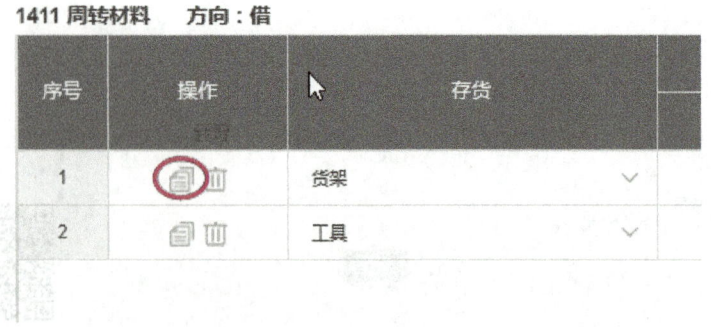

图 2-20　新增信息操作二

③ 把所有会计科目的期初信息填写完成后，一定要查看期初是否平衡，如图 2-21 所示。

设置科目期初余额操作视频

图 2-21　期初是否平衡

7．增加固定资产

① 选择"资产管理"|"资产卡片"命令，选择日期 2021 年 12 月 01 日至 2021 年 12 月 31 日，再单击"新增"按钮，填入固定资产的相关信息。完成后单击"保存"按钮，如图 2-22 所示。

图 2-22　输入相关信息

② 保存完后，单击"复制"按钮，可以复制卡片，输入新的固定资产信息，如图 2-23 所示。

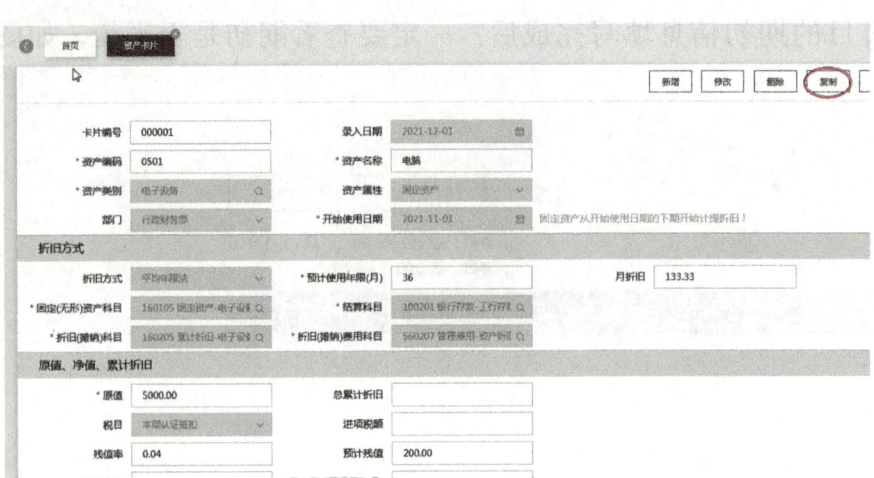

图 2-23 复制卡片

固定资产卡片输入操作视频

四、任务评价

任务完成之后，教师应对学生完成任务的情况进行评价，评价标准如表 2-2 所示。

表 2-2 系统基础设置任务评价表

考核项目	考核内容		考核权重 / 分	评分 / 分			合 计
				教师评	互 评	自 评	
专业技能	任务准备	知识	10				
		操作	5				
		要领	10				
	任务实施	增加部门	5				
		增加人员	10				
		增加存货	10				
		往来单位	5				
		修改科目	10				
		科目期初	10				
职业素养	签到		5				
	合作		10				
	整理		10				

五、任务拓展

① 在什么情况下不能删除会计科目？

② 在设置部门档案前是否可以先增加职员？

单元练习

在线测试

单元三
票据管理

↘ 思政目标
1. 树立正确的价值观。
2. 培养严谨的职业精神。

↘ 知识目标
1. 了解票据的发展历程。
2. 熟悉发票的类别。

↘ 技能目标
1. 能够完成票据整理、扫描与分类。
2. 能够合理运用档案管理制度，对票据档案进行归档和保管。
3. 能够运用智能票据管理系统开具发票并进行查验归类操作。

任务一　发票开具

任务（一）　发票认知

一、任务情境

康健厨电于12月建账，因为企业人员有限，委托智能财税共享中心税务岗人员代开部分纸质发票。相关人员需要先学习发票的相关内容，熟知发票的基本知识。

二、知识准备

（一）发票的概念、作用及种类

1. 发票的概念

发票是指一切单位和个人在购销商品、提供或接受服务及从事其他经营活动中，开具和收取的业务凭证。发票既是会计核算的原始依据,也是审计机关、税务机关执法检查的重要依据。发票只能证明业务的发生,不能证明款项是否收付。

发票在经济活动中,由销售方向购买方签发,内容包括向购买者提供产品或服务的名称、质量、协议价格。除了预付款,发票必须具备的要素是根据议定条件由购买方向销售方付款——必须包含日期和数量。我国会计制度规定有效的购买产品或服务的发票称为税务发票。政府部门收费、征款的凭证各个时期和不同收费征款项目称呼不一样,但多被统称为行政事业收费收款收据。为了内部审计及核数,每张发票都必须有独一无二的流水账号码,防止发票重复或跳号。

简单来说,发票就是发生的成本、费用或收入的原始凭证。对于公司来说,发票既是做账的依据,也是缴税的费用凭证;对于员工来说,发票主要是用来报销的。

2. 发票的作用

发票在我国社会经济活动中具有极其重要的意义和作用。

① 发票具有合法性、真实性、统一性、及时性等特征,是最基本的会计原始凭证。

② 发票是记录经济活动内容的载体,是财务管理的重要工具。

③ 发票是税务机关控制税源、征收税款的重要依据。

④ 发票是国家监督经济活动、维护经济秩序、保护国家财产安全的重要手段。

3. 发票的种类

《国家税务总局关于全面推开营业税改增值税试点有关税收征收管理事项的公告》(国家税务总局公告2016年第23号)明确,营改增纳税人可以使用的发票种类有:增值税专用发票、增值税普通发票、机动车销售统一发票、增值税电子普通发票、门票、过路(过桥)费发票、定额发票、客运发票、二手车销售统一发票及国税机关发放的卷式普通发票等。其使用情况说明如下。

① 增值税一般纳税人,应使用增值税专用发票、增值税普通发票和增值税电子发票。

② 月不含税销售额超过3万元或季不含税销售额超过9万元的小规模纳税人,应使用增值税普通发票、增值税电子普通发票。

③ 月不含税销售额不超过3万元或季不含税销售额不超过9万元的小规模纳税人,可使用国税通用机打发票。

④ 收取过路(过桥)费的纳税人,可使用国税通机打发票。

⑤ 所有纳税人可根据需要使用通用定额发票。

⑥ 使用具备开具卷式发票功能收银机的纳税人可以使用通用机打卷式发票。

(二)发票的开具要求

① 单位和个人应在发生经营业务并确认营业收入时开具发票。

② 单位和个人开具发票时应按号码顺序填开,填写项目齐全、内容真实、字迹清楚、全部联次一次性复写或打印,内容完全一致,并在发票联和抵扣联加盖发票专用章。

③ 填写发票应当使用汉字。民族自治地区可以同时使用当地通用的一种民族文字；外商投资企业和外资企业可以同时使用一种外国文字。

④ 使用计算机开具发票必须报主管税务机关批准，并使用税务机关统一监制的机打发票。

⑤ 开具发票时限、地点应符合规定。

⑥ 任何单位和个人不得转借、转让、代开发票；未经税务机关批准，不得拆本使用发票；不得自行扩大专业发票适用范围。

> **即问即答**
>
> 在实际工作中，如果发生发票当年未报销的情形，那么在次年可以继续报销吗？
>
> 答：不可以。按照财务制度规定，发票持有人必须在一定时期内报销；按财务核算的权责发生制要求，当年发票应该在当年报销，不得抵次年费用；《中华人民共和国企业所得税法》也做了明确规定，如果该发票列支了企业费用，则不得在计征企业所得税前扣除。

任务（二） 纸质发票开具

一、任务情境

（一）任务场景

康健厨电于 12 月建账，因为企业人员有限，委托智能财税共享中心税务岗代开部分纸质发票。

（二）任务布置

① 2021 年 12 月 2 日，销售给北京明达实业公司 AB 型抽油烟机 10 套，每套不含税价格 5 000 元。票据处理岗根据客户要求代开纸质增值税专用发票。客户开票信息如下。

客户名称：北京明达实业公司；纳税人识别号：15132467580098762Q；地址、电话：北京市朝阳区青山镇 31 号 010-58761111；开户行及账号：中国工商银行股份有限公司工行北京青山分行 123456789。

② 2021 年 12 月 4 日，销售给海宁理工大学 AB 型抽油烟机 5 套，不含税单价 5 000 元；R08 洗碗机 5 套，不含税单价 3 000 元；D60 洗碗机 5 套，不含税单价 2 000 元。票据处理岗根据客户要求代开纸质增值税普通发票。客户开票信息如下：

客户名称：海宁理工大学；纳税人识别号：36115859787345698K；地址、电话：海宁市南京北路 58 号 0573-60381111；开户行及账号：中国银行股份有限公司海宁分行 63697875。

二、任务准备

（一）知识准备

1. 增值税专用发票的填写规范和要求

增值税专用发票分为 3 个基本联次，分别为：第一联记账联（作为销售方记账凭证）；第二联抵扣联（作为购买方扣税凭证）；第三联发票联（作为购买方记账凭证）。其填写规范和要求如表 3-1 所示。

表 3-1 增值税专用发票填写规范和要求

项　目	填写规范和要求
开票日期	税控机内部自动生成（日、月为 1~9 前面加 0）
购买方	购买企业全称、纳税人识别号、地址、电话、开户行及账号
密码	税控机内部自动生成，每份发票密码不相同
交易事项	货物（劳务）名称、计量单位、数量、不含税单价、金额、税率、税额
价税合计	税控机内部自动生成（大写金额前加"⊗"，"正"应写为"整"）
销售方	销售企业全称、纳税人识别号、地址、电话、开户行及账号
签章	发票专用章

2. 增值税普通发票的填写规范和要求

① 增值税普通发票的格式、字体、栏次、内容与增值税专用发票完全一致，按发票联次分为两联票和五联票两种，基本联次为两联：第一联为记账联，销货方用作记账凭证；第二联为发票联，购货方用作记账凭证。此外，为满足部分纳税人的需要，在基本联次后添加了三联的附加联次，即五联票，供企业选择使用。

② 增值税普通发票第二联（发票联）采用防伪纸张印制；代码采用专用防伪油墨印刷；号码的字型为专用异形体；各联次的颜色依次为蓝、橙、绿蓝、黄绿和紫红色。

③ 凡纳入"一机多票"系统（包括试运行）的一般纳税人，自纳入之日起，一律使用全国统一的增值税普通发票，并通过防伪税控系统开具。

3. 纸质发票的领购和注销

① 纸质发票的领购。有购领资格的纳税人申请领购发票时，必须提供以下资料。

- 办税人员资格证。
- 发票领购审批传递单。
- 已开具使用的旧发票及发票使用情况明细表。
- 普通发票领购卡。

② 纸质空白发票的注销。企业在会计期结束或发生变更、注销等情况下，对手上持有的空白纸质发票需要同时进行作废处理。针对纸质发票的作废注销，如果开票系统内的发票已作废，则只需要在纸质发票各联次注明"作废"字样即可。

（二）操作准备

根据业务内容，在票天下完善开票基础信息，包括纳税主体管理、税收分类编码、商品服务档案、客户信息管理等基础信息，如图 3-1 所示。

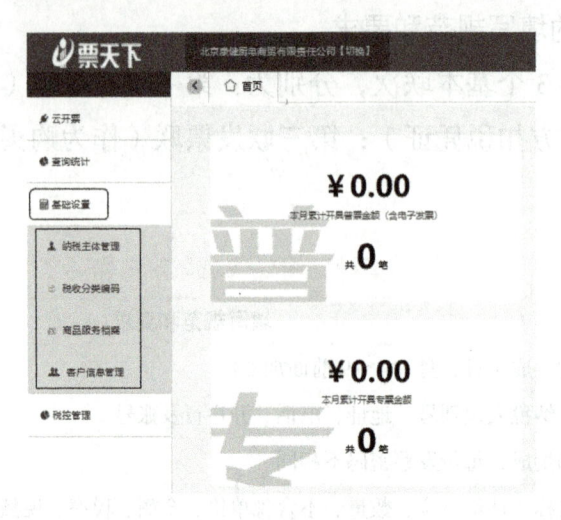

图 3-1　开票基础信息

（三）任务要领

① 税控所属期的选择一定要正确，如图 3-2 所示。

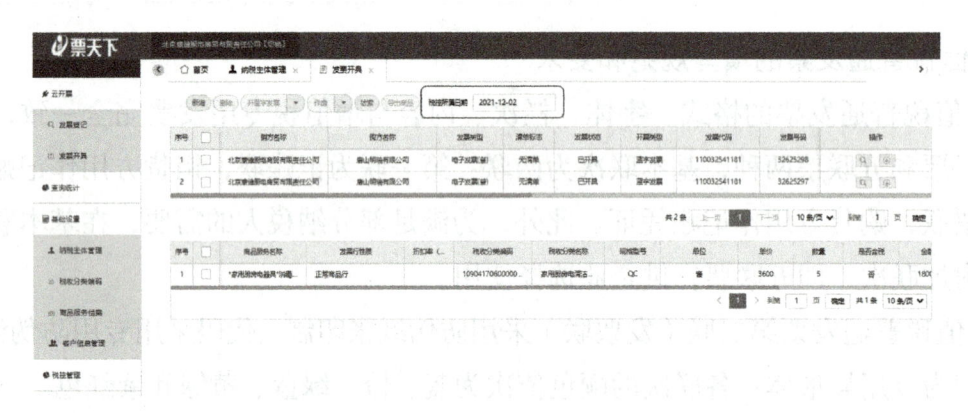

图 3-2　税控所属期

② 注意票据类型、是否含税价的选择，如图 3-3 所示。

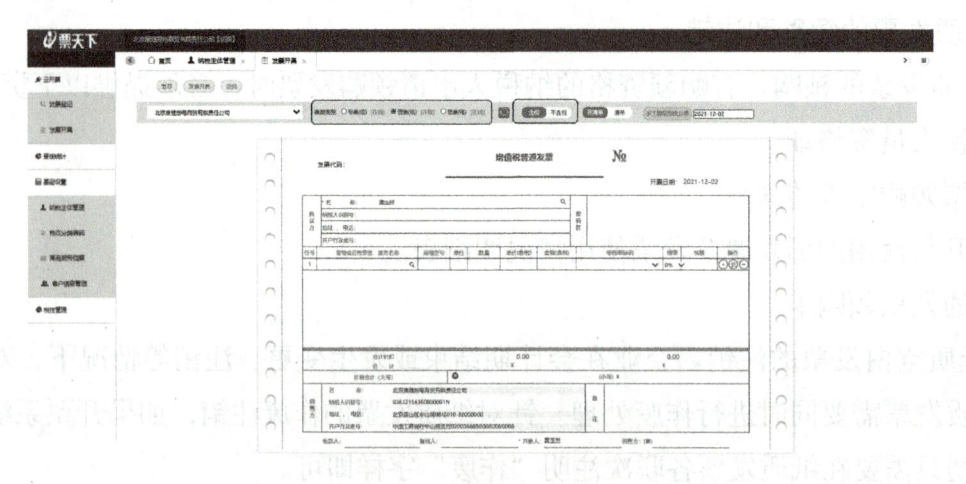

图 3-3　票据及价格类型

三、任务实施

（一）任务流程

发票开具的工作流程如图 3-4 所示。

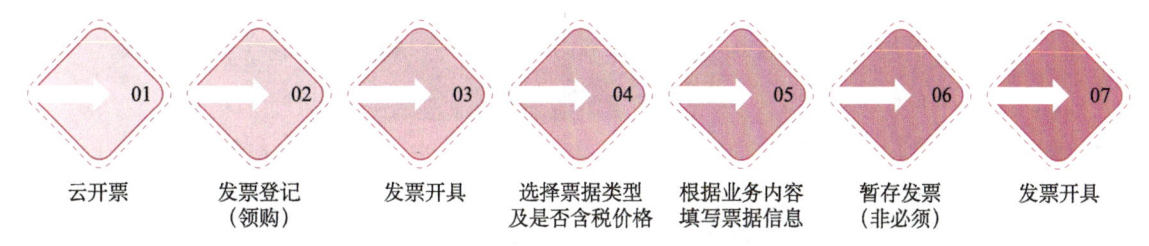

01 云开票 → 02 发票登记（领购）→ 03 发票开具 → 04 选择票据类型及是否含税价格 → 05 根据业务内容填写票据信息 → 06 暂存发票（非必须）→ 07 发票开具

图 3-4　发票开具的工作流程

（二）任务操作

① 票据处理岗人员进入票天下，选择（或切换）财务核算主体，如图 3-5 所示。

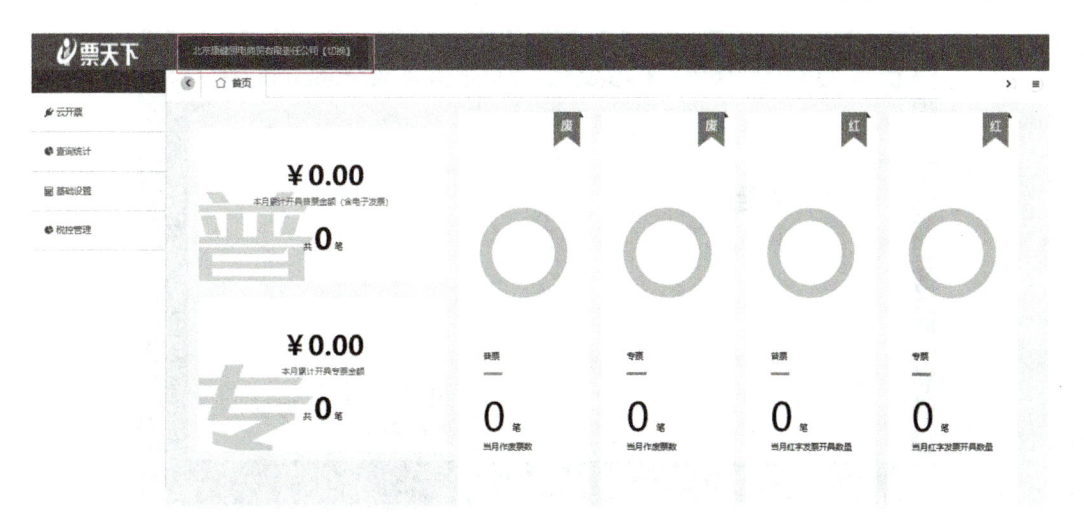

图 3-5　选择财务核算主体

② 在"云开票"菜单下，选择"发票登记"命令，进行发票领购操作，如图 3-6 所示。

图 3-6　发票登记

③ 选择发票类型为"专用发票",输入税控盘密码为"88888888",单击"确定"按钮,如图 3-7 所示。

图 3-7 输入税控盘密码

④ 输入数量(根据实际需要领购数量输入即可),单击"确定"按钮,如图 3-8 所示。

图 3-8 输入领购数量

⑤ 显示已领购发票的起止号码等信息,如图 3-9 所示。

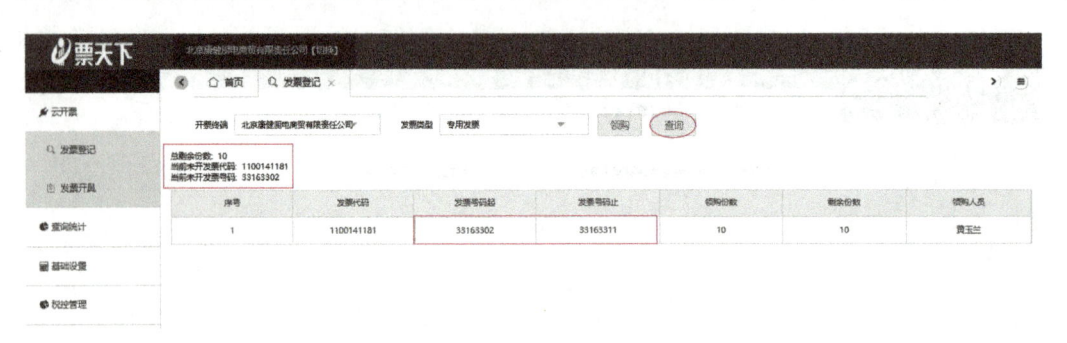

图 3-9 领购查询

⑥ 选择"云开票"菜单下的"发票开具"命令,单击"新增"按钮,如图 3-10 所示。

⑦ 根据业务内容完成发票各项目的选择或填写,如图 3-11 所示。

⑧ 核对发票各项目信息,审核无误后,开具发票,如图 3-12 所示。

单元三　票据管理

图 3-10　新增发票

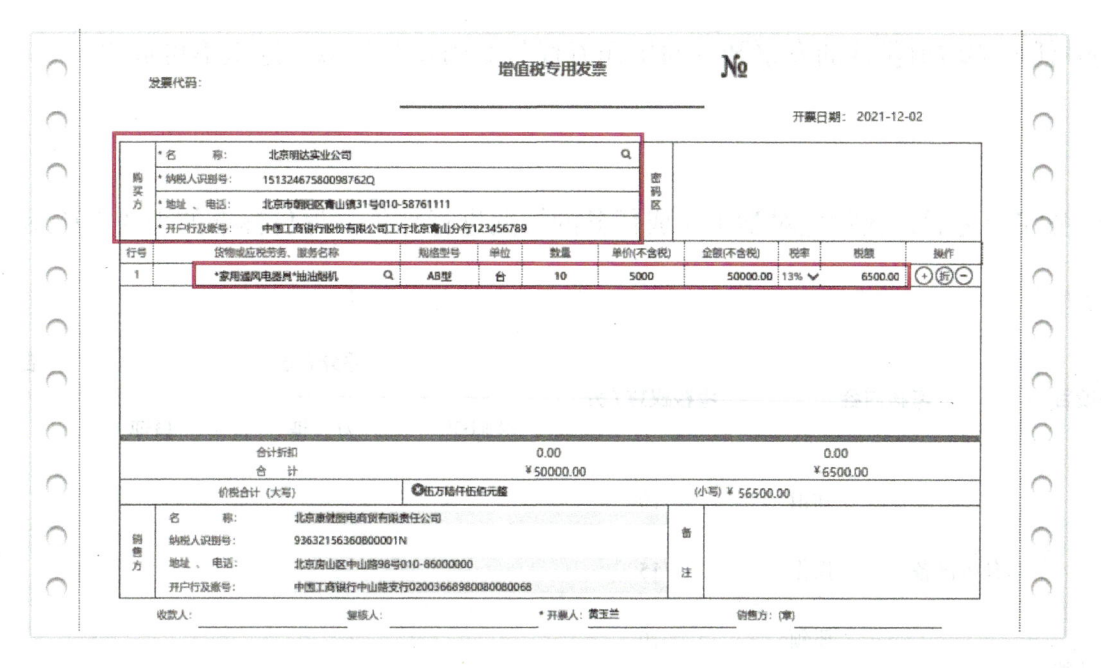

图 3-11　发票信息填写

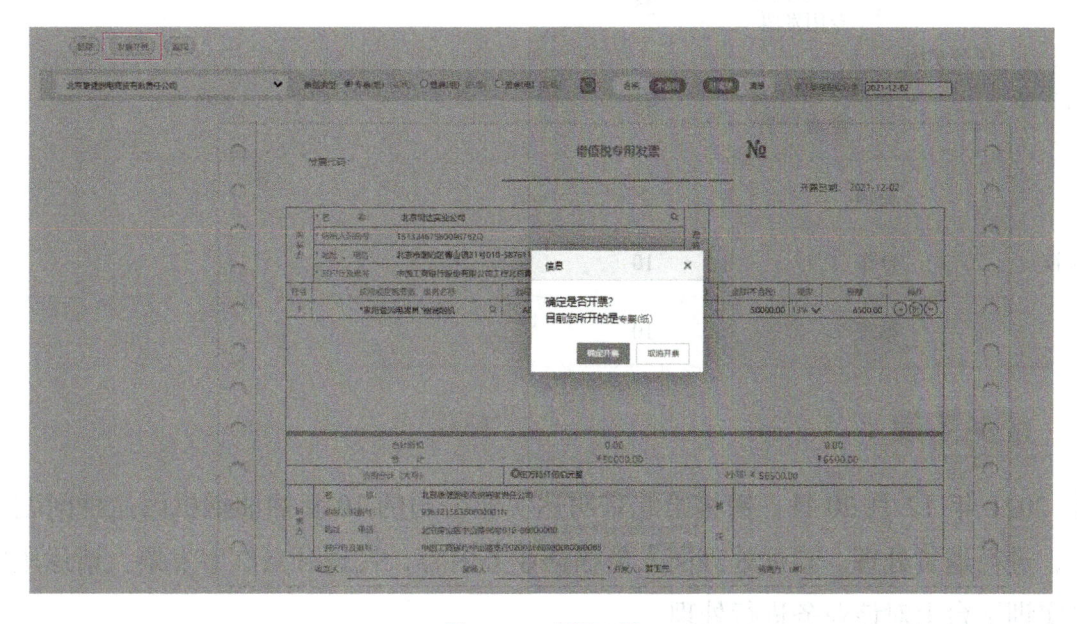

图 3-12　发票开具

35

⑨ 单击"确定开票"按钮，显示开票成功，如图3-13所示。

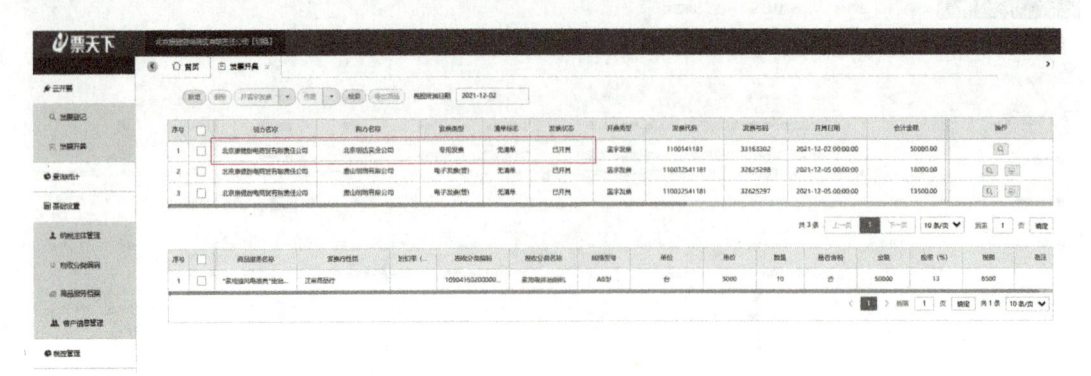

图 3-13　开票成功

⑩ 任务②增值税普通发票开具的操作流程与专用发票类似，这里不再赘述。

四、任务评价

任务完成之后，教师应对学生完成任务的情况进行评价，评价标准如表3-2所示。

表 3-2　纸质发票开具任务评价表

考核项目	考核内容	考核权重/分	评分/分 教师评	评分/分 互评	评分/分 自评	合计
专业技能	任务准备	知识 10				
		操作 15				
		要领 10				
	任务实施	开具增值税专用发票 25				
		开具增值税普通发票 25				
职业素养	签到	5				
	合作	10				
	整理	10				

五、任务拓展

① 2021年12月20日，销售给北京明达实业公司的10套抽油烟机因品种问题，经双方协商，进行退货处理。票据处理岗人员根据业务内容，代理开具红字发票。请运用所学知识，在实训平台上对该业务进行处理。

② 请根据所学知识，谈谈如何防范虚开发票的违法行为。

任务（三） 电子发票开具

一、任务情境

（一）任务场景

康健厨电与唐山明瑞有限公司发生业务往来，因为企业人员有限，委托代理机构代开电子发票。

（二）任务布置

康健厨电于 2021 年 12 月 5 日销售 9 套 OC 型微波炉、5 套 QC 型消毒碗柜给唐山明瑞有限公司。根据客户要求代开电子增值税专用发票。具体内容如下。

销售商品：OC 型微波炉 9 套 ×1 500 元 / 套 =13 500 元（不含税）

QC 型消毒碗柜 5 套 ×3 600 元 / 套 =18 000 元（不含税）

客户名称：唐山明瑞有限公司

纳税人识别号：34942983912678913W

地址、电话：河北唐山市南京北路 58 号 0315-60381111

开户行及账号：中国工商银行唐山分行 234567891

二、任务准备

（一）知识准备

1. 电子发票

电子发票是在购销商品、提供或接受劳务等经营活动中，开具或收取的以电子方式存储的收、付款凭证。该发票由税务局统一发放给商家使用，发票号码采用全国统一编码，采用统一防伪技术，在电子发票上附有电子税务局的签名机制。其法律效力、基本用途、基本使用规定等与税务机关监制的纸质发票相同。

2. 电子发票开具要求

企业应按规定申请电子发票：

首先，企业应向税控设备服务单位购买税控设备。

其次，企业准备相关材料向主管税务机关办理核定和申领工作。

最后，企业要选择一个电子发票服务平台。（企业既可以自建电子发票服务平台，也可选择第三方专业的电子发票服务平台。）

3. 电子发票检验

根据《国家税务总局关于增值税发票综合服务平台等事项的公告》，单位和个人可以登录全国增值税发票查验平台进行检验。

（二）操作准备

参照"纸质发票开具"操作，根据业务内容在票天下完善纳税主体管理、税收分类编码、商品服务档案、客户信息管理等基础信息。

（三）任务要领

① 明确是否领购电子发票，确认领购电子发票数量，如图3-14所示。

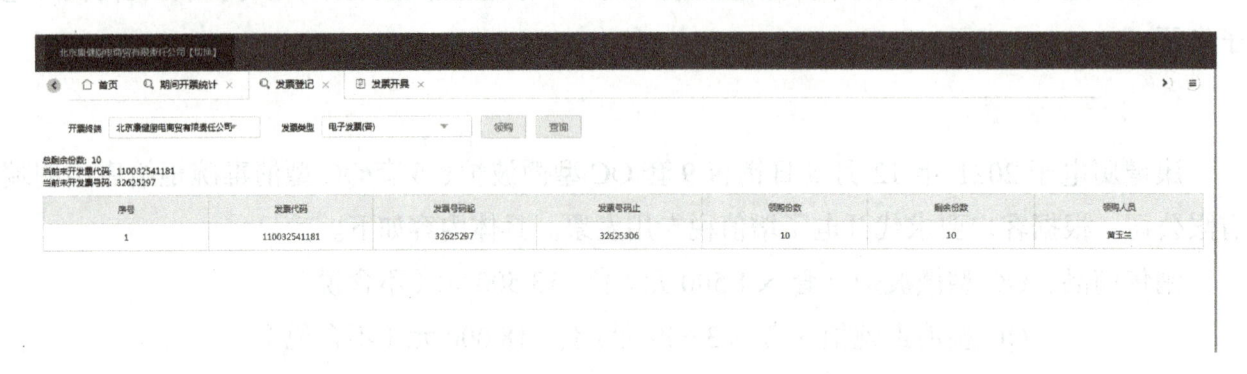

图3-14 领购电子发票

② 准确选择开票类型。在新增填写发票信息、选择所开票据类型时，选择"普票（电）"，如图3-15所示。

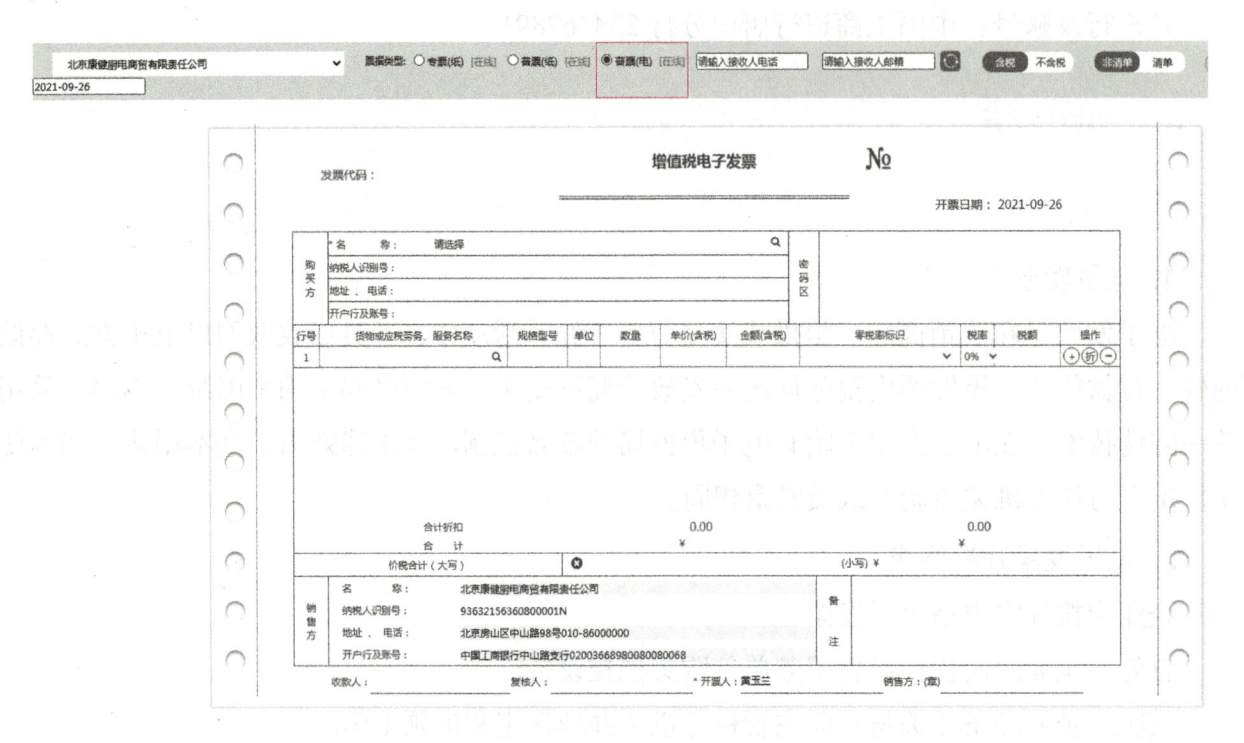

图3-15 选择发票开具类型

③ 填写电子发票时需要填写接收人联系方式（接收手机号或电子邮箱），如图3-16所示。

单元三　票据管理

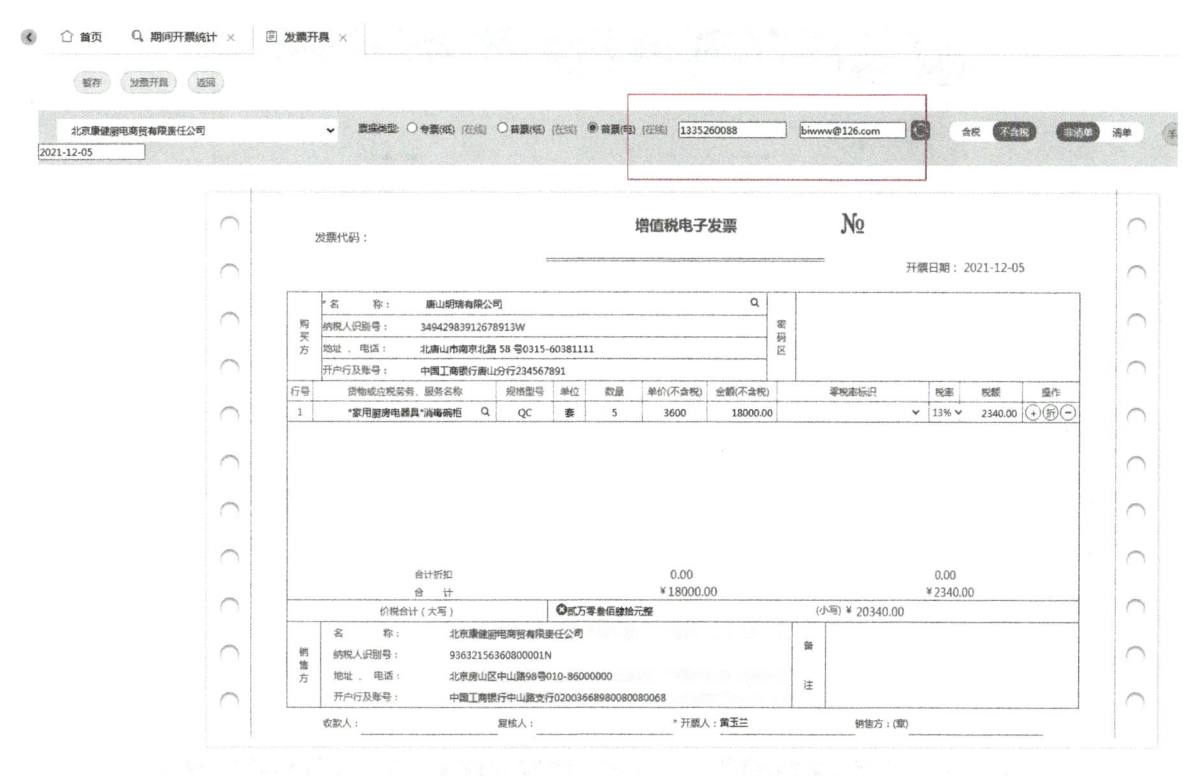

图 3-16　填写电子发票接收人联系方式

三、任务实施

（一）任务流程

电子发票开具的工作流程如图 3-17 所示。

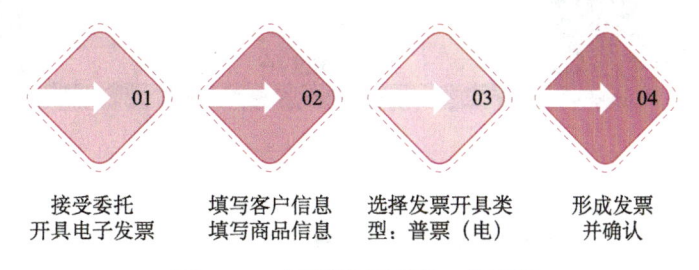

01 接受委托开具电子发票　→　02 填写客户信息 填写商品信息　→　03 选择发票开具类型：普票（电）　→　04 形成发票并确认

图 3-17　电子发票开具的工作流程

（二）任务操作

① 参照"纸质发票开具"操作流程，在"云开票"菜单下，选择"发票登记"命令，进行领购电子发票操作，参见图 3-14。

② 根据业务内容，在"云开票"菜单下，选择"基础设置"｜"客户信息管理"命令，完成客户信息填写，如图 3-18 所示。

③ 根据业务内容，在"云开票"菜单下，选择"基础设置"｜"商品服务档案"命令，完成商品信息填写，如图 3-19 所示。

④ 根据发票信息，完成发票输入与填写，单击"+"按钮进行增行操作，如图 3-20 所示。

39

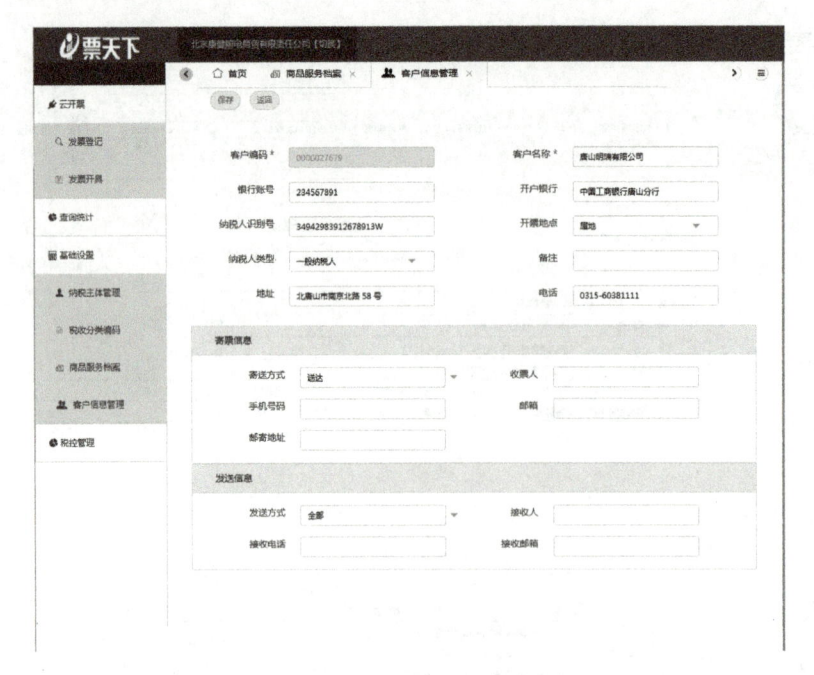

图 3-18　客户信息填写

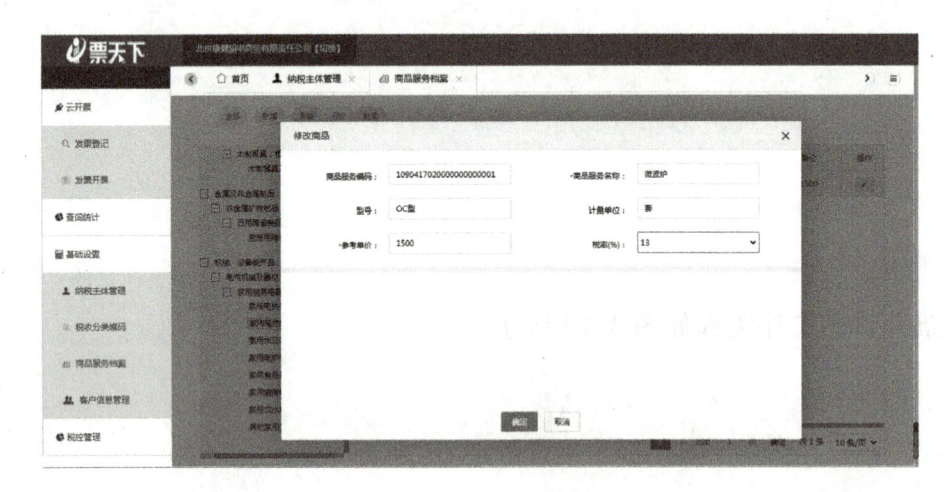

图 3-19　商品信息填写

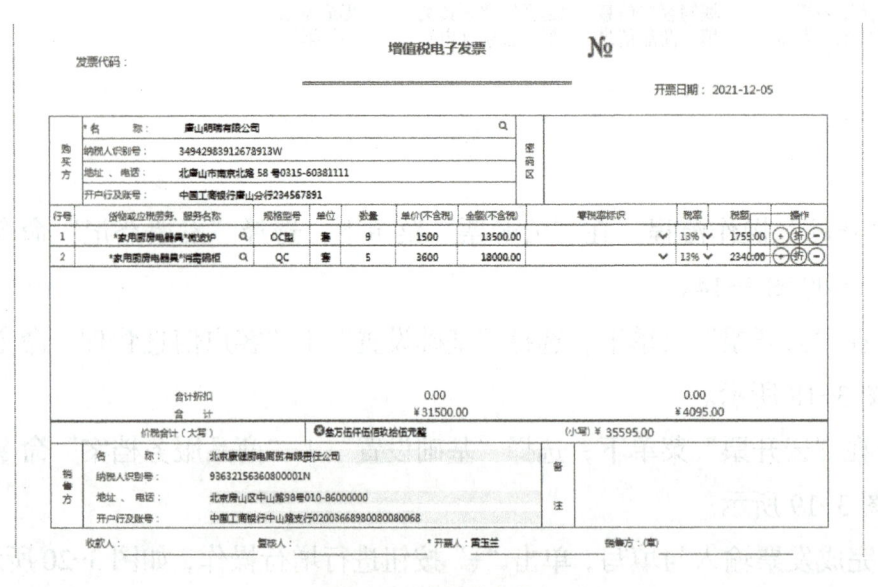

图 3-20　发票信息输入

开具电子发票操作视频

⑤ 核对发票各项信息，审核无误后，确认开具发票。

四、任务评价

任务完成之后，教师应对学生完成任务的情况进行评价，评价标准如表 3-3 所示。

表 3-3 电子发票开具任务评价表

考核项目	考核内容		考核权重 / 分	评分 / 分			合计
				教师评	互评	自评	
专业技能	任务准备	理论知识	10				
		实践操作	10				
		业务要领	10				
	任务实施	开具电子发票	40				
职业素养		自主学习能力	10				
		合作沟通能力	10				
		资料收集整理能力	10				

五、任务拓展

讨论开具电子发票的意义。

电子发票参考资料

任务（四） 税务局代开发票

一、任务情境

（一）任务场景

北京美佳佳数码电子公司（以下简称美佳佳公司）是一家经营数码电子产品的小规模纳税人，不具备开具增值税专用发票的资格。2021 年 12 月 18 日，与客户北京林子文化有限公司（以下简称林子文化公司）发生业务往来。

（二）任务布置

美佳佳公司向林子文化公司销售移动硬盘 10 个 ×350 元 / 个 =3 500 元（不含税），增值税税率为 3%。林子文化公司要求开具增值税专用发票。美佳佳公司委托代理机构进行相应的申请发票操作。具体内容如下。

企业名称：北京美佳佳数码电子公司

纳税人识别号：98182458760098888W

地址、电话：北京市大兴区康王路30号 010-75862222

开户行及账号：中国建设银行股份有限公司工行北京大兴分行 123452222

客户名称：北京林子文化有限公司

纳税人识别号：18182467580098768Q

地址、电话：北京市丰台区青山路31号 010-85761111

开户行及账号：中国工商银行股份有限公司工行北京丰台分行 123451111

二、任务准备

（一）知识准备

1. 代开发票

这里所说的代开发票，是指由税务机关代开发票。其主要是指不符合或暂时不符合领购增值税专用发票资格的企业在进行购销业务、提供劳务服务、转让无形资产、销售不动产或税法规定的其他商务活动时需要开具增值税专用发票，可通过申请程序由税务机关代开。

2. 可申请代开发票的情形

根据《国家税务总局关于加强和规范税务机关代开发票工作的通知》，企业有下列情形之一的，可以向主管税务机关申请代开发票。

① 依法不需要办理税务登记，临时取得收入的。

② 正在申请办理税务登记的。

③ 外省、自治区、直辖市来本辖区从事临时经营活动的纳税人未被核准领购发票的。

④ 被税务机关依法收缴发票或停供发票的。

⑤ 其他不符合领购发票条件的。

3. 代开发票注意事项

① 要有经济业务发生的书面证明，否则开票人未销售货物或提供劳务而代索票人开具发票的行为均属于虚开发票。《中华人民共和国发票管理办法实施细则》第二十六条规定：凡需向税务机关申请开具发票的单位和个人，均应提供发生购销业务、提供接受服务或其他经营活动的书面证明，对税法规定应当缴纳税款的，税务机关应当在开具发票的同时征税。

② 只有税务机关才有"代开发票"的权利。根据《中华人民共和国发票管理办法》第二十四条的规定：任何单位和个人不得转借、转让、代开发票。

③ 申请代开发票需要符合代开发票条件，在开具发票前完成税务登记，并按规定程序进行申请和资料提交。

（二）操作准备

① 智能财税共享中心准备好客户的"一证通"证书。

② 智能财税共享中心准备好客户申请材料和相关票据信息。

（三）任务要领

客户收到代开的发票，需要在发票"备注"栏加盖委托方的发票专用章，而不是由代办公司盖章。

三、任务实施

（一）任务流程

委托税务机关代开发票的流程如图 3-21 所示。

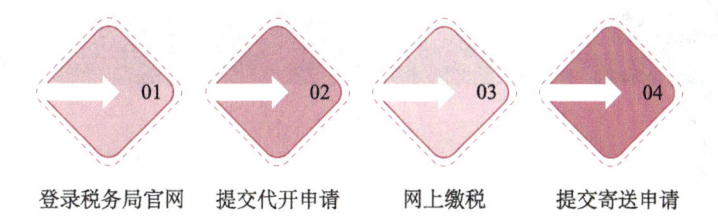

图 3-21　委托税务机关代开发票的流程

（二）任务操作

① 将客户的"一证通"证书插入计算机 USB 插口。

② 进入北京市电子税务局网站，然后单击"我要办税"，如图 3-22 所示。

图 3-22　登录页面

③ 根据企业需求在登录界面选择一种登录方式，按要求输入对应登录信息，单击"登录"按钮完成登录。登录方式如图 3-23 所示。

④ 进入首页，选择"专用发票代开（邮寄配送）"方式，如图 3-24 所示。（可根据实际情况选择）

图 3-23　登录方式

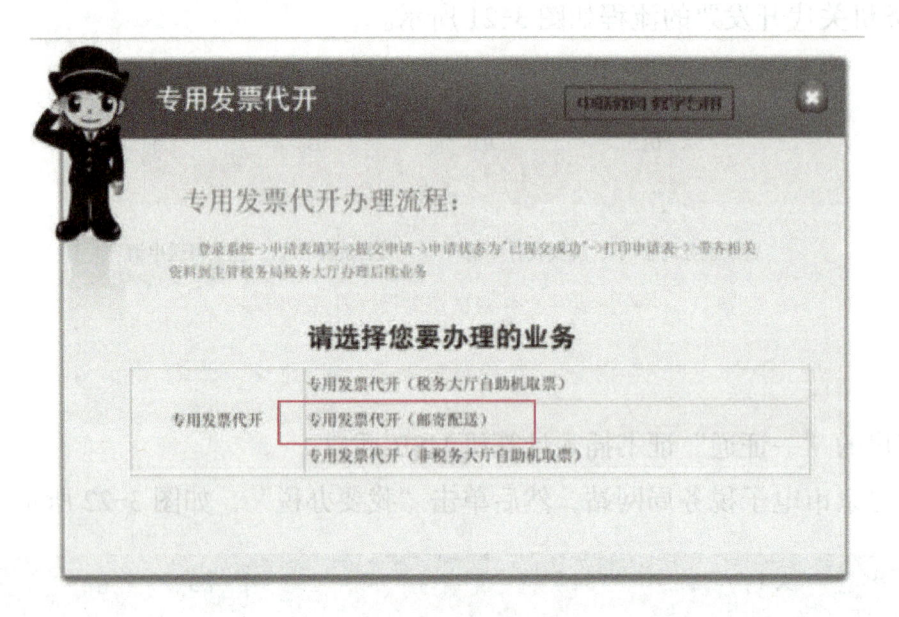

图 3-24　选择要办理的业务

⑤ 单击"代开发票"菜单栏，如图 3-25 所示。

图 3-25　代开发票

⑥ 根据业务内容填写购买方信息和销售方信息，如图 3-26 所示。

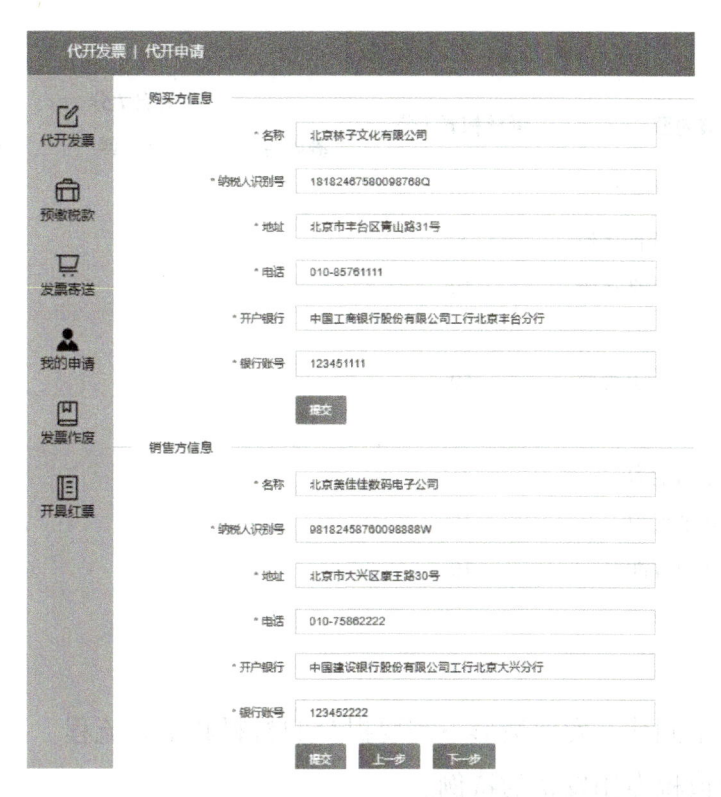

图 3-26　填写购买方和销售方信息

⑦ 填写商品信息。准确填写税收分类及细类、数量、单价和征收率，如图 3-27 所示。

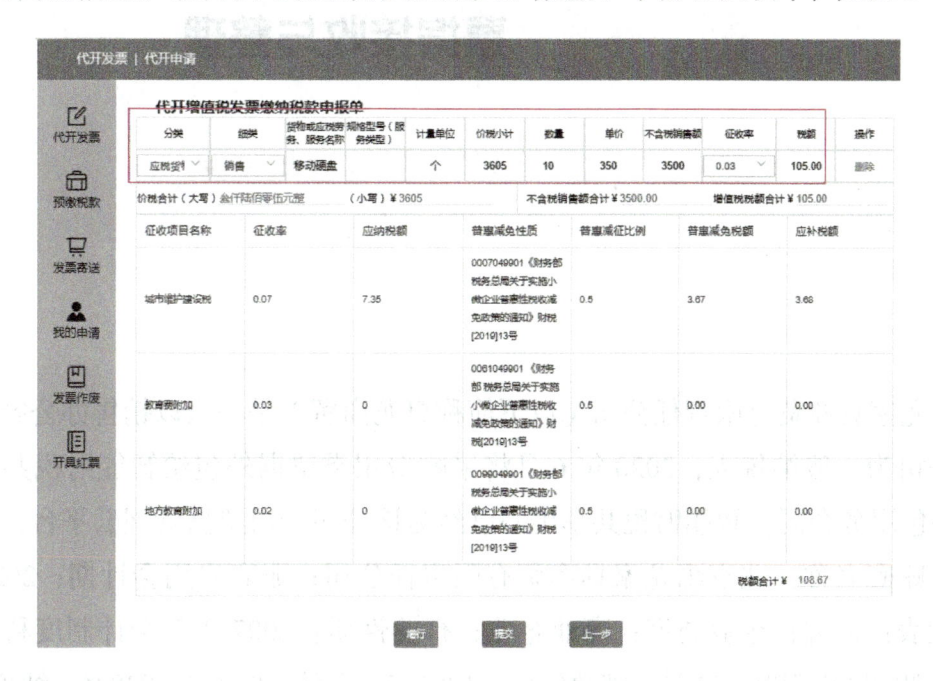

图 3-27　商品信息

⑧ 资料审核无误后，提交并预缴税款。
⑨ 填写收货地址，进行"发票寄送"。

四、任务评价

税务局代开发票操作视频

任务完成之后，教师应对学生完成任务的情况进行评价，评价标准如表 3-4 所示。

表 3-4 税务局代开发票任务评价表

考核项目	考核内容		考核权重/分	评分/分			合 计
				教师评	互 评	自 评	
专业技能	任务准备	理论知识	10				
		实践操作	5				
		业务要领	10				
	任务实施	代开发票	50				
职业素养	自主学习能力		5				
	合作沟通能力		10				
	资料收集整理能力		10				

五、任务拓展

① 从网上搜集不同代开发票情形下需要提交的材料和申办流程。

② 查找代开增值税专用发票的特例。

任务二 票据接收与整理

任务（一） 纸质票据接收与整理

一、任务情境

（一）任务场景

北京惠龙家具商贸有限责任公司（以下简称惠龙商贸）是一家以销售办公家具为主的商贸公司。公司为一般纳税人，2020 年 6 月将采购费用类票据外包给智能财税共享中心，双方签订了外包服务合同。智能财税共享中心已经为该公司开通票据管理云平台，公司已设置基础信息。账套名称：北京惠龙家具商贸有限责任公司；账套启用会计期：2020 年 6 月；公司法人代表：孟鑫；企业类型：商业企业；行业性质：2007 年新会计制度科目；单位地址：北京市朝阳区诺阳路 042 号；邮政编码：100122；电话：010-81394836；纳税人识别号：7859210183394024H；开户行：中国工商银行诺阳路分行；银行账号：73815294369101；本位币代码：RMB（人民币）。智能财税共享中心经办人员周洋接收惠龙商贸提供的费用类纸质票据。

（二）任务布置

由智能财税共享中心工作人员唐宋负责公司"票据外包服务"业务，具体要求如下。

① 对接收的纸质票据进行检查，核对是否完整。
② 对票据进行归类整理。
③ 每张纸质票据通过扫描或拍照转换成电子影像文件。
④ 采集票据电子影像文件，自动识别票据并人工校验，存入数字档案系统。

二、任务准备

（一）知识准备

① 了解《中华人民共和国发票管理办法》（财政部令〔1993〕第6号）（2019年修正）等相关法规的基本内容，并能在实际业务中应用。

② 了解《支付结算办法》（银发〔1997〕393号）和《企业银行结算账户管理办法》（银发〔2019〕41号）等法律法规的相关内容，并能在实际业务中应用。

③ 了解《企业会计准则》（财会〔2007〕33号）和《企业会计制度》（财会〔2000〕25号）等法律法规的相关内容，并能在实际业务中应用。

（二）操作准备

① 智能财税共享中心准备好客户的票据资料。
② 扫描形成电子影像文件。

（三）任务要领

① 重点：对纸质票据进行甄别、分类，并形成电子影像文件。
② 难点：对纸质票据进行采集并进行人工校验。

三、任务实施

（一）任务流程

纸质票据接收与整理的工作流程如图3-28所示。

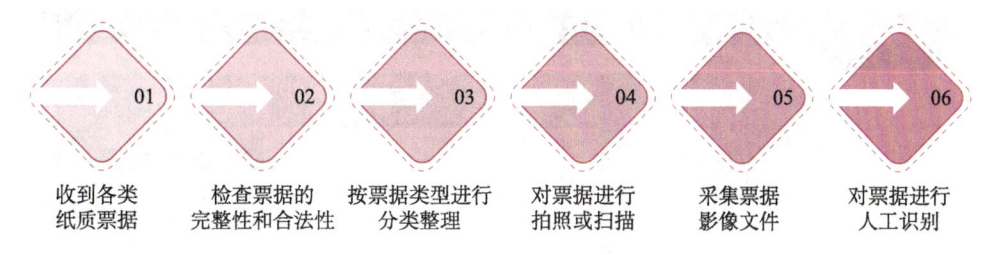

01 收到各类纸质票据 → 02 检查票据的完整性和合法性 → 03 按票据类型进行分类整理 → 04 对票据进行拍照或扫描 → 05 采集票据影像文件 → 06 对票据进行人工识别

图3-28 纸质票据接收与整理的工作流程

（二）任务操作

① 将每张纸质票据扫描或拍照形成独立的电子影像文件。
② 登录票天下，选择"理票"|"发票采集"命令，上传票据电子影像文件。发票采集

页面如图 3-29 所示。

图 3-29　发票采集页面

③ 发票采集并上传。单击"采集"按钮，选择"本地图片/PDF"命令，上传图片，如图 3-30 所示。执行命令后系统显示上传成功，如图 3-31 所示。

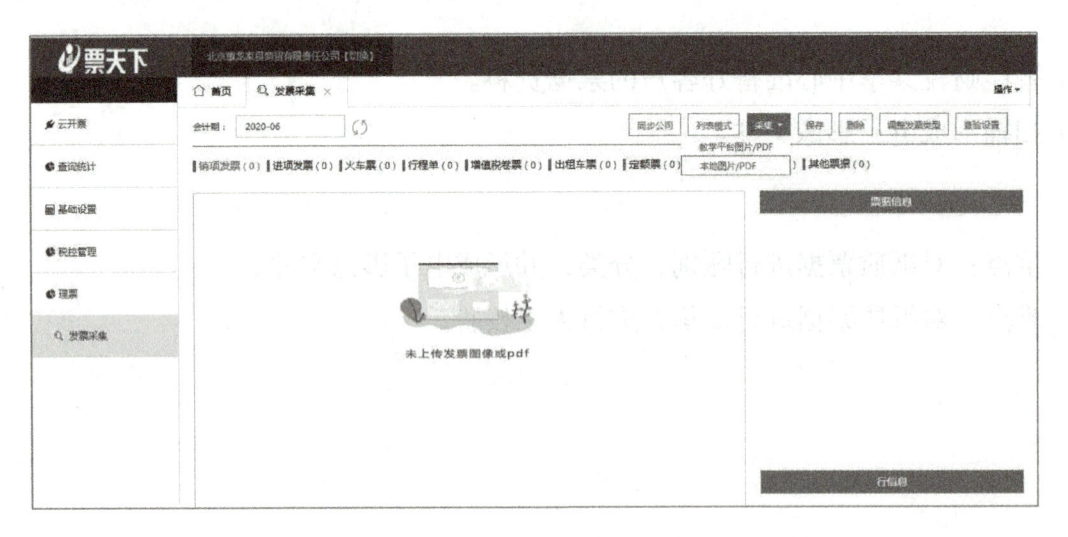

图 3-30　上传票据页面

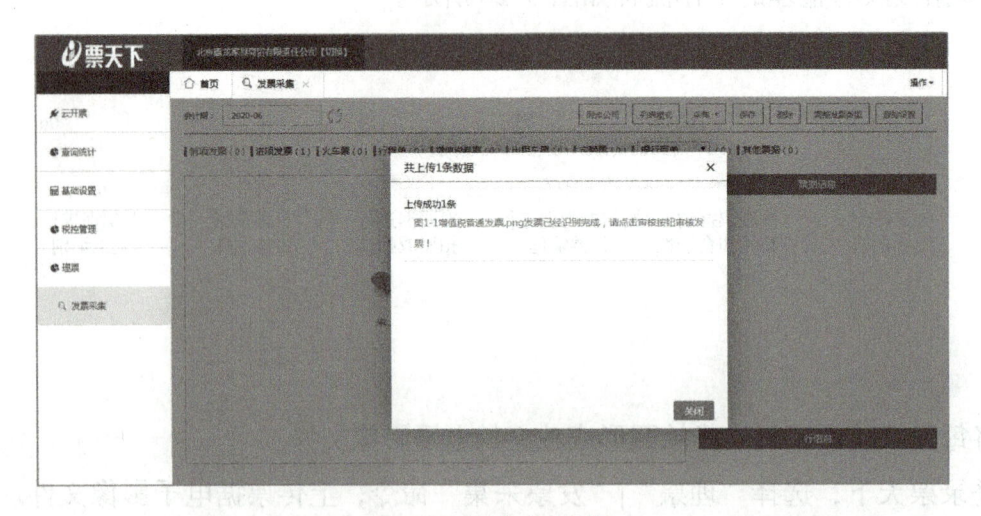

图 3-31　上传成功页面

④ 利用票天下，通过 OCR 技术识别票据中的信息，如图 3-32 所示。

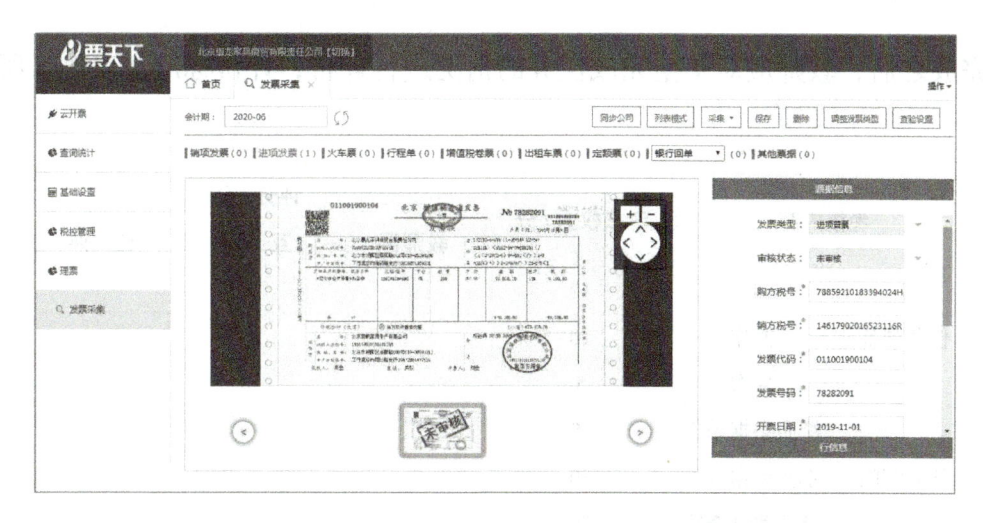

图 3-32　票据识别页面

⑤ 识别后，要求进行人工核验。如果有错误，则需要手动修改；如果采集的票面信息经核验无误，则单击"保存"按钮即可。核对票据信息页面如图 3-33 所示；核验成功页面如图 3-34 所示。

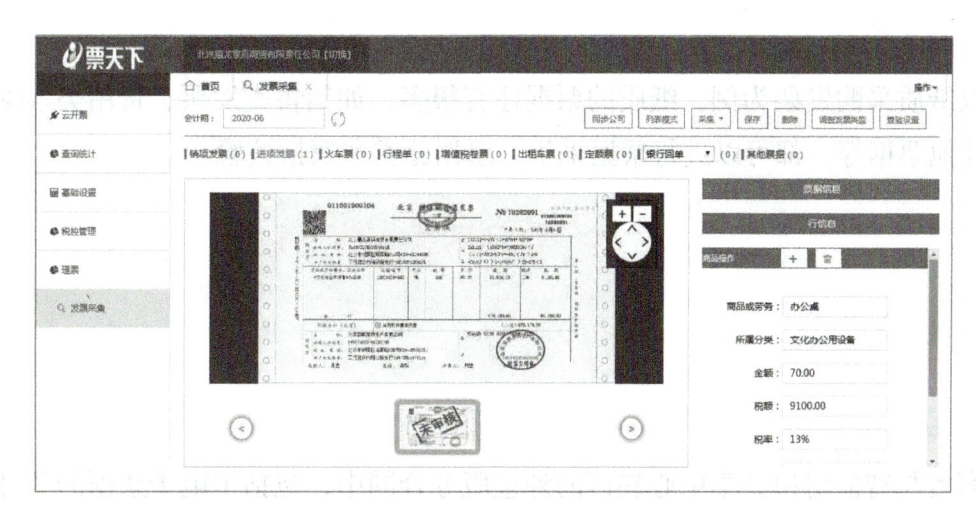

图 3-33　核对票据信息页面

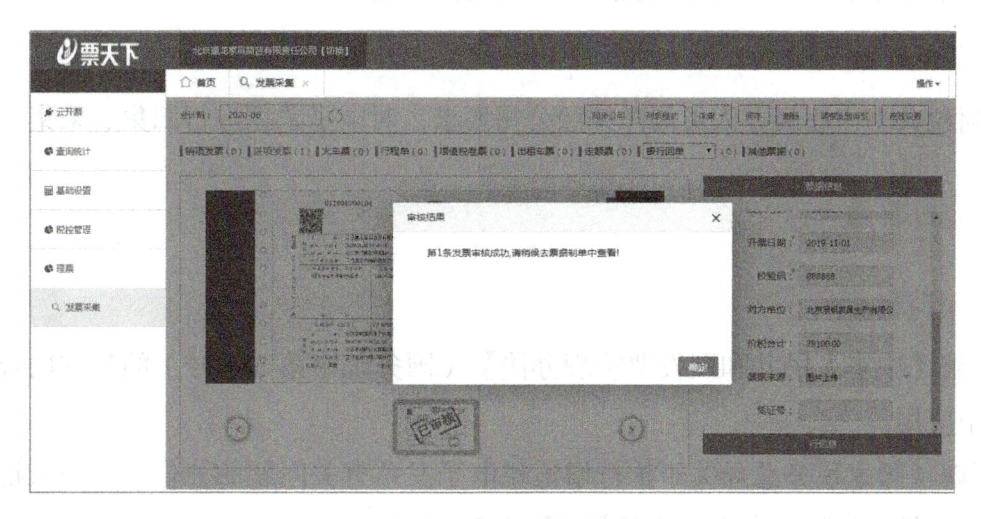

图 3-34　核验成功页面

四、任务评价

任务完成之后，教师应对学生完成任务的情况进行评价，评价标准如表 3-5 所示。

表 3-5 "纸质票据接收与整理"任务评价表

考核项目	考核内容		考核权重/分	评分/分			合 计
				教师评	互 评	自 评	
专业技能	任务准备	知识	10				
		操作	10				
		要领	5				
	任务实施	纸质票据采集	10				
		纸质票据分类	20				
		纸质票据查验	30				
职业素养		签到	5				
		合作	5				
		整理	5				

五、任务拓展

本书以纸质采购发票为例。纸质的票据还有很多，如销售类发票、费用类票据、银行结算票据、其他票据等，都可以进行票据采集、票据分类和票据核验。

任务（二） 电子票据接收与整理

一、任务情境

（一）任务场景

惠龙商贸与智能财税共享中心签订的外包服务合同中，包括了电子票据的整理条款。由智能财税共享中心经办人员周洋接收惠龙商贸提供的电子发票。

（二）任务布置

智能财税共享中心经办人员周洋按照公司要求，对电子票据进行归集、采集。

二、任务准备

（一）知识准备

① 了解《中华人民共和国发票管理办法》（国务院令第 587 号）的基本内容，并能在实际业务中应用。

② 了解《国家税务总局关于推行增值税电子发票有关问题的公告》（国家税务总局公告 2015 年 84 号）的相关内容，并能在实际业务中应用。

③ 了解《会计档案管理办法》（财政部、档案局令第 79 号）（2016 年）的基本内容，并能在实际业务中应用。

（二）操作准备

① 智能财税共享中心接收客户电子票据。

② 做好电子票据的初步审核。

（三）任务要领

① 重点：对电子票据进行甄别、分类。

② 难点：对电子票据进行采集并进行人工校验。

三、任务实施

（一）任务流程

电子票据接收与整理的工作流程如图 3-35 所示。

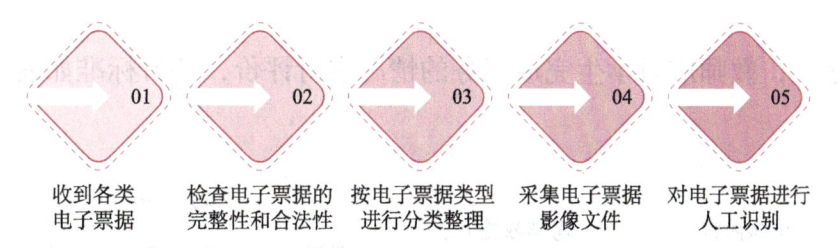

01 收到各类电子票据 → 02 检查电子票据的完整性和合法性 → 03 按电子票据类型进行分类整理 → 04 采集电子票据影像文件 → 05 对电子票据进行人工识别

图 3-35　电子票据接收与整理的工作流程

（二）任务操作

① 电子发票采集。选择"理票"|"发票采集"命令，单击右上角的"采集"按钮，选择"本地图片 /PDF"选项，上传图片。

② 核查右侧"票据信息"列，进行人工识别，确认无误后单击"审核"按钮。票据识别页面如图 3-36 所示；票据审核页面如图 3-37 所示。

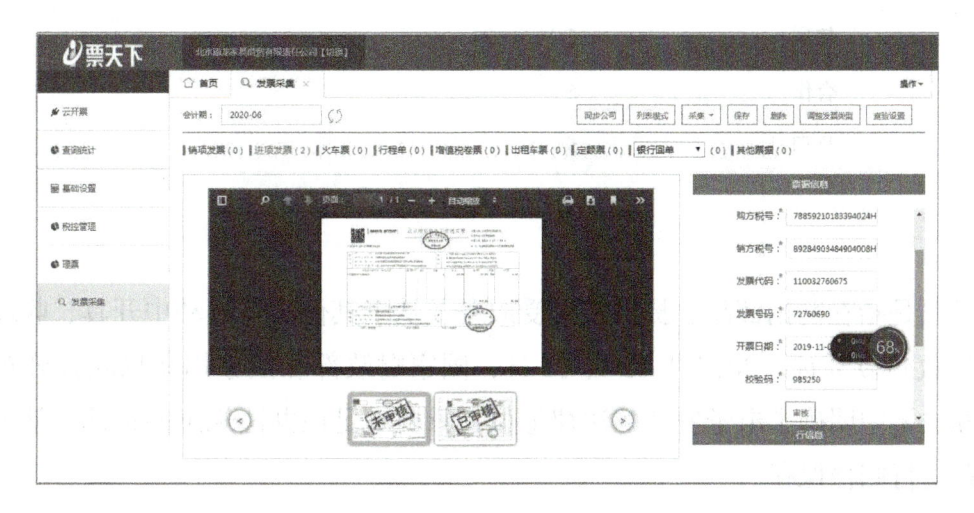

图 3-36　票据识别页面

图 3-37 票据审核页面

③ 电子发票查验。可通过国家税务总局全国增值税发票查验平台进行发票一致性查验。

四、任务评价

任务完成之后，教师应对学生完成任务的情况进行评价，评价标准如表 3-6 所示。

表 3-6 电子票据接收与整理任务评价表

考核项目	考核内容		考核权重 / 分	评分 / 分			合 计
				教师评	互 评	自 评	
专业技能	任务准备	知识	10				
		操作	10				
		要领	5				
	任务实施	电子票据采集	10				
		电子票据分类	20				
		电子票据查验	30				
职业素养	签到		5				
	合作		5				
	整理		5				

五、任务拓展

电子发票是指在购销商品、提供或接受服务及从事其他经营活动中开具、收取的以电子方式存储的收付款凭证。2015 年 12 月 11 日，国家财政部和国家档案局联合公布的《会计档案管理办法》中明确了电子发票的法律地位，只要满足该办法规定的条件，就可仅以电子形式对发票进行归档保存。

任务三　票据扫描与分类

一、任务情境

（一）任务场景

康健厨电于 12 月建账，因为企业人员有限，委托智能财税共享中心进行票据扫描与分类。

（二）任务布置

登录财天下，根据整理并扫描好的电子票据完成采集和分类。

二、任务准备

（一）知识准备

1. 票据扫描技术

票据扫描技术是利用传统模式 OCR 和深度学习技术，结合图像处理、自动分类、智能核验等技术实现解决全场景票据识别。它适用于移动报销 APP、财务共享云识别、PC 客户端等全场景需求。

（1）OCR 技术

OCR（Optical Character Recognition，光学字符识别）技术是使用硬件设备采集含有手写或机打文字的图像，再将其转换为计算机可以编辑的信息格式。一般 OCR 有 4 步：数字化；预处理；文字分割；特征提取。

步骤 1　数字化。数字化是 OCR 的第一步，即采用摄像机或扫描仪将包含手写或机打文字的纸质文件转换成数字图像。

步骤 2　预处理。预处理一般包括二值化、文字定位和倾斜校正等步骤。二值化将三原色构成的多色图像转换成单色图像，目的是减少冗余信息量，加快速度；倾斜校正是对倾斜的文本完成校正。

步骤 3　文字分割。文字分割是将多行字符序列切割为单行字符序列，再分割成单个字符。它是 OCR 中的一个重要步骤，其效果将直接影响 OCR 的最终结果。

步骤 4　特征提取。特征提取是从单个字符中提取与其他字符相匹配的单个字符特征。这是 OCR 中最重要的步骤。传统的特征提取方法，如模板匹配和结构分析等，在针对汉字时并不是非常有效，还会消耗大量的时间和精力，而深度学习可以轻易地完成这项工作，并且只要拥有足够多的数据集，就能提供更精确的识别。

(2)深度学习技术

深度学习技术是当今人工智能领域中的热门，因 2016 年谷歌的 AlphaGo 击败围棋世界冠军李世石而轰动一时。同时，在我国也迎来了对这一技术的研究热潮。

深度学习技术是一种试图使用多层包含着复杂结构或多个非线性变换的隐含层来提取数据的各类特征的方法。它采用监督学习、半监督学习或非监督学习提取不同层次的特征。相对于人工提取特征，在数据集足够多时采用深度学习技术提取特征会更加高效。

智能发票识别能够避免在报销过程中浪费过多的精力和时间，解放财务人员的双手，降低各行各业的人力资源成本。

2. 票据分类

(1) 票据分类的意义

会计核算是根据票据内容进行账务处理的工作。票据承载着经济业务的内容，将票据进行科学合理的分类，是使平台能够正确生成记账凭证的第一步。因此，这一工作非常重要。

(2) 票据分类的方法

根据不同类型的经济业务，整理会计可以将票据分为不同的业务类型。判断何种票据对应何种业务类型是十分关键的。对于票据分类，不同的平台有不同的分类标准。例如，财天下将票据分为五大类，分别是销售发票、采购发票、费用发票、银行回单、其他票据。每一大类再分为若干小类，如销售发票分为增值税专票和增值税普票；采购发票分为增值税专票和增值税普票；费用发票分为专票、普票、卷票、行程单、火车票、车船票等，如图 3-38 所示。

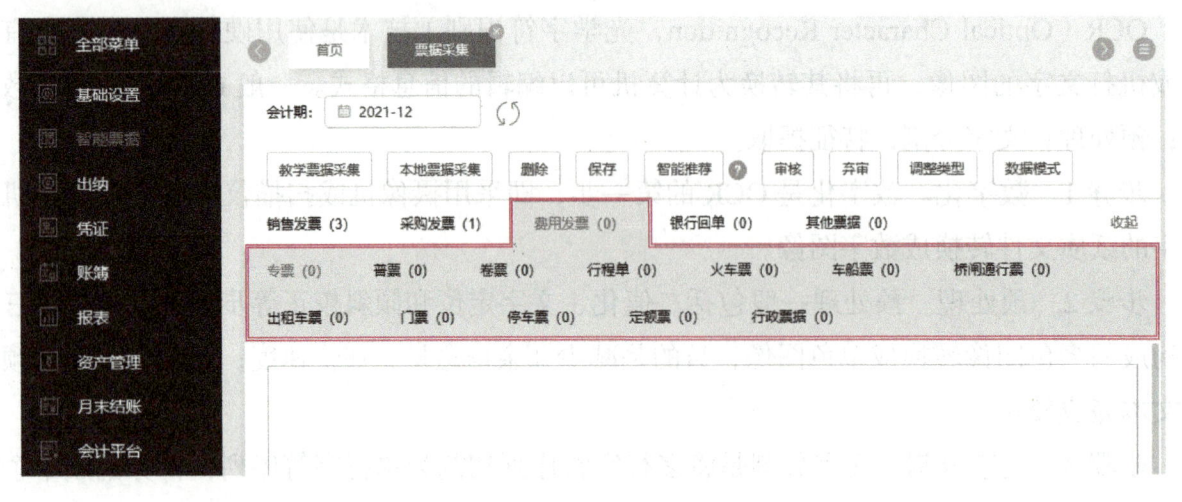

图 3-38 费用发票分类

（二）操作准备

收到康健厨电 2021 年 12 月 26 日的采购增值税专票，将整理好的票据进行票据扫描和分类，如图 3-39 所示。

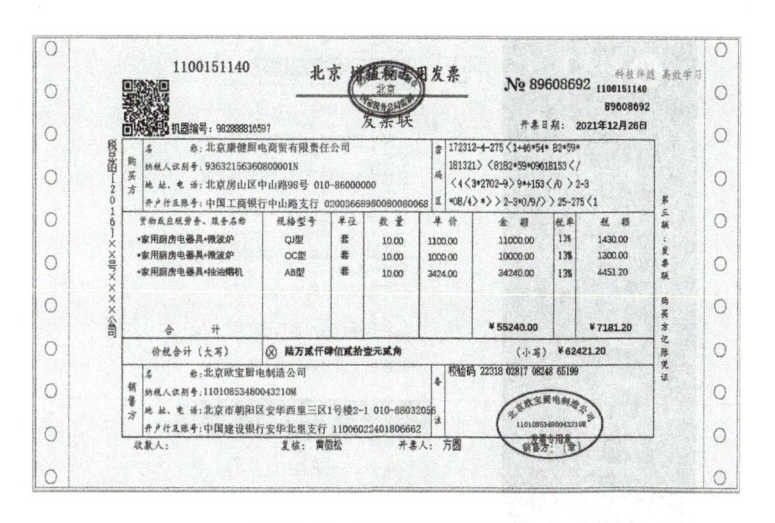

图 3-39　采购增值税专票

(三) 任务要领

① 票据的扫描图片一定要清晰、完整。

② 票据采集时要选择正确的会计期。

③ 票据采集时要注意正确分类，参见图 3-39。

三、任务实施

(一) 任务流程

票据采集与分类的工作流程如图 3-40 所示。

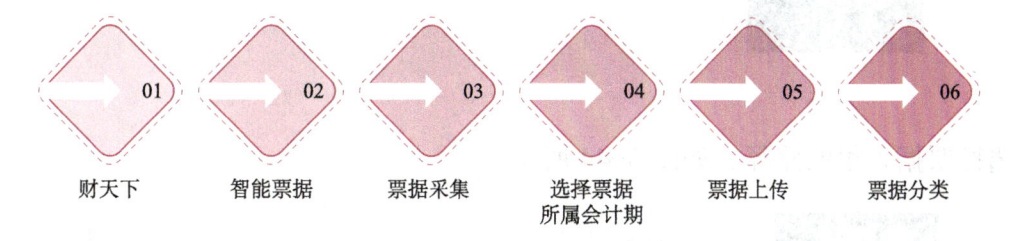

01 财天下　→　02 智能票据　→　03 票据采集　→　04 选择票据所属会计期　→　05 票据上传　→　06 票据分类

图 3-40　票据采集与分类的工作流程

(二) 任务操作

① 经办人登录财天下，如图 3-41 所示。

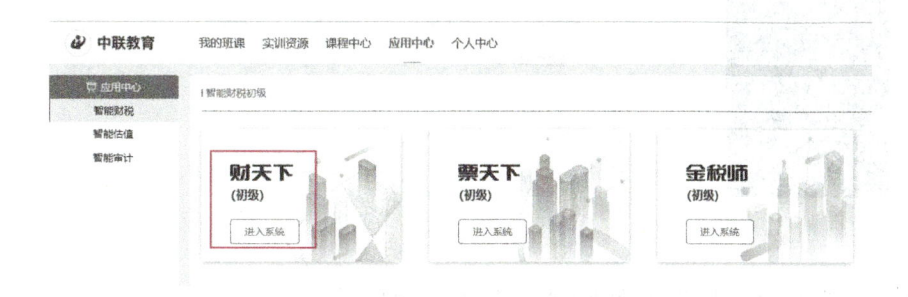

图 3-41　登录财天下

② 选择康健厨电，如图 3-42 所示。

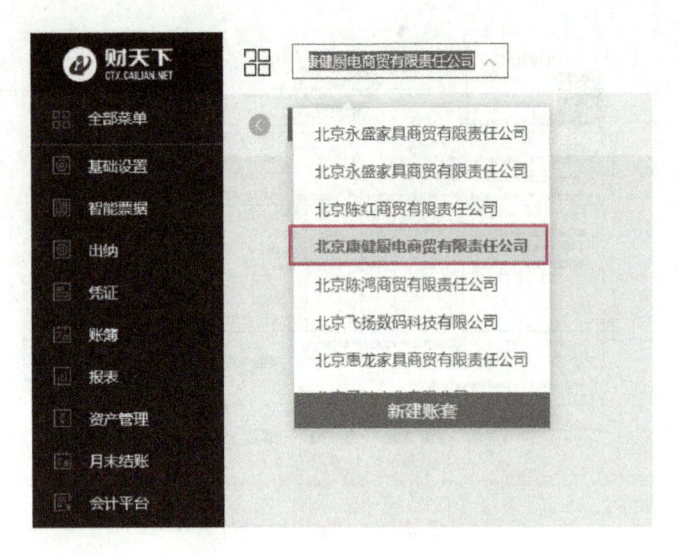

图 3-42 选择正确的会计主体

③ 选择"智能票据"|"票据采集"命令，会计期选择"2021-12"，如图 3-43 所示。

图 3-43 选择正确的会计期

④ 选择票据采集的路径，如图 3-44 所示。

图 3-44 选择采集票据的路径

⑤ 在相应文件夹中选择发票的图片，如图 3-45 所示。

⑥ 单击"上传"按钮，如图 3-46 所示。

⑦ 上传成功后，单击"确认"按钮，如图 3-47 所示。

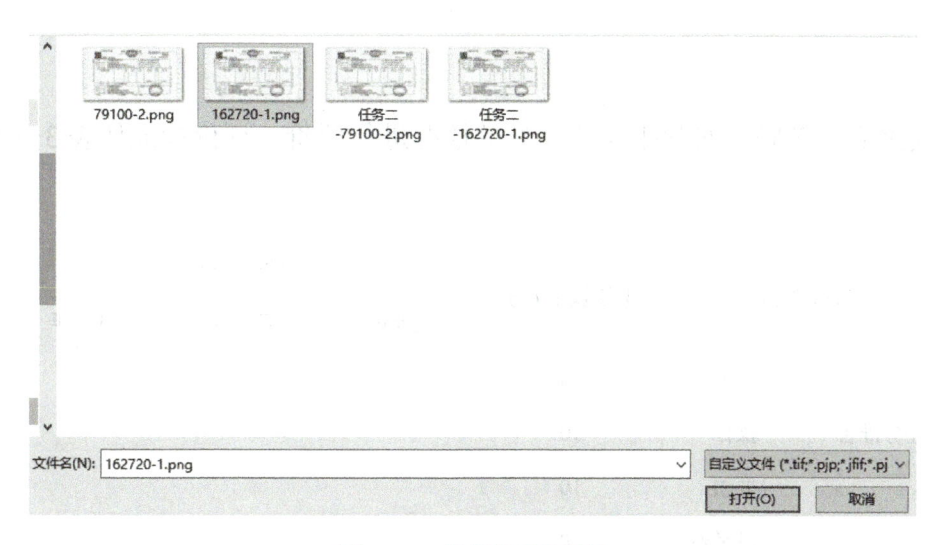

图 3-45　选择发票的图片

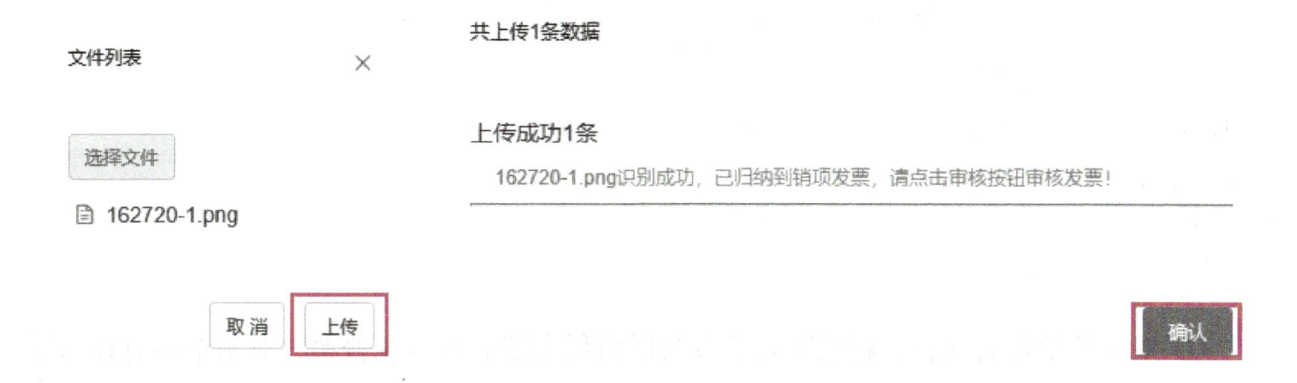

图 3-46　上传发票文件　　　　　　　　　　　　　　图 3-47　成功上传

⑧ 检查票据分类是否正确。平台会根据上传票据的特征完成票据的初步分类，经办人还需要做进一步检查，以确认票据分类是否正确，如图 3-48 所示。

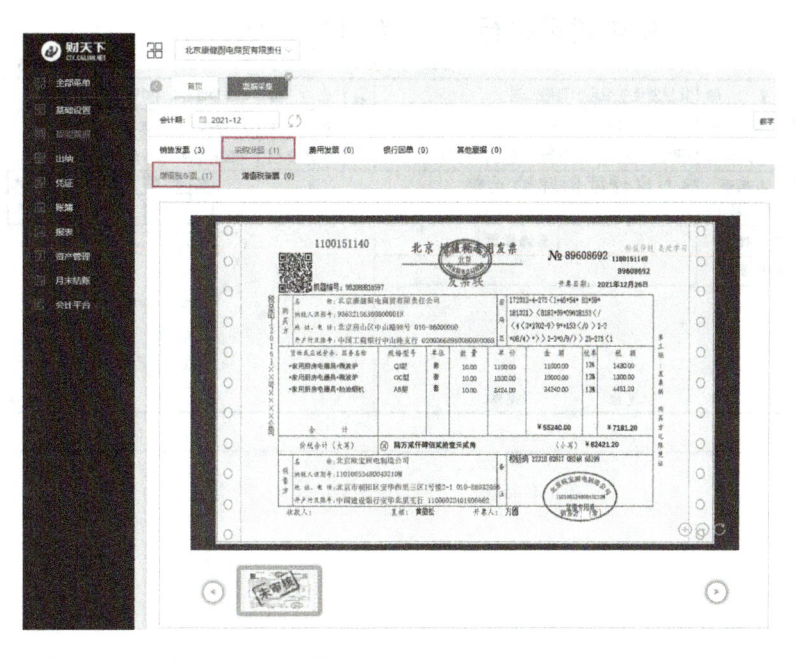

图 3-48　检查票据分类是否正确

智能会计信息系统应用

四、任务评价

任务完成之后，教师应对学生完成任务的情况进行评价，评价标准如表3-7所示。

表3-7 票据扫描与分类操作任务评价表

考核项目	考核内容		考核权重/分	评分/分			合 计
				教师评	互评	自评	
专业技能	任务准备	知识	10				
		操作	10				
		要领	10				
	任务实施	登录平台	10				
		上传票据	15				
		票据分类	25				
职业素养	签到		5				
	合作		10				
	整理		5				

五、任务拓展

① 对一般纳税人而言，将采购发票分为增值税专票和增值税普票，对制单会有什么影响呢？

② 当上传一张进账单（见图3-49），平台初步分类时，将其归集到"费用发票"的"火车票"中，应如何处理呢？

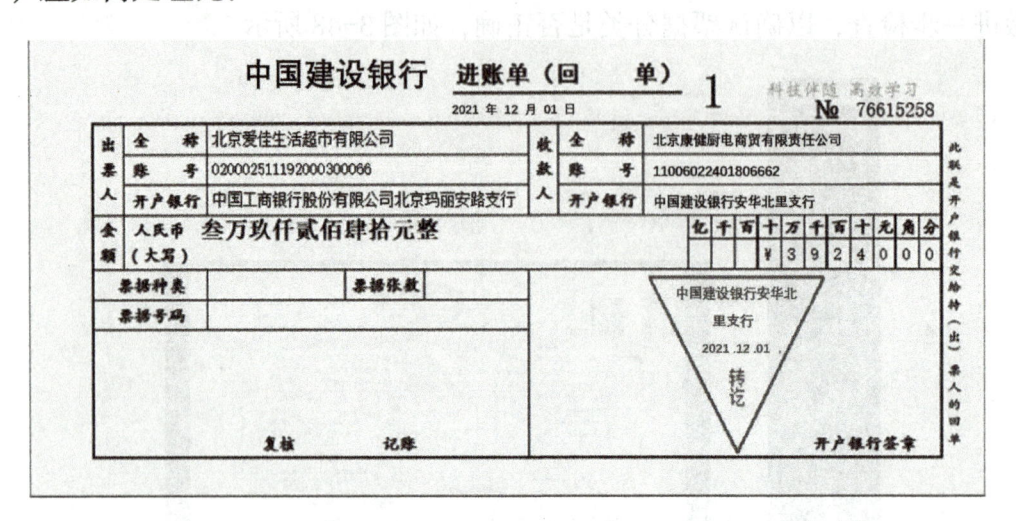

图3-49 中国建设银行进账单

📑 提示

① 对一般纳税人而言，采购发票为增值税专票的，可以生成可抵扣进项税额的记账凭证；

如果为增值税普票，则生成不涉及增值税的记账凭证。

② 当上传一张进账单，平台分类将其归集到"费用发票"的"火车票"中时，可以选中该进账单，然后单击"调整类型"按钮，将其调整至"银行回单"即可。

任务四　票据查验

一、任务情境

（一）任务场景

康健厨电于12月建账，因为企业人员有限，委托智能财税共享中心进行会计核算。智能财税共享中心已经完成康健厨电的票据扫描、采集和分类工作，为确保票据信息的正确与完整，需要对票据进行进一步查验。

（二）任务布置

智能财税共享中心对已经完成票据扫描、采集和分类的票据进行查验。

二、任务准备

（一）知识准备

1. 票据查验的意义

在财务实务中，审核原始凭证是对会计信息质量进行源头控制的重要环节。认真审核原始凭证，可以确切地了解各项经济业务的执行和完成情况，为填制记账凭证和登记账簿提供可靠依据，为反映和监督各项经济活动提供重要的原始资料。如果对原始凭证审核不严，就会直接影响会计核算和监督作用的发挥，甚至会影响企业的正常发展。因此，审核原始凭证是否具有真实性、合理性、合法性和完整性显得至关重要。

智能财税共享中心对原始凭证的审核一般分为两个环节：第一环节是在接收委托公司发送的原始凭证时，首先对原始凭证的真实性、合理性、合法性和完整性进行审核，审核无误后才能进行票据的扫描、采集，并根据票据内容进行分类；第二环节是对已经进行采集和分类的票据进行信息校验，以确保系统采集的票据信息的完整性和正确性。票据查验工作就是对处于平台整理环节的票据按照票据的真实内容及系统的要求进行业务信息的校验，系统将根据这些信息自动生成凭证、自动登账、自动生成报表。

2. 票据查验的工作步骤

（1）自动识别

票据输入系统一般都会采用票据扫描识别核心技术，如TH-OCR，以便能够识别多种格式的票据、表单，如增值税发票、机动车销售发票、银行结算单据等。同时，系统一般会配置智能票据模板编辑工具，使得企业能够轻松定制各类格式化表格、票据识别模板，以便识别不同类别的发票。例如，通过对发票的自动识别，能够输出该发票的代码、号码、日期、税额、价税合计等信息，从而大大减少人工输入的工作量，提升发票输入效率。

（2）人工查验

票据的自动识别虽然大大提高了票据信息输入的速度，但却不能保证识别准确度为100%。因此，在自动识别之后必须经过人工查验，才能确保信息的完整与正确。人工查验分为两种情况：一种是对系统已识别的信息与票据影像进行对比、校验，如对销售发票的查验要特别注意对纳税人识别号，货物或应税劳务、服务名称，规格型号，单位，数量，单价，不含税金额，含税金额，税率，税额等项目进行核对；另一种是对系统没能识别出来但有用的信息进行补充输入。

（二）操作准备

① 智能财税共享中心准备好客户申请材料和相关票据信息。

② 登录财天下，检查采购增值税专票是否已完成票据采集和分类，如图3-50所示。

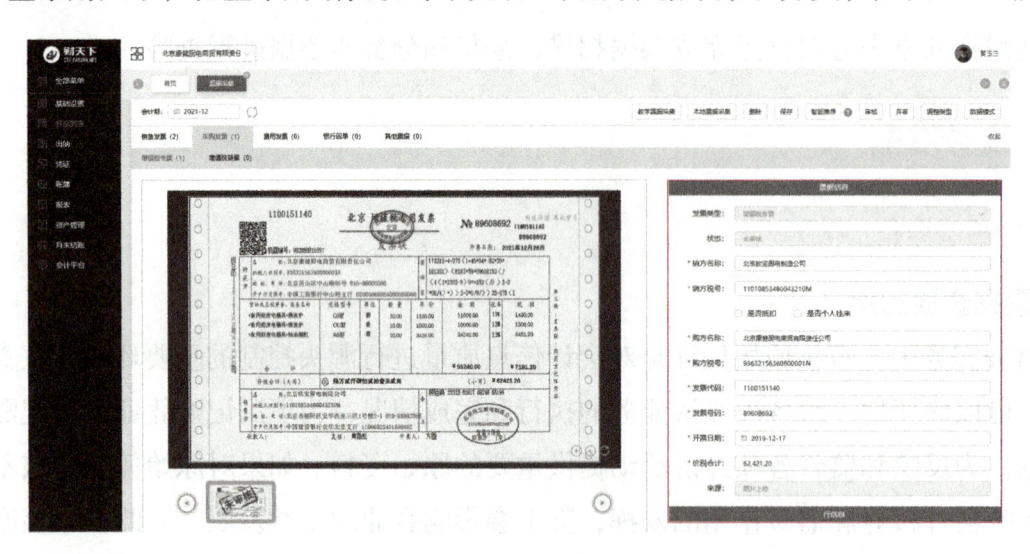

图3-50 查验票据

（三）任务要领

① 查验票据时，要选择正确的会计期。

② 查验票据时，必须根据票据影像与识别信息逐一进行核对，因为每项内容都有可能影响会计核算和纳税申报的正确性。

三、任务实施

（一）任务流程

票据查验的工作流程如图3-51所示。

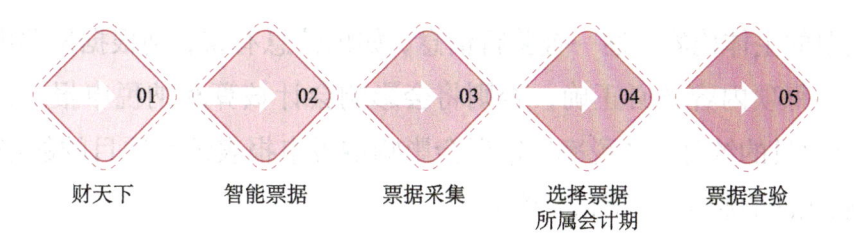

图 3-51　票据查验的工作流程

（二）任务操作

① 经办人登录财天下，选择"智能票据"｜"票据采集"命令，选择正确的会计期"2021-12"，再选择需要查验票据的"采购发票"｜"增值税专票"，如图 3-52 所示。

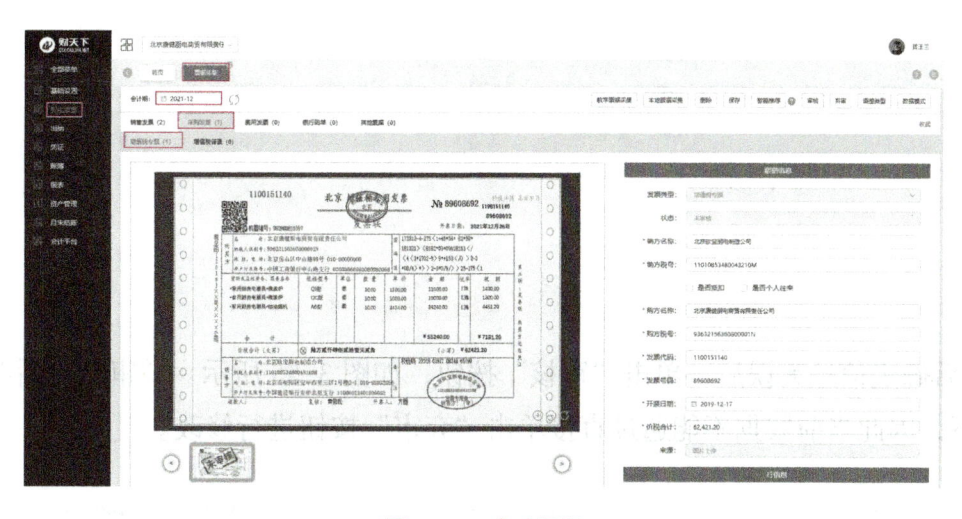

图 3-52　查验票据

② 根据发票内容，逐一查验票据信息，如果发现票据信息有误，则根据实际内容修改票据信息，如图 3-53 所示。

图 3-53　查验票据信息

③ 根据发票的主体内容，逐一查验行信息，如果信息有误，则根据发票内容进行修改，如图 3-54 所示。每项内容务必正确，否则将会影响会计核算和纳税申报。例如，"数量"错误会影响存货数量的统计；"税率"错误会影响纳税申报表纳税项目的数据统计；"金额"错误会影响记账凭证的制单正确性，等等。

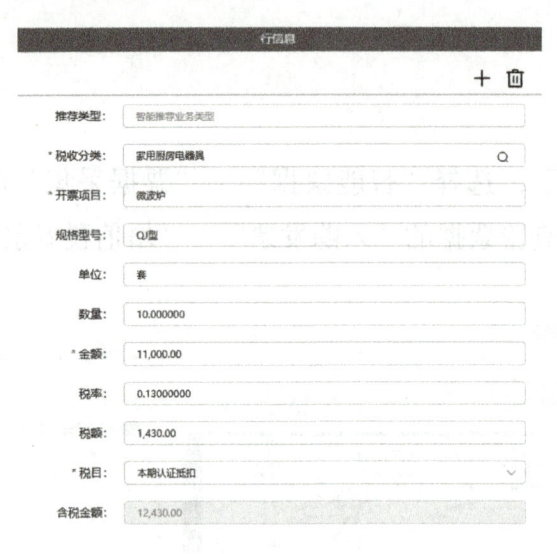

图 3-54 查验行信息

④ 最后确定信息无误后，单击"审核"按钮，如图 3-55 所示。"审核"后票据将会传递到财天下，因此当前票据不能通过直接单击"弃审"按钮进行修改。

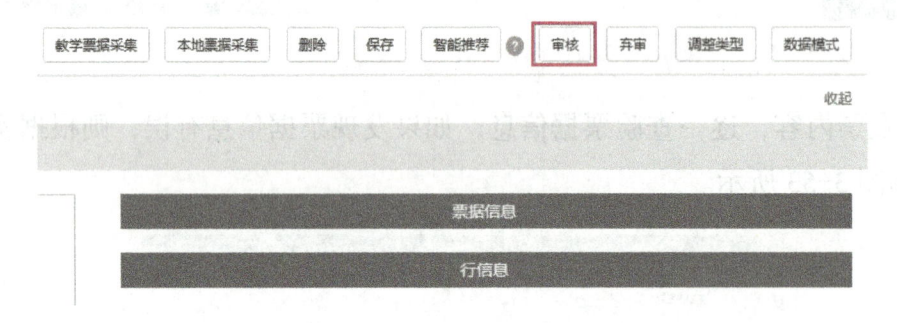

图 3-55 单击"审核"按钮

⑤ "审核"票据后，发现票据信息有误，要先进入"财天下"，选择"凭证"|"票据制单"命令。单击"采购发票"，选择需要退回修改的票据记录，再单击"退回"按钮，如图 3-56 所示。

图 3-56 票据退回

四、任务评价

任务完成之后,教师应对学生完成任务的情况进行评价,评价标准如表 3-8 所示。

表 3-8 票据查验任务评价表

考核项目	考核内容		考核权重/分	评分/分			合计
				教师评	互评	自评	
专业技能	任务准备	知识					
		操作	5				
		要领	10				
	任务实施	查验票据信息	20				
		查验行信息	20				
		弃审	10				
职业素养		签到	5				
		合作	10				
		整理	10				

五、任务拓展

思考: 在查验采购发票行信息时,应如何选择税目中的"本期认证抵扣""本期认证抵扣–旅客运输""旅客运输""桥闸通行费"4 个选项呢?

任务五 档案管理

任务(一) 票据影像档案管理

一、任务情境

(一)任务场景

参见本单元任务二任务(一)的任务场景。

(二)任务布置

由智能财税共享中心工作人员唐宋负责公司"票据外包服务"业务,具体要求如下。
① 使用票天下接收、管理票据影像档案资料。
② 将识别并校验过的票据影像文件存入数字档案系统。
③ 建立电子会计档案备份制度。

二、任务准备

（一）知识准备

了解《会计档案管理办法》（财政部、档案局令第79号）（2016年）的基本内容，并能在实际业务中应用。

（二）操作准备

① 智能财税共享中心准备好客户申请材料和相关票据信息。

② 登录票天下，做好票据采集和票据影像存档的准备。

（三）任务要领

① 重点：把票据影像文件存入数字档案系统。

② 难点：对票据影像文件进行备份。

三、任务实施

（一）任务流程

票据影像档案管理的工作流程如图3-57所示。

01 收到识别并校验后的票据影像文件 → 02 存入数字档案系统 → 03 对票据影像文件进行备份

图 3-57　票据影像档案管理的工作流程

（二）任务操作

① 将识别并校验的票据影像文件存入数字档案系统。

② 对票据影像文件进行备份：存入计算机或移动硬盘里。

四、任务评价

任务完成之后，教师应对学生完成任务的情况进行评价，评价标准如表3-9所示。

表 3-9　票据影像档案管理任务评价表

考核项目		考核内容	考核权重/分	评分/分			合 计
				教师评	互评	自评	
专业技能	任务准备	知识	10				
		操作	10				

(续表)

考核项目	考核内容		考核权重/分	评分/分			合 计
				教师评	互评	自评	
专业技能	任务准备	要领	10				
	任务实施	票据影像文件存入数字档案系统	20				
		对票据影像文件进行备份	20				
职业素养		签到	10				
		合作	10				
		整理	10				

五、任务拓展

我们都来读读新《会计档案管理办法》

任务（二） 纸质票据管理

一、任务情境

（一）任务场景

参见本单元任务二任务（一）的任务场景。

（二）任务布置

智能财税共享中心业务经办人员周洋按照公司要求，对纸质票据进行接收和管理。

二、任务准备

（一）知识准备

了解《会计档案管理办法》（财政部、档案局令第79号）（2016年）的基本内容，并能在实际业务中应用。

（二）操作准备

① 智能财税共享中心准备好客户申请材料和相关票据信息。
② 对接收的纸质票据根据经济业务进行分类，做好纸质票据的整理和保管准备。

（三）任务要领

对纸质票据进行分类、整理与保管。

三、任务实施

(一)任务流程

纸质票据管理的工作流程如图 3-58 所示。

01 对纸质票据进行分类、整理
02 对纸质票据进行保管

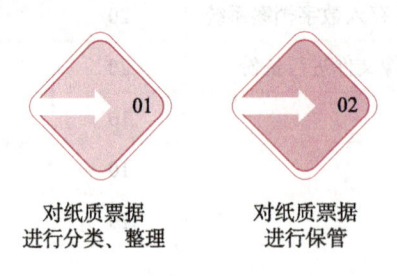

图 3-58 纸质票据管理的工作流程

(二)任务操作

① 对纸质票据进行分类、整理。
② 对纸质票据进行保管。

四、任务评价

任务完成之后,教师应对学生完成任务的情况进行评价,评价标准如表 3-10 所示。

表 3-10 纸质档案管理任务评价表

考核项目	考核内容		考核权重/分	评分/分			合计
				教师评	互评	自评	
专业技能	任务准备	知识	15				
		操作	15				
		要领	10				
	任务实施	对纸质票据进行分类整理	30				
职业素养	签到		10				
	合作		10				
	整理		10				

五、任务拓展

近年来,国家档案局对机关和企业文件材料的定期保管期限进行了调整,《机关文件材料归档范围和文书档案保管期限规定》(国家档案局令第 8 号)、《企业文件材料归档范围和档案保管期限规定》(国家档案局令第 10 号)分别将企业管理类档案和机关文书档案的定期保管期限统一为 10 年、30 年。另外,会计档案在很多民事案件中都是重要证据,民事案件的诉讼时效最长为 20 年,但大部分会计档案的最低保管期都低于 20 年。为便于单位档案的统一管理,并结合会计档案的实际利用需求,我们将会计档案的定期保管期限由原 3 年、5 年、10 年、15 年、25 年五类调整为 10 年、30 年两类,并将原附表 1、附表 2 中保管期限为 3 年、5 年、10 年的会计档案统一规定保管期限为 10 年，将保管期限为 15 年、25 年的会计档案统一规定保管期限为 30 年。其中，会计凭证、会计账簿等主要会计档案的最低保管期限已延长至 30 年；其他辅助会计资料的最低保管期限延长至 10 年。

单元练习

在线测试

单元四

票据制单与审核

↘ 思政目标

1. 增强学生的岗位意识，使学生能理论联系实际，培养学生良好的职业素养。
2. 让学生通过不同的角色体会分工协作，培养他们团结合作、沟通交流的能力。
3. 让学生掌握票据制单与审核的工作流程，培养他们严谨细致、精益求精的工匠精神。

↘ 知识目标

1. 了解《中华人民共和国票据法》《发票管理办法实施细则》《支付结算办法》《企业银行结算账户管理办法》等法律法规。
2. 能够正确对销售类、成本类、银行类和费用类发票信息的完整性与正确性进行核查，并进行制单与审核。

↘ 技能目标

1. 能够掌握企业日常会计核算和账务处理方法。
2. 能够运用智能票据管理系统对票据进行制单与审核。

任务一　票据制单方式认知

一、任务情境

智能财税共享中心收到康健厨电 2021 年 12 月的各类票据，经办人员需要对已经扫描、整理的票据进行制单。

二、知识准备

（一）票据制单及方式

1. 票据制单

票据制单是指由相关人员根据银行票据、发票、行政事业单位资金往来结算票、企业内部资金往来票据等原始凭证进行账务处理后登入记账凭证。记账凭证将送下一级审核，最终成为登记账簿的依据。

2. 票据制单方式

① 自动生成。

② 人工编制。

③ 批量制单。

（二）票据的审核

1. 原始凭证审核

企业会计对原始凭证审核的内容包括真实性审核、完整性审核和合法性审核。

2. 记账凭证审核

记账凭证审核的内容包括内容是否真实、项目是否齐全、科目是否正确、金额是否正确、书写是否规范和手续是否完备。

三、任务实施

（一）任务流程

票据制单方式认知的工作流程如图 4-1 所示。

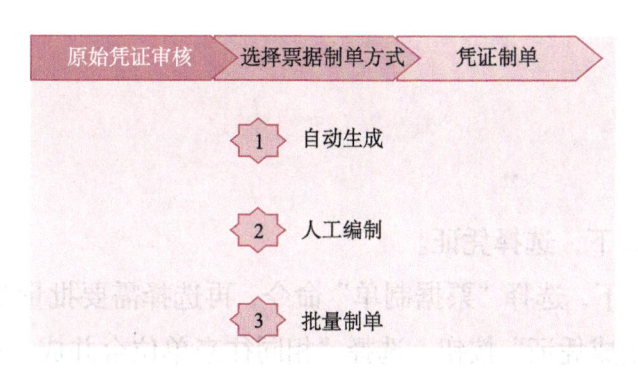

图 4-1 票据制单方式认知的工作流程

（二）任务操作

业务 1　自动生成

① 经办人登录财天下，选择凭证。

② 在"凭证"菜单下，选择"票据制单"命令，进行票据信息审核操作。

③ 在"票据制单"页面中，勾选当前业务，单击"生成凭证"按钮，进行票据自动制单操作，如图 4-2 所示。

业务 2　人工编制

① 经办人登录财天下，选择凭证。

② 在"凭证"菜单下，选择"新增凭证"命令，进行手工凭证输入操作。

③ 手工输入完毕，单击"保存并新增"按钮，如图4-3所示。

图 4-2 票据自动制单

图 4-3 人工编制票据

业务 3　批量制单

① 经办人登录财天下，选择凭证。

② 在"凭证"菜单下，选择"票据制单"命令，再选择需要批量制单的选项（可全选）。

③ 单击右上方"生成凭证"按钮，选择"相同往来单位合并成一张凭证"或其他选项，确认入账时间，然后单击"确定"按钮，如图4-4所示。

图 4-4 生成凭证

四、任务评价

任务完成之后，教师应对学生完成任务的情况进行评价，评价标准如表 4-1 所示。

表 4-1　票据制单方式认知任务评价表

考核项目	考核内容		考核权重/分	评分/分			合　计
				教师评	互　评	自　评	
专业技能	任务准备	知识	10				
		操作	10				
		要领	10				
	任务实施	票据制单方式	20				
		智能票据管理系统操作	30				
职业素养		签到	5				
		合作	10				
		整理	5				

五、任务拓展

① 如何恰当、合理地选择票据制单方式？

② 如何更加仔细、科学地进行票据信息审核？

③ 凭证制单完成之后发现错误怎样处理？

任务二　销售发票制单与审核

一、任务情境

（一）任务场景

智能财税共享中心收到康健厨电 2021 年 12 月的销售类发票，现对已经扫描、整理的销售类发票进行制单并审核记账凭证。

（二）任务布置

任务一　销售发票制单

业务 1　智能财税共享中心收到康健厨电 4 笔销售业务的销售发票分类、整理并查验后的票据，如图 4-5 至图 4-8 所示。

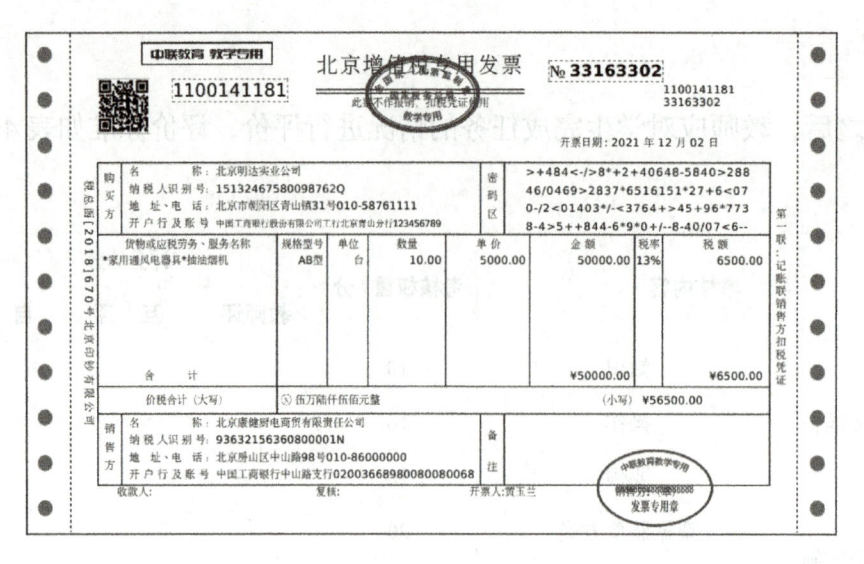

图 4-5　康健厨电销售专用发票

图 4-6　康健厨电销售普通发票一

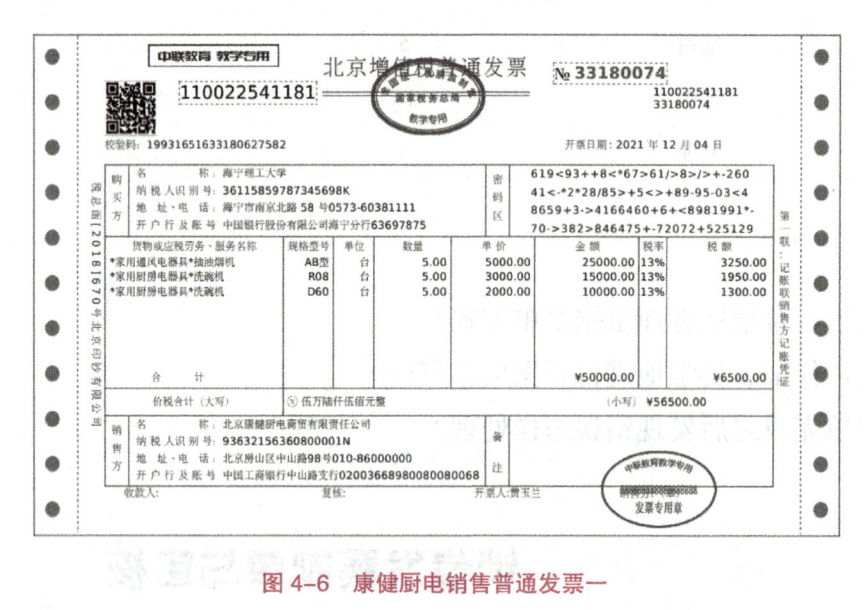

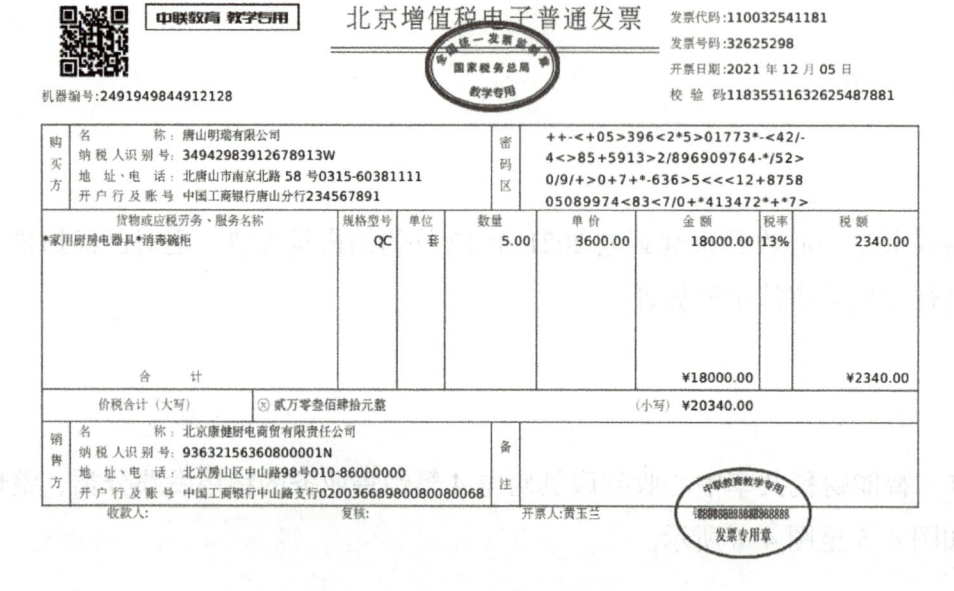

图 4-7　康健厨电销售普通发票二

单元四　票据制单与审核

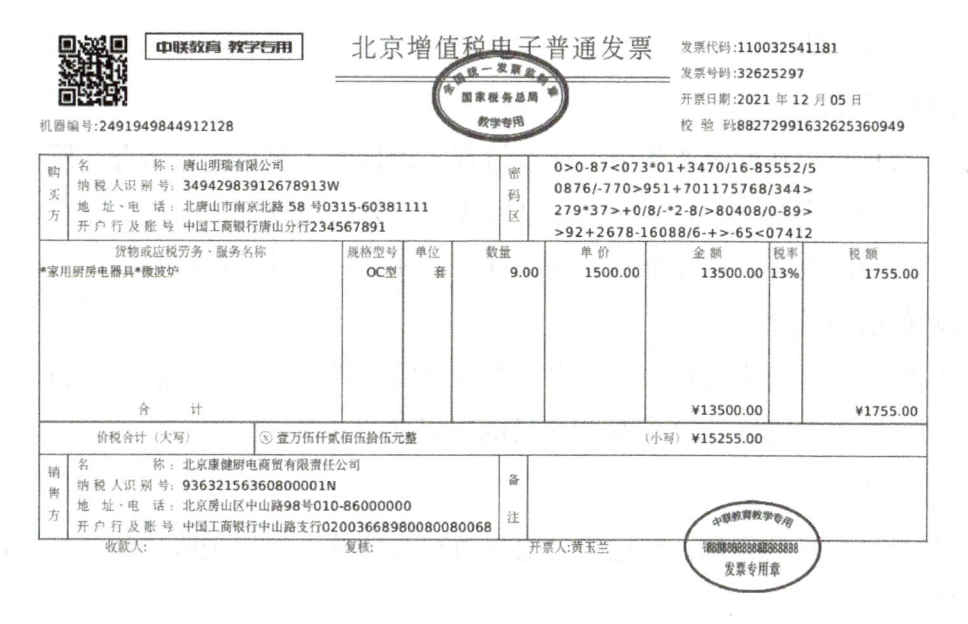

图 4-8　康健厨电销售普通发票三

业务 2　2021 年 12 月 12 日，智能财税共享中心收到康健厨电因销售商品自行开给客户的销售增值税专票分类、整理并查验后的票据（示例图略）。

业务 3　2021 年 12 月 15 日，智能财税共享中心收到康健厨电因销售商品自行开给客户的销售增值税专票分类、整理并查验后的票据（示例图略）。

业务要求：根据销售业务的原始票据，自动生成记账凭证或手工编制记账凭证。同时，进行存货、客户、供应商辅助核算及相关科目的数量核算。

任务二　记账凭证审核

业务 4　在"凭证管理"中查看业务 1 至业务 3 的记账凭证。

业务要求：对记账凭证进行人工审核。

二、任务准备

（一）知识准备

1. 销售业务

销售业务是企业生产经营成果的实现过程，是企业经营活动的中心。销售部门在企业中处于市场与企业接口的位置，其主要职能是为客户提供产品及服务，从而实现企业的资金周转并获取利润，为企业提供生存与发展的动力。

2. 应收账款的核算内容

① 应收账款是指因销售活动或提供劳务、服务而形成的债权，不包括应收职工欠款、应收债务人的利息等其他应收款。

② 应收账款是指流动资产性质的债权，不包括长期的债权，如购买长期债券等。

③ 应收账款是指本公司应收客户的款项，不包括本公司付出的各类存出保证金，如投

标和租入包装物等保证金。

3. 应收账款管理

应收账款管理是指在赊销业务中，从授信方（销售商）将货物或劳务、服务提供给受信方（购买商），债权成立开始到款项实际收回或作为坏账处理结束，授信企业采用系统的方法和科学的手段对应收账款回收全过程所进行的管理。其目的是保证足额、及时收回应收账款，降低和避免信用风险。

在"应收账款"科目中可按照"客户"设置辅助核算。辅助核算就是科目的辅助性的详细说明，无须设置明细科目，从而简化科目的层级数量。

4. 记账凭证的审核

为了保障会计信息的质量，在记账之前应由有关稽核人员对记账凭证进行严格的审核。审核内容包括以下几点。

（1）内容是否真实

内容是否真实包括审核记账凭证是否以原始凭证为依据、所附原始凭证的内容与记账凭证的内容是否一致、记账凭证汇总表的内容与其所依据的记账凭证的内容是否一致等。

（2）项目是否齐全

项目是否齐全是指审核记账凭证各项目的填写是否齐全，如日期、凭证编号、摘要、会计科目、金额、所附原始凭证张数及有关人员签章是否齐全。

（3）科目是否正确

科目是否正确包括审核记账凭证的应借、应贷科目是否正确，是否有明确的账户对应关系，所使用的会计科目是否符合《企业会计准则》等规定。

（4）金额是否正确

金额是否正确包括审核记账凭证所记录的金额与原始凭证的有关金额是否一致、计算是否正确、记账凭证汇总表的金额与记账凭证的金额合计是否相符等。

（5）书写是否规范

书写是否规范包括审核记账凭证中的记录是否文字工整、数字清晰，是否按规定进行更正等。

（6）手续是否完备

手续是否完备是指审核相关出纳人员在办理收款或付款业务后，是否已在原始凭证上加盖"收讫"或"付讫"的戳记。

（二）操作准备

对合法票据进行采集、整理、查验、生成凭证，并对凭证进行电子归档，处理完后检查库存商品剩余数量、客户的应收账款金额等数据。

单元四　票据制单与审核

（三）任务要领

① 原始凭证生成记账凭证一定要正确。

② 对自动生成的记账凭证的审核一定要仔细。

三、任务实施

（一）任务流程

销售发票制单与审核的工作流程如图 4-9 所示。

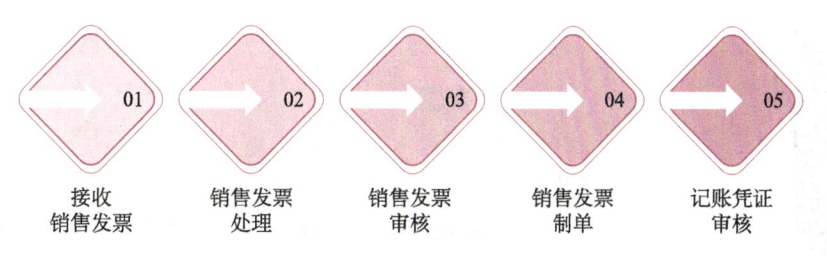

01 接收销售发票 → 02 销售发票处理 → 03 销售发票审核 → 04 销售发票制单 → 05 记账凭证审核

图 4-9　销售发票制单与审核的工作流程

（二）任务操作

业务 1　第一笔业务（自动生成）

① 经办人登录财天下，选择"凭证"｜"票据制单"命令，打开"票据制单"对话框。

② 如图 4-10 所示，选中该笔业务，单击"生成凭证"按钮，即可自动生成记账凭证。

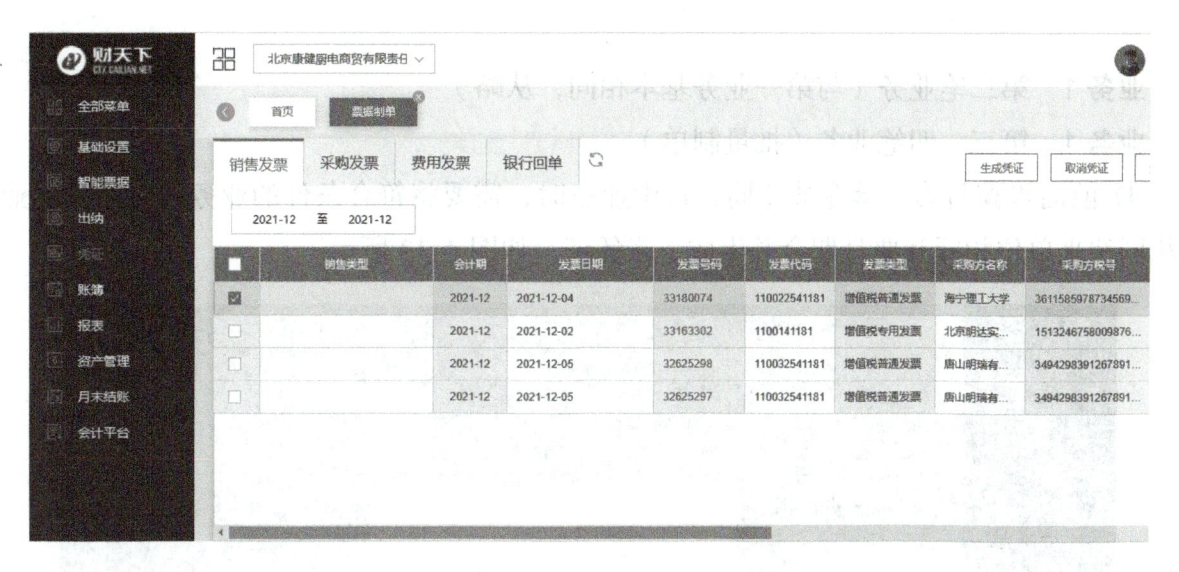

图 4-10　在"票据制单"对话框中选中业务

③ 生成的记账凭证可在"凭证管理"中查看。选择"凭证"｜"凭证管理"命令，单击"记 0001"凭证，如图 4-11 所示。

④ 进入"记 0001"凭证，审核记账凭证的各项目填写是否齐全、科目是否正确、金额是否正确，确认无误后单击"审核"按钮，如图 4-12 所示。如果出现错误，则可单击"反审核"按钮进行更正。

智能会计信息系统应用

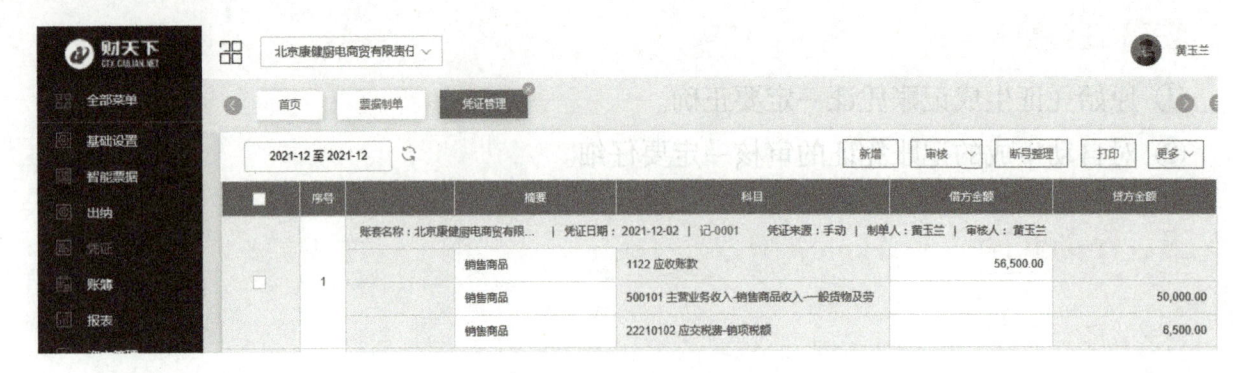

图 4-11 "记 0001" 凭证信息

图 4-12 记账凭证审核

业务 1 第二笔业务（与第一业务基本相同，从略）

业务 1 第三、四笔业务（批量制单）

① 前面步骤与第一笔业务相同，选中业务时，需要将符合条件的业务均选中。此业务是相同往来单位相同开票日期合并生成一张凭证，如图 4-13 所示。

图 4-13 相同往来单位相同开票日期合并生成一张凭证

② 单击"生成凭证"按钮，即可自动生成记账凭证，如图4-14所示。

图 4-14　自动生成记账凭证的信息

③ 确认无误后，单击"审核"按钮，如图4-15所示。

图 4-15　审核记账凭证

鉴于业务2、业务3的操作与业务1基本相同，操作从略。

四、任务评价

任务完成之后，教师应对学生完成任务的情况进行评价，评价标准如表4-2所示。

表 4-2　销售发票制单与审核任务评价表

考核项目	考核内容	考核权重/分	评分/分 教师评	评分/分 互评	评分/分 自评	合计
专业技能	任务准备	知识 10				
		操作 10				
		要领 10				

(续表)

考核项目	考核内容	考核权重/分	评分/分			合计
			教师评	互评	自评	
专业技能	智能票据管理系统操作	10				
	销售类发票审核	20				
	销售类发票制单	25				
职业素养	签到	5				
	合作	5				
	整理	5				

五、任务拓展

① 在智能票据管理系统中发现缺失发票，应该怎样处理？

② 如何核查企业当月销售类发票与智能票据管理系统中的开票统计数据？

任务三　采购发票制单与审核

一、任务情境

（一）任务场景

智能财税共享中心收到康健厨电 2021 年 12 月的采购类发票，现对已经扫描、整理的采购类发票进行制单并审核记账凭证。

（二）任务布置

任务一　采购发票制单

业务 1　2021 年 12 月 16 日，智能财税共享中心收到康健厨电采购增值税专票分类、整理并查验后的票据。

业务 2　2021 年 12 月 20 日，智能财税共享中心收到康健厨电采购增值税专票和运费发票分类整理并查验后的票据。

业务 3　2021 年 12 月 25 日，智能财税共享中心收到康健厨电采购增值税专票和运费发票分类、整理并查验后的票据。

业务要求：根据采购业务的原始凭证，自动生成记账凭证或手工编制记账凭证，同时进行存货、数量、供应商辅助核算。

业务4 2021年12月25日，期初在途物资如数验收入库。

业务要求：根据采购业务的原始凭证手工编制记账凭证，同时进行存货、数量、供应商辅助核算。

任务二　记账凭证审核

业务5 在"凭证管理"中查看业务1至业务4的记账凭证。

业务要求：对记账凭证进行人工审核。

二、任务准备

（一）知识准备

1. 采购与付款管理

采购与付款管理是企业物资供应部门按照企业的物资需求计划，通过市场采购、加工定制等渠道，取得企业生产经营活动所需要的各种物资并支付款项的过程。企业的采购与付款业务可以分为采购业务和付款业务，从业务流程上看，付款业务是采购业务的延续。

2. 合同

合同是当事人或当事双方之间设立、交更、终止民事关系的协议。依法订立的合同受法律保护。

3. 到货、检验和入库

采购货物到达企业后，需要对货物进行清点，检查货物是否与订单内容一致。检验时如果发现不合格货物，则不能入库，这时可以按照合同或协议的约定，确定由供货方补齐、返修还是退货。

4. 开票、结算

财务部门核对各种业务单据，如合同、订货单、到货单，确认到货单和入库单无误且符合采购计划与付款条件，才能按照合同条款进行付款。

（二）操作准备

① 熟知采购与应付账款业务流程，即合同签订→取得采购发票→检验→验收入库→结算。

② 票据生成后要根据合同、入库单、发票进行核对，检查会计科目、税率、数量、规格型号、价税合计数额等是否有误。

（三）任务要领

① 人工输入记账凭证要提前增加图片，查询原始凭证内容。

② 运费税率为9%。

③ 输入科目金额时，先在"数量""单价"栏内输入材料的数量和单价。

智能会计信息系统应用

三、任务实施

（一）任务流程

采购发票制单与审核的工作流程如图 4-16 所示。

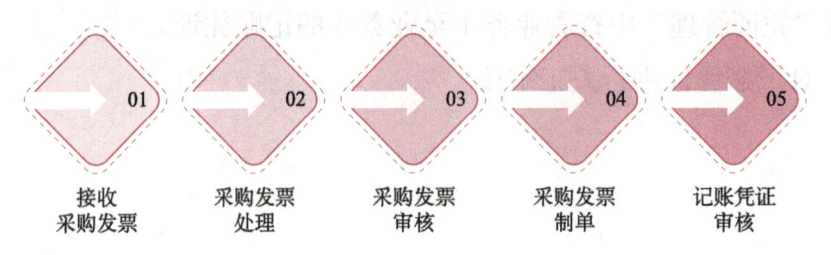

01 接收采购发票 → 02 采购发票处理 → 03 采购发票审核 → 04 采购发票制单 → 05 记账凭证审核

图 4-16 采购发票制单与审核的工作流程

（二）任务操作

鉴于业务 1、业务 2、业务 3 的操作与销售发票制单业务基本相同，操作从略。

业务 4 2021 年 12 月 25 日，期初在途物资如数验收入库。

① 人工编制记账凭证运用较少，一般用于查验后的其他类票据。选择"凭证"｜"新增凭证"命令，单击右上角的"单据图片"按钮，确认选中本业务单据，如图 4-17 所示。

图 4-17 "单据图片"对话框

② 确认该笔业务图片后，输入新增凭证内容：输入日期，如"2021-12-25"，输入附件张数；输入摘要，如"入库"；选择科目，依次输入借方和贷方科目及金额。凭证内容输入无误后，单击"保存"和"新增"按钮，如图 4-18 所示。

③ 确认无误后，单击"审核"按钮。

图 4-18　保存并新增凭证

四、任务评价

任务完成后，教师应对学生完成任务的情况进行评价，评价标准如表 4-3 所示。

表 4-3　采购发票制单与审核任务评价表

考核项目	考核内容		考核权重/分	评分/分			合　计
				教师评	互　评	自　评	
专业技能	任务准备	知识	10				
		操作	10				
		要领	10				
	任务实施	智能票据管理系统操作	10				
		采购类发票审核	20				
		采购类发票制单	25				
职业素养	签到		5				
	合作		5				
	整理		5				

五、任务拓展

① 如何进行发票票面信息核对，以及发票、交付物与业务的核对？

② 如何核查企业当月采购类发票与智能票据管理系统的开票统计数据？

任务四　银行结算单据制单与审核

一、任务情境

（一）任务场景

智能财税共享中心收到康健厨电 2021 年 12 月的银行结算单据，现对已经扫描、整理的银行结算单据进行制单并审核记账凭证。

（二）任务布置

任务一　银行结算单据制单

业务 1　2021 年 12 月 4 日，收到唐山明瑞有限公司网银转账 27 685 元。
业务 2　2021 年 12 月 10 日，收到海宁理工大学网银转账 56 500 元。
业务 3　2021 年 12 月 11 日，以网银转账方式缴纳上月税款。
业务 4　2021 年 12 月 12 日，收到唐山明瑞有限公司网银转账 125 204 元。
业务 5　2021 年 12 月 3 日，收到北京明达实业公司网银转账 30 510 元。
业务 6　2021 年 12 月 3 日，收到北京明达实业公司网银转账 27 200 元。
业务 7　2021 年 12 月 16 日，以网银转账方式支付北京欧宝厨电制造公司余款 9 021.20 元。
业务 8　2021 年 12 月 20 日，以网银转账方式支付宁海市利康厨电厂货款 86 970 元。
业务要求：根据银行结算单据自动生成记账凭证或手工编制记账凭证。

任务二　记账凭证审核

业务 9　在"凭证管理"中查看业务 1 至业务 8 的记账凭证。
业务要求：对记账凭证进行人工审核。

二、任务准备

（一）知识准备

1. 银行结算

银行结算是指通过银行账户的资金转移实现收付的行为，即银行接受客户委托代收代付，从付款单位存款账户划出款项，转入收款单位存款账户，以此完成经济业务单位之间债权债务的清算或资金的调拨。

2. 银行结算方式

目前，国内银行结算方式主要有银行汇票、商业汇票、银行本票、支票汇兑、委托收款、托收承付、信用卡、信用证等。

3. 支票

支票是出票人签发的，委托办理支票存款业务的银行或其他金融机构在见票时无条件支付确定的金额给收款人或持票人的票据。

4. 现金支票

现金支票是转账支票的对称，是指存款人用以从银行提取或支付给收款人现金的一种支票。我国现金管理制度和结算办法规定：在银行开户的各国有企业、事业、机关、团体等单位，只能在允许使用现金的范围内使用现金支票，并应写明款项用途，接受银行的监督。现金支票不可用于转账。已签发的现金支票遗失，可向银行申请挂失。挂失前已支付的，银行不予受理。

5. 转账支票

转账支票是由单位签发的，通知银行从其账户上支取款项的凭证。转账支票只能用于转账，不能提取现金。它适用于各单位之间的商品交易、劳务供应和其他经济往来的款项结算。转账支票由付款单位签发后交收款单位，不准委托收款单位代签；不准签发空头支票和远期支票；不准出租出借支票。各单位使用转账支票必须遵守银行的有关规定。

6. 支票存根

支票存根一般是不能从支票本上撕下来的，要留作以后查账用。支票左边的存根公司留存，入账时登记支票使用的号码。

7. 银行结算单据

银行结算单据是收付款双方及银行办理银行转账结算的书面凭证。它既是银行结算的重要组成内容，也是银行办理款项划拨、收付款单位与银行进行会计核算的依据。

8. 银行对账单

银行对账单既是银行和企业核对账务的联系单，也是证实企业业务往来的记录，还可以作为企业资金流动的依据，并可用以认定企业某一时段的资金规模。很多场合下都需要用到对账单，如验资、投资等。

9. 银行回单

银行回单是发生银行业务的凭证，一般包括银行电子汇划凭证、电汇凭证、银行进账单、银行特种转账凭证等。

10. 账实核对

账实核对是指各种财产物资的账面余额与实存数额进行核对。其主要内容有：现金日记账的账面余额应每天与现金实际库存数额相核对；银行存款日记账的账面余额与开户银行账目相核对；材料、库存商品、固定资产等财产物资明细账期末余额与其实有数量相核对；应收账款、应付账款、银行借款等结算款项与有关单位定期核对。

（二）操作准备

归集具有相同类别、相同往来单位等相同属性的单据。

（三）任务要领

① 在中小企业中，小企业业主个人通过微信、支付宝等账户进行收付款的情况非常普遍，资金结算没有通过公司账户完成。

② 在整理结算单据时，一定要注意询问企业主个人账户中有没有企业收付款事项。在实际业务中，最好获取企业的电子银行流水单据和微信、支付宝账户的相关收付款记录等信息。

③ 凡是业务发生时没有制单的，该业务自动排列到批量制单表中。表中列示应制单而没有制单的业务发生日期、类型、原始凭证编号，默认的借贷方科目和金额及制单选择标志。

三、任务实施

（一）任务流程

银行结算单据制单与审核的工作流程如图4-19所示。

01 接收银行结算单据 → 02 银行结算单据处理 → 03 银行结算单据审核 → 04 银行结算单据制单 → 05 记账凭证审核

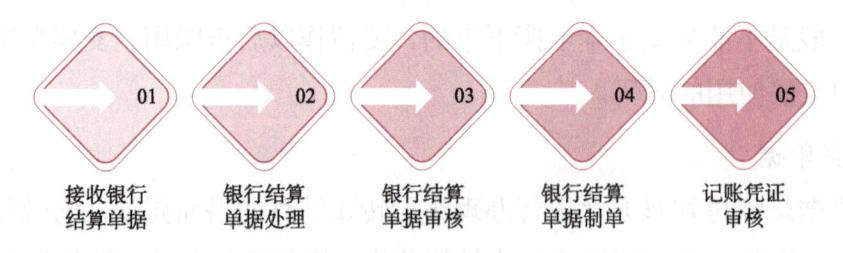

图4-19 银行结算单据制单与审核的工作流程

（二）任务操作

鉴于业务1、业务2、业务3、业务4、业务7、业务8的操作与销售发票制单业务基本相同，操作从略。

业务5、业务6属于相同类别、相同往来单位业务，可以进行"批量制单"操作。

鉴于业务9的操作与销售发票制单与审核中的审核业务基本相同，操作从略。

四、任务评价

任务完成后，教师应对学生完成任务的情况进行评价，评价标准如表4-4所示。

表4-4 银行结算单据制单与审核任务评价表

考核项目	考核内容	考核权重/分	评分/分			合计
			教师评	互评	自评	
专业技能	任务准备	知识	10			

(续表)

考核项目	考核内容		考核权重/分	评分/分			合 计
				教师评	互评	自评	
专业技能	任务准备	操作	10				
		要领	10				
	任务实施	智能票据管理系统操作	10				
		银行结算单据审核	15				
		银行结算单据制单	25				
职业素养		签到	5				
		合作	10				
		整理	5				

五、任务拓展

① 如何对审核无误的各类银行单据与发票单据进行对接，并按照业务类型进行分类、整理、制单？

② 缺失的银行回单应该怎样处理？

任务五　日常费用票据制单与审核

一、任务情境

（一）任务场景

智能财税共享中心收到康健厨电 2021 年 12 月的日常费用票据，现对已经扫描、整理的费用票据进行制单并审核记账凭证。

（二）任务布置

任务一　日常费用单据制单

业务1　2021 年 12 月 2 日，以转账支票支付本月房屋租金 5 250 元。

业务2　2021 年 12 月 3 日，行政财务部报销办公用品费，以现金支付 1 030 元。

业务3　2021 年 12 月 9 日，销售部报销业务招待费，以现金支付 1 600 元。

业务4　2021 年 12 月 23 日，王韬报销差旅费，余款 280 元以现金支付。

业务5　2021 年 12 月 31 日，销售部员工报销通信费共计 400 元，通过网上银行支付。

业务要求：根据费用票据，自动生成记账凭证或手工编制记账凭证。

任务二　记账凭证审核

业务 6：在"凭证管理"中查看业务 1 至业务 5 的记账凭证。

业务要求：对记账凭证进行人工审核。

二、任务准备

（一）知识准备

1. 费用发票

费用发票就是围绕着企业行政管理、产品销售、资金筹集等发生的各种购入业务而从外部获得的发票或收据。这些发票或收据是财务计入管理费用、销售费用、财务费用的重要原始凭证。

2. 可报销费用发票

发票的报销要看单位的具体规定，一般来说以下 3 种发票是可以报销的。

① 正规的发票，即由税务局统一印制并加盖经营单位发票专用章的发票，如住宿发票、买东西时的发票等。

② 非营利性机构和行政单位的收据可以报销，如医院的收费收据、市场监督管理局的收费收据等。

③ 中国邮政的包裹或邮寄收费单可以报销。中国邮政是企业，但不出具正规发票，只出具收费单。

3. 期间费用

期间费用是指企业日常活动发生的不能计入特定成本核算对象的成本，而应计入发生当期损益的费用。期间费用是企业日常活动中所发生的经济利益的流出。之所以不能计入特定成本核算对象，主要是因为期间费用是企业为组织和管理整个经营活动所发生的费用，与可以确定特定成本核算对象的材料采购、产成品生产等没有直接关系，因此应直接计入当期损益。期间费用包括以下两种情况：一是企业发生的支出不产生经济利益，或者即使产生经济利益但不符合或不再符合资产确认条件的，应当在发生时确认为期间费用，计入当期损益；二是企业发生的交易或事项导致其承担了一项负债，而又不确认为一项资产的，应当在发生时确认为期间费用，计入当期损益。

4. 管理费用

管理费用是指企业行政管理部门为组织和管理生产经营活动而发生的各种费用。它包括的具体项目有：企业董事会和行政管理部门在企业经营管理中发生的，或者应当由企业统一负担的公司经费、工会经费、待业保险费、劳动保险费、董事会费、聘请中介机构费、咨询费、诉讼费、业务招待费、办公费、差旅费、邮电费、绿化费、管理人员工资及福利费等。

5. 销售费用

销售费用是指企业销售商品和材料、提供劳务的过程中发生的各种费用，包括企业在销售商品过程中发生的保险费、包装费、展览费和广告费、商品维修费、预计产品质量保证损失、运输费、装卸费，以及为销售本企业商品而专设的销售机构（含销售网点、售后服务网点等）的职工薪酬、业务费、折旧费等经营费用。企业发生的与专设销售机构相关的固定资产修理费用等后续支出也属于销售费用。销售费用是与企业销售商品活动有关的费用，但不包括销售商品本身的成本和劳务成本，这两类成本属于主营业务成本。

6. 财务费用

财务费用是指企业为筹集生产经营所需资金等而发生的费用。它包括的具体项目有：利息净支出（利息支出减利息收入后的差额）、汇兑净损失（汇兑损失减汇兑收益的差额）、金融机构手续费，以及筹集生产经营资金发生的其他费用等。

7. 费用发票整理注意事项

在整理费用发票时，首先要划分费用发票的业务类型，然后将划分好业务类型的发票进行计数、粘贴并做好标注，最后根据业务内容判断需要记入的费用科目。具体注意事项如下。

（1）划分费用发票的业务类型

费用发票的内容包括了支出的各种费用，如餐费、办公用品、日用品、福利费、服务费、打车费、停车费、过路费、充值费、公交费、电话费、维修费、租赁费等，按照列支费用的用途进行分类。

（2）计数、粘贴并做好标注

① 将需要粘贴和不需要粘贴的发票分开。

② 将需要粘贴和不需要粘贴的发票分别分类，同类票据（如餐费类、出租车票类等）应集中在一起。

③ 粘贴发票的纸张大小：应选择结实的白纸（使用过的纸也可，外露部分应保持洁白）；不要用报纸或比较薄的信纸粘贴；粘贴在其上的发票不能超出该纸张的范围。

④ 粘贴要求：粘贴在一张纸上的所有票据统一按上下、左右起止的顺序均匀粘贴，确保粘贴后依然平整。

⑤ 粘贴在一张纸上的所有票据作为一张附件计算，并将合计金额写在右下角。

（3）需要记入的费用科目

按照会计核算制度的要求，根据费用相关的经济业务内容来判断费用所要登记的会计科目。例如，火车票和机票记入"管理费用——差旅费"科目；出租车发票记入"管理费用——交通费"科目；外地住宿类发票记入"管理费用——差旅费"科目，本地住宿类发票记入"管理费用——招待费"科目；餐饮和礼品等记入"管理费用——招待费"科目。

（二）操作准备

将各类费用票据整理好。

（三）任务要领

① 自 2019 年 4 月 1 日开始，一般纳税人取得的国内旅客运输服务，其进项税额允许从销项税额中抵扣，也就是说企业员工因工作需要发生的国内交通票据，如火车票、机票等可以计算抵扣增值税，且无须认证。

需要注意的是：火车票、机票等票面上载明的旅客名称，必须是企业的员工；企业员工的证明材料以企业人力资源部提供的员工名册为准，而且员工名册应该与企业提供的为员工缴纳社保和发放工资的人员名单一致。

② 旅客运输服务是指客运服务，包括通过陆路运输、水路运输、航空运输为旅客个人提供的客运服务。能够抵扣增值税进项税额的票据类型和具体比例如下：取得注明旅客身份信息的公路、水路等客票的，按照 3% 计算进项税额；取得注明旅客身份信息的航空运输电子客票行程单中的"票价＋燃油附加费"，按照 9% 计算进项税额，机场建设费等不得计算抵扣进项税额；取得注明旅客身份信息的铁路车票的，按照 9% 计算进项税额；对于取得未注明旅客身份信息的出租车发票、公交车票等，不得计算抵扣进项税额。

三、任务实施

（一）任务流程

日常费用票据制单与审核的工作流程如图 4-20 所示。

01 接收日常费用票据 → 02 日常费用票据处理 → 03 日常费用票据审核 → 04 日常费用票据制单 → 05 记账凭证审核

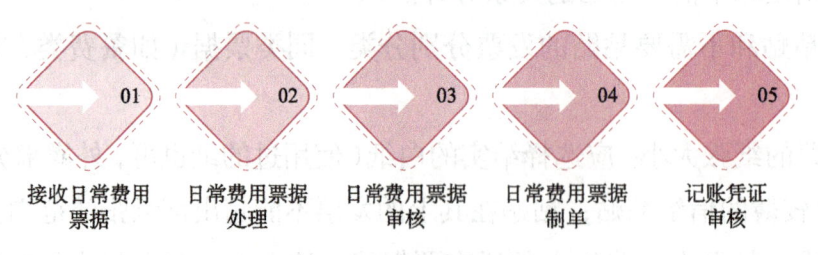

图 4-20 日常费用票据制单与审核的工作流程

（二）任务操作

鉴于业务 1 与业务 6 的操作与销售发票制单业务基本相同，操作从略。

四、任务评价

任务完成后，教师应对学生完成任务的情况进行评价，评价标准如表 4-5 所示。

表 4-5　日常费用票据制单与审核任务评价表

考核项目	考核内容		考核权重/分	评分/分			合　计
				教师评	互评	自评	
专业技能	任务准备	知识	10				
		操作	10				
		要领	10				
	任务实施	智能票据管理系统操作	10				
		日常费用票据审核	20				
		日常费用票据制单	25				
职业素养	签到		5				
	合作		5				
	整理		5				

五、任务拓展

① 区别销售发票、成本发票、银行结算单据、日常费用票据的不同制单与审核方式。

② 分析不同类别的票据对应记入的会计科目。

单元练习

在线测试

单元五

智能工资管理

↘ 思政目标
1. 培养学生通过实践和自主训练来获取知识与技能的精神。
2. 增进与他人的交往合作，培养学生的团队精神。
3. 激发学生的学习兴趣，增强毅力，提高增强专业技能的主动性，不断提高业务水平。

↘ 知识目标
1. 掌握工资管理的基础知识。
2. 掌握智能工资管理系统的功能。
3. 掌握工资业务核算的过程。

↘ 技能目标
1. 能够在智能工资管理系统中导入人员信息、人员基本信息及人员专项信息，导入工资表及"五险一金"，以及根据工资表数据自动生成记账凭证。
2. 能够合理进行个人所得税计算及相关账务处理，并进行个人所得税申报。
3. 能够现场办理社会保险、公积金的相关业务。

任务一　工资管理内容

一、任务情境

（一）任务场景

康健厨电从 2021 年 12 月开始使用智能工资管理系统，对本企业职工的工资进行管理。现在需要尽快了解工资管理的具体内容和相关理论知识，以便实现对工资的智能管理。

（二）任务布置

① 了解工资管理的内容包括哪些方面，哪类人员属于职工。

② 了解什么是货币性职工薪酬。
③ 了解目前个人所得税相关政策要求。
④ 熟悉与应付职工薪酬相关的账务处理。

二、任务准备

（一）知识准备

1. 工资管理的概述

工资管理即职工薪酬的管理。职工薪酬是指企业为获得职工提供的服务或解除劳动关系而给予的各种形式的报酬或补偿。企业提供给职工配偶、子女、受赡养人、已故员工遗属及其他受益人等的福利，也属于职工薪酬。职工薪酬包含货币性职工薪酬和非货币性职工薪酬。

"职工"主要包括3类人员：

一是与企业订立劳动合同的所有人员。

二是未与企业订立劳动合同，但由企业正式任命的企业治理层和管理层人员。

三是虽未与企业订立劳动合同或未由其正式任命，但向企业所提供服务与职工所提供服务类似的人员，包括通过企业与劳务中介公司签订用工合同而向企业提供服务的人员。

智能工资管理主要是对货币性职工薪酬的管理。

2. 货币性职工薪酬

货币性职工薪酬包含以下几个方面的内容。

（1）短期薪酬

短期薪酬是指企业在职工提供相关服务的年度报告期间结束后12个月内需要全部予以支付的职工薪酬，但因解除与职工的劳动关系给予的补偿除外。

短期薪酬具体包括：职工工资、奖金、津贴和补贴；职工福利；医疗保险费、工伤保险费和生育保险费等社会保险费；住房公积金；工会经费和职工教育经费；短期带薪缺勤；短期利润分享计划和其他短期薪酬。

（2）离职后福利

离职后福利是指企业为获得职工提供的服务而在职工退休或与企业解除劳动关系后，提供的各种形式的报酬和福利，如养老保险和失业保险，但短期薪酬和辞退福利除外。

（3）辞退福利

辞退福利是指企业在职工劳动合同到期之前解除与职工的劳动关系，或者为鼓励职工自愿接受裁减而给予职工的补偿。

（4）其他长期职工福利

其他长期职工福利是指除短期薪酬、离职后福利、辞退福利之外所有的职工薪酬，包括长期带薪缺勤、长期残疾福利和长期利润分享计划等。

3. 职工人员信息

智能工资管理系统可以便捷地实现人员信息的维护、新增和采集，既可直接进行新增输入，也可通过模板进行导入。该信息与"基础设置"|"辅助核算"里面的人员信息完全一致，钩稽关系明确。因此，可以通过两种途径来完成人员信息的维护工作。

人员基本信息的内容包括姓名、性别、证件类型、证件号码、学历、职务等，如图5-1所示。

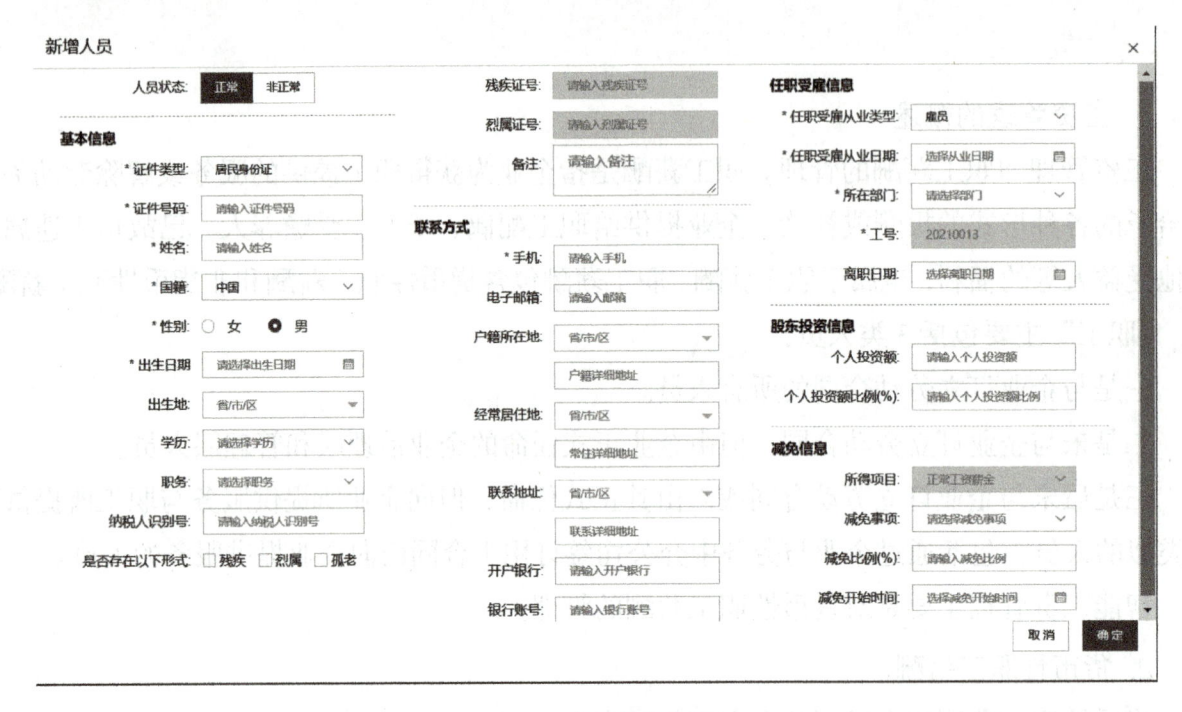

图 5-1 人员基本信息

人员专项信息包括子女教育、继续教育、住房贷款利息、住房租金、赡养老人、大病医疗6项。

4. 智能算税

（1）个人所得税相关政策

① 新《个人所得税法及其实施条例》自2019年1月1日起开始实施，新个人所得税起征点由3 500元/月调整到5 000元/月（6万元/年）。

② 综合性个人所得适用七级超额累进税率，如表5-1所示。它更深层次地拉伸了3%、10%、20%三档较低税率之间的级距，同时削减了25%税率的级距，30%、35%、45%三档较高税率的级距维持不变，从而深层次地缓解了中等收入群体的税负。

表 5-1 个人所得税税率表（综合所得适用）

级　数	全年应纳税所得额	税率/%
1	不超过36 000元的	3
2	超过36 000元至144 000元的部分	10
3	超过144 000元至300 000元的部分	20
4	超过300 000元至420 000元的部分	25

(续表)

级　数	全年应纳税所得额	税率 /%
5	超过 420 000 元至 660 000 元的部分	30
6	超过 660 000 元至 960 000 元的部分	35
7	超过 960 000 元的部分	45

③ 添加了 6 项专项附加扣除。计算个人所得税应纳税所得额，在 5 000 元基本减除费用扣除和"三险一金"等专项扣除外，还可享受子女教育、继续教育、大病医疗、住房贷款利息或住房租金，以及赡养老人等专项附加扣除。

（2）个人所得税中的 6 项专项附加扣除标准

① 子女教育：每个孩子可扣除 1 000 元 / 月，12 000 元 / 年。

② 继续教育：学历教育减免 400 元 / 月，扣减 4 800 元 / 年；继续职业教育和继续职业资格扣除 3 600 元 / 年。

③ 大病医疗：医保目录范围内的自付部分累计超过 15 000 元的部分，在 80 000 元限额内据实扣除。

④ 住房贷款利息：首期住房贷款利息可按月扣税 1 000 元，每年扣税 12 000 元。

⑤ 住房租金：职工劳动所在城市没有房地产，可以实行房屋租金扣除。不同城市扣除标准是不同的，大致可以分为 800 元 / 月、1 100 元 / 月和 1 500 元 / 月 3 种。

⑥ 赡养老人：独生子女能够减免 2 000 元 / 月，24 000 元 / 年；非独生子女的，由其与兄弟姐妹分摊每月 2 000 元的扣除额度，每人分摊的额度不能超过每月 1 000 元。扣除方式：可以由赡养人均摊或约定分摊，也可以由被赡养人指定分摊。约定或指定分摊的须签订书面分摊协议，指定分摊优先于约定分摊。具体分摊方式和额度在一个纳税年度内不能变更。

5. 工资管理的账务处理

（1）计提职工工资

借：管理费用
　　生产成本
　　制造费用
　　劳务成本等
　　贷：应付职工薪酬——工资、奖金、津贴和补贴

（2）支付工资

借：应付职工薪酬——工资、奖金、津贴和补贴（支付工资、奖金、津贴、补贴等）
　　贷：银行存款
　　　　库存现金
　　　　其他应付款——代扣代缴个人社保
　　　　其他应付款——代扣代缴个人公积金

应交税费——应交个人所得税（代扣个人所得税）

（3）计提职工福利费

对于职工福利费，企业应当在实际发生时根据实际发生额计入当期损益或相关资产成本。

借：生产成本
　　制造费用
　　管理费用
　　销售费用
　　贷：应付职工薪酬——职工福利费

（4）计提社会保险费和住房公积金

对于国家规定了计提基础及计提比例的社会保险费和住房公积金，以及按规定提取的工会经费和职工教育经费，企业应当在实际发生时根据实际发生额计入当期损益或相关资产成本。

借：生产成本
　　制造费用
　　管理费用
　　贷：应付职工薪酬——社会保险费
　　　　应付职工薪酬——住房公积金
　　　　应付职工薪酬——工会经费
　　　　应付职工薪酬——职工教育经费

(二) 操作准备

打开"财天下" | "智能工资"，了解智能工资管理系统的基本组成，如图5-2所示。

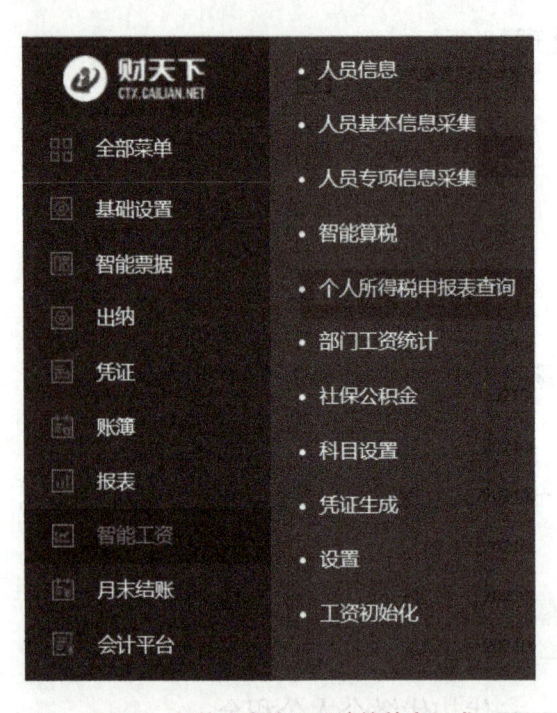

图5-2 智能工资管理系统的基本组成

（三）任务要领

① 注意哪些属于人员专项信息。

② 熟悉"五险一金"有哪些。

③ 掌握应付职工薪酬所涉及的会计科目。

三、任务实施

（一）任务流程

工资管理的工作流程如图 5-3 所示。

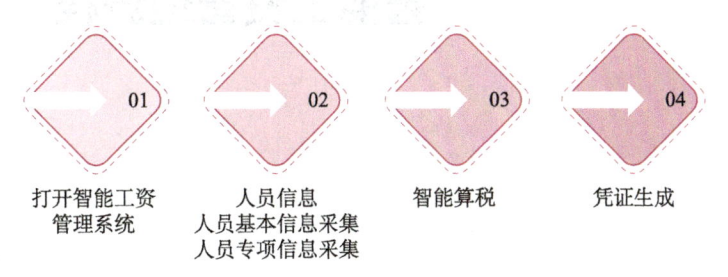

01 打开智能工资管理系统 → 02 人员信息 人员基本信息采集 人员专项信息采集 → 03 智能算税 → 04 凭证生成

图 5-3　工资管理的工作流程

（二）任务操作

根据任务流程图完成知识准备中相关理论的学习。

四、任务评价

任务完成后，教师应对学生完成任务的情况进行评价，评价标准如表 5-2 所示。

表 5-2　工资管理内容任务评价表

考核项目	考核内容		考核权重/分	评分/分			合　计
				教师评	互　评	自　评	
专业技能	任务准备	知识	10				
		操作	10				
		要领	10				
	任务实施	认知职工人员信息	10				
		掌握个人所得税	20				
		工资管理的账务处理	25				
职业素养		签到	5				
		合作	5				
		整理	5				

五、任务拓展

学习《中华人民共和国个人所得税法》。

中华人民共和国个人所得税法

任务二　智能工资管理流程

一、任务情境

（一）任务场景

康健厨电从 2021 年 12 月开始使用智能工资管理系统，对本企业职工的工资进行管理。现在需要熟悉智能工资管理的流程，以便实现对工资的智能管理。

（二）任务布置

① 了解智能工资管理系统的基本操作流程和注意事项。
② 了解智能工资管理系统各子系统涵盖的内容。
③ 熟悉人员专项扣除的计算依据和计算公式。

二、任务准备

（一）知识准备

1. 人员信息

人员基本信息必填项（标记星号的项目）包括证件类型、证件号码、姓名、国籍、性别、出生日期、手机、任职受雇从业类型、任职受雇从业日期、所在部门、工号。

2. 智能算税

智能算税的前提条件是导入包括收入、专项扣除等内容在内的工资薪金信息。收入包括基本工资、岗位津贴等；专项扣除包括个人应承担的基本养老保险、基本医疗保险、失业保险费、住房公积金等。在进行税额计算的时候，还需要根据实际情况确定是否勾选之前输入的人员专项附加信息。

3. 科目设置

本着"谁受益谁承担"的原则设置工资和"五险一金"对应的借方会计科目：生产工人

的工资记入"生产成本"科目；车间管理人员的工资记入"制造费用"科目；管理部门人员的工资记入"管理费用"科目；销售部门人员的工资记入"销售费用"科目。

（二）操作准备

打开"财天下"｜"智能工资"，逐一单击其下各子系统，了解各子系统操作的基本规范和它们之间的逻辑关系。

（三）任务要领

① 了解各系统之间操作的逻辑顺序和数据之间的前后关联。
② 熟悉导入模板设置的要求。
③ 掌握"五险一金"计提基数的设置和应付职工薪酬所涉及会计科目的设置。

三、任务实施

（一）任务流程

参见本单元任务一的任务流程。

（二）任务操作

① 选择"智能工资"｜"人员信息"命令，了解增加员工信息的3种方式。
- 通过"新增"按钮，逐个增加职工信息。
- 通过"导入"按钮，下载模板完善信息后批量导入职工信息。
- 通过"同步人员"按钮，将"基础设置"｜"辅助核算"｜"人员"中的信息同步过来。职工信息输入后如发现错误，可以进行修改或删除。

② 选择"智能工资"｜"人员基本信息采集"命令，选择时间为"2021-12"后单击"同步人员信息"按钮，则会将上一步输入的职工信息同步到本步；单击"当期确认"按钮，完成人员基本信息采集工作。

③ 选择"智能工资"｜"人员专项信息采集"命令，了解添加人员专项信息的两种方式。
- 单击"专项附加信息统计"后的"子女教育""继续教育""住房贷款利息""住房租金""赡养老人"等按钮，通过"新增"按钮分别添加每名职工的人员专项附加信息。
- 单击"导入"按钮，下载模板完善信息后全量导入或增量导入职工的人员专项信息（上传时要将文件压缩为ZIP格式）。

④ 选择"智能工资"｜"智能算税"命令，打开"智能算税"对话框。
- 在"工资薪金信息导入"选项卡中，单击"导入"按钮，下载模板完善信息后导入职工工资薪金（在完善模板信息时看清每一列次的具体内容，避免出现信息错误）。
- 在"税款计算"选项卡中，设置采集截止日期后单击"点击计算"按钮，则会自动生成个人所得税相关数据。
- 如果有减免税额，则还需要单击"附表信息导入"标签，导入与减免税相关的信息。

⑤ 选择"智能工资"|"个人所得税申报表查询"命令,单击"申报"按钮进行个人所得税申报,并可通过"导出税款计算"按钮导出个人所得税相关数据。

⑥ 选择"智能工资"|"部门工资统计"命令,可查询各部门工资数据。既可通过单击"部门名称"查询特定部门工资,也可通过"重置"按钮查询所有部门工资,并可通过"导出"按钮实现工资数据的导出。

⑦ 选择"智能工资"|"社保公积金"命令,打开"社保公积金"对话框。

- 单击"同步人员"按钮,将之前输入的职工信息同步到本步。
- 选中行次,单击"批量调整"按钮。根据资料输入"五险一金"基数后,单击"确定"按钮(计提基数相同的人员可以同时选中并进行批量调整)。

⑧ 选择"智能工资"|"科目设置"命令,打开"科目设置"对话框。根据实际业务修改各部门的"计提工资借方科目设置"和"五险一金借方科目设置"(行政财务部、采购部、库管部人员的工资和"五险一金"计入管理费用,销售部人员的工资和"五险一金"计入销售费用)。

⑨ 选择"智能工资"|"凭证生成"命令,打开"凭证生成"对话框。

- 在"入账设置"选项卡的"发放工资设置"中有"当月工资当月发放"和"当月工资当月发放"两种选择、"支付设置"中有"库存现金"和"银行存款"两种选择,单击"修改"按钮根据实际情况进行选择并保存。
- 在"生成凭证"选项卡中,计提工资、计提"五险一金"、代扣个人应负担的"五险一金"、代扣个税、发放工资会分别生成一张记账凭证,并可在"凭证"|"凭证管理"中进行查询和修改。

⑩ 选择"智能工资"|"设置"命令,打开"设置"对话框。

- "基本工资"和"岗位津贴"为系统字段,不可修改。
- "奖金项"和"扣款项"已定义好的字段可以选择"开启"或"关闭"状态,未定义的字段可以进行自定义。

四、任务评价

任务完成后,教师应对学生完成任务的情况进行评价,评价标准如表5-3所示。

表5-3 智能工资管理流程任务评价表

考核项目	考核内容		考核权重/分	评分/分			合 计
				教师评	互 评	自 评	
专业技能	任务准备	知识	10				
		操作	10				
		要领	5				
		读取职工信息	5				
		采集人员基本信息	5				

(续表)

考核项目	考核内容		考核权重／分	评分／分			合　计
				教师评	互评	自评	
专业技能	任务实施	采集人员专项信息	5				
		认识智能算税流程	10				
		个人所得税申报表查询	10				
		部门工资统计表查询	5				
		认识"五险一金"	10				
		掌握科目设置	10				
职业素养		签到	5				
		合作	5				
		整理	5				

五、任务拓展

学习疫情期间个人所得税如何减免。

疫情期间个人所得税如何减免

任务三　工资数据智能导入

一、任务情境

（一）任务场景

康健厨电基础信息参见单元二任务一的操作准备。

预置科目：按行业性质预置科目。

2021年12月，将其工资单编制及发放工资的账务处理业务外包给智能财税共享中心办理。人力资源部门提供人员花名册、工资数据、考勤表、薪酬政策等工资计算所需的资料。

（二）任务布置

检查康健厨电职工信息并导入系统。具体要求如下。

① 核对数据：对人员信息表、人员基本信息表和人员专项信息表进行检查，核对是否完整准确。

② 人员信息导入：根据案例资料，登录"财天下"平台，进入智能工资管理系统人员信息子系统，编制并上传人员信息。

③ 人员基本信息采集：根据案例资料，登录"财天下"平台，进入智能工资管理系统人员基本信息采集子系统，编制并上传人员基本信息。

④ 人员专项信息采集：根据案例资料，登录"财天下"平台，进入智能工资管理系统人员专项信息采集子系统，编制并上传人员专项信息。

二、任务准备

（一）知识准备

职工工资由基本工资、岗位津贴、绩效奖金3项构成。由单位承担并缴纳的养老保险、医疗保险、失业保险、工伤保险、生育保险、住房公积金分别按上年度缴费职工月平均工资的16%、10%、0.8%、0.2%、0.8%、12%计算；由职工个人承担的养老保险、医疗保险、失业保险、住房公积金分别按本人上年月平均工资总额的8%、2%、0.2%、12%计算；工会经费和职工教育费的计提比例分别为2%和1.5%。

（二）操作准备

部门及职工信息表；职工工资表；职工社会保险及住房公积金信息表；专项附加扣除纳税人基本信息及其住房租金支出专项附加扣除信息采集表（张小雨）。（请扫描二维码读取信息表）

部门及职工信息表　　　　职工工资表　　　　职工社会保险及住房公积金信息表

专项附加扣除纳税人基本信息（张小雨）　　专项附加扣除信息采集表——住房租金支出（张小雨）

（三）任务要领

① 重点：熟悉操作路径。

② 难点：理解导入系统数据的内涵及其钩稽关系。

③ 关键点：导入数据查看数据时必须注意操作时间的选择。

三、任务实施

（一）任务流程

工资数据智能导入的工作流程如图5-4所示。

图 5-4　工资数据智能导入的工作流程

（二）任务操作

① 选择"智能工资"｜"人员信息"命令，打开"人员信息"对话框。单击"导入/导出"按钮，导入人员信息文件。操作过程如图 5-5 至图 5-10 所示。

人员信息导入操作视频

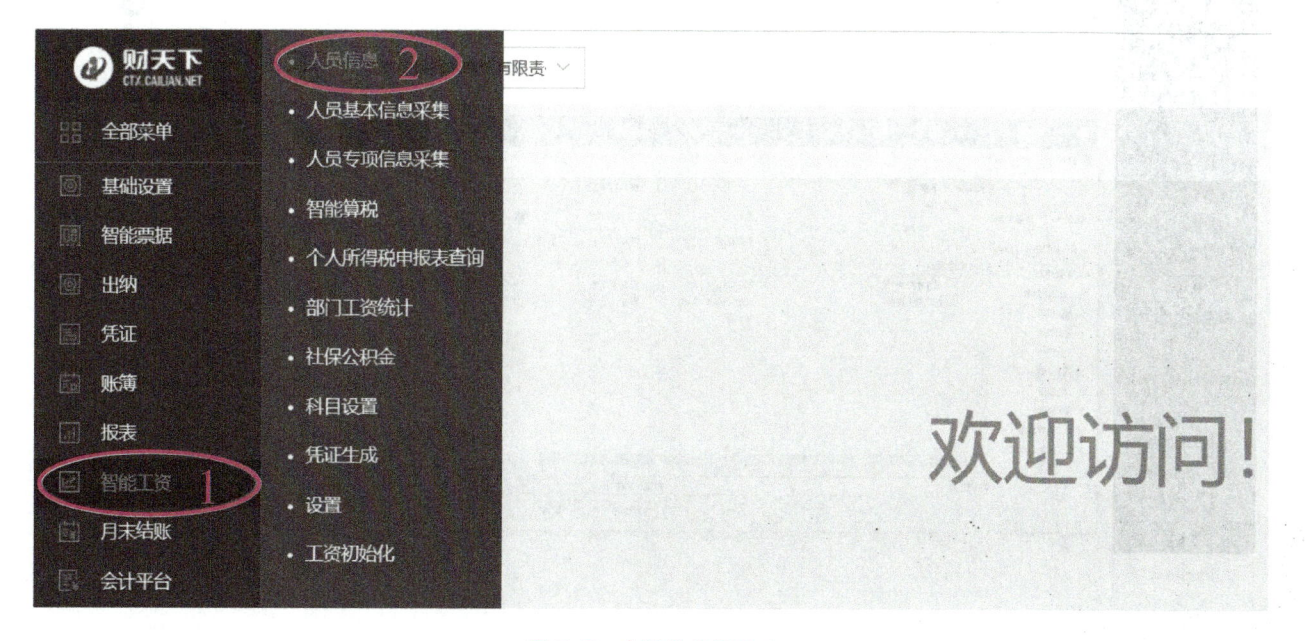

图 5-5　人员信息导入 1

图 5-6　人员信息导入 2

也可以单击"新增"按钮增加每位员工信息，或者单击"同步人员"与"基础设置"｜"辅助核算"｜"人员"使信息同步。

101

智能会计信息系统应用

	A	B	C	D	E	F	G	H	I	J	K	L
1	*工号	*姓名	*部门	*证照类型	*证照号码	*国籍(地区)	*性别	*出生日期	*人员状态	*任职受雇从业类型	手机号码	任职受雇从业日期
2	20210001	朱建国	行政财务部	居民身份证	110112197601126301	中国	女	1976/01/12	正常	雇员	18912360145	2021/11/01
3	20210002	张小雨	行政财务部	居民身份证	110112198606163806	中国	男	1986/06/16	正常	雇员	13645967802	2021/11/01
4	20210003	何文静	行政财务部	居民身份证	110112198807222425	中国	女	1988/07/22	正常	雇员	13745698502	2021/11/01
5	20210004	李剑	行政财务部	居民身份证	110112197608164678	中国	男	1976/08/16	正常	雇员	13345127801	2021/11/01
6	20210005	王韬	采购部	居民身份证	110112197910176802	中国	男	1979/10/17	正常	雇员	13145798602	2021/11/01
7	20210006	李咏心	采购部	居民身份证	110112198001252327	中国	女	1980/01/25	正常	雇员	18645612307	2021/11/01
8	20210007	孙舒琪	销售部	居民身份证	110112197601242912	中国	男	1976/01/24	正常	雇员	15270841556	2021/11/01
9	20210008	马霖	销售部	居民身份证	250112198608095303	中国	女	1986/08/09	正常	雇员	13578014756	2021/11/01
10	20210009	李明娜	销售部	居民身份证	240112198306181318	中国	男	1983/06/18	正常	雇员	13278914563	2021/11/01
11	20210010	吴华娴	销售部	居民身份证	360112198203131765	中国	女	1982/03/13	正常	雇员	13979814370	2021/11/01
12	20210011	张彩燕	库管部	居民身份证	270112198102112987	中国	女	1981/02/11	正常	雇员	13680714177	2021/11/01
13	20210012	王晓玲	库管部	居民身份证	110112198609274913	中国	女	1986/09/27	正常	雇员	13381613984	2021/11/01

图 5-7　人员信息导入 3

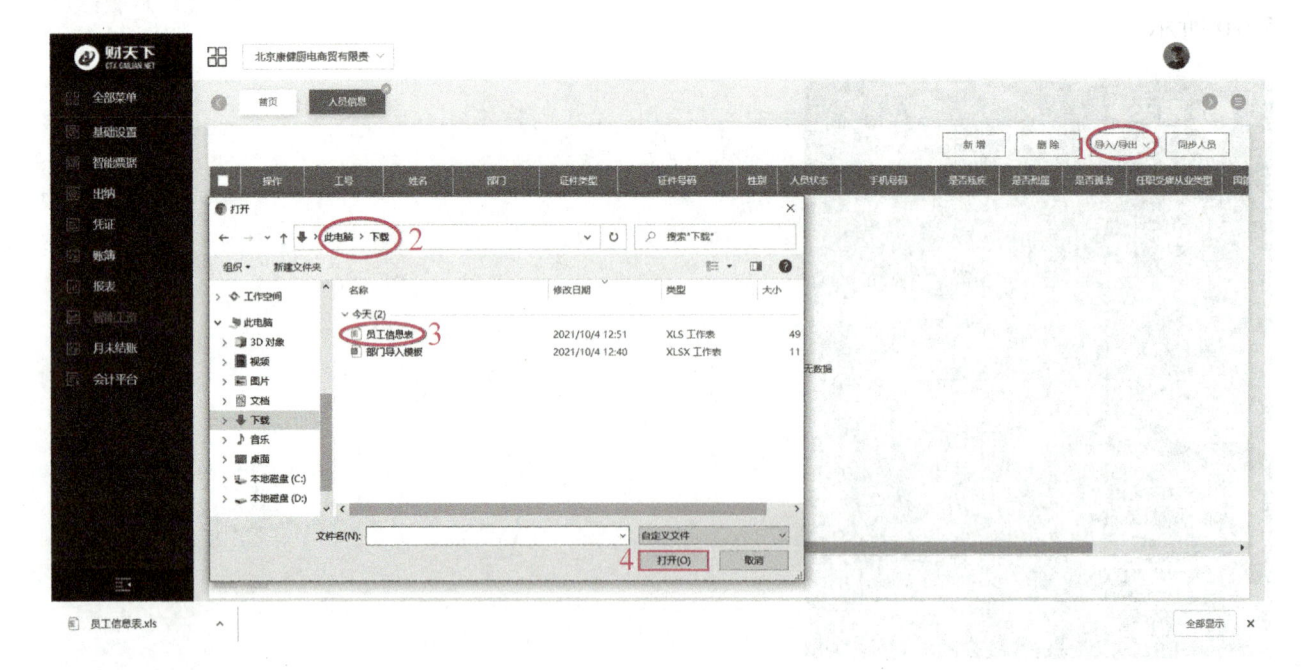

图 5-8　人员信息导入 4

图 5-9　人员信息导入 5

单元五 智能工资管理

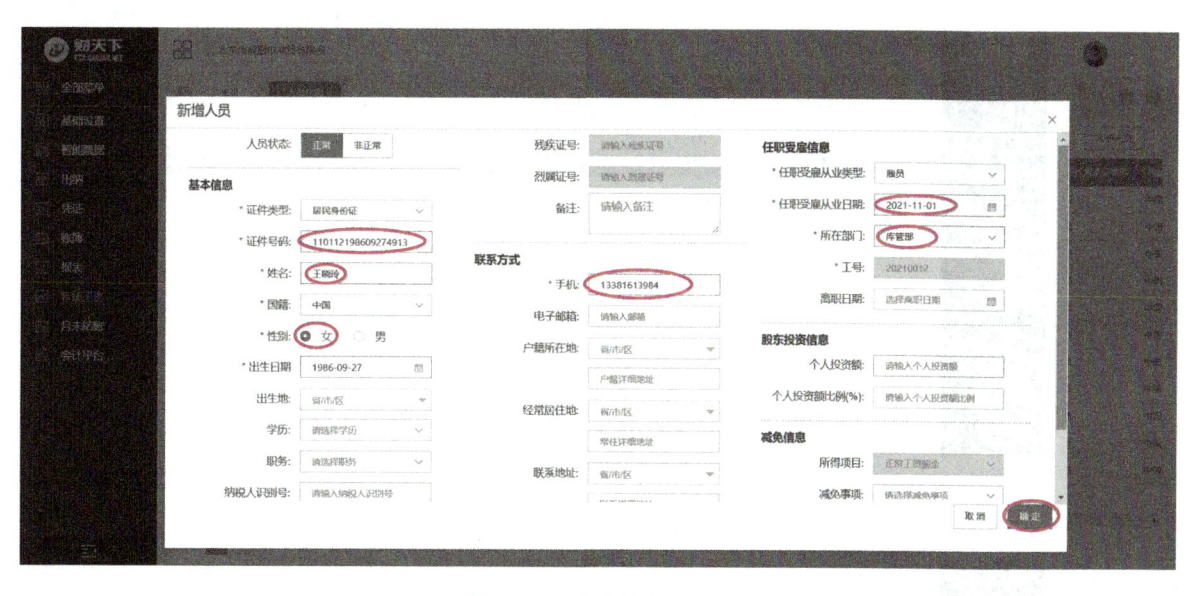

图 5-10 人员信息导入 6

说明： 人员信息导入后，如果发现信息错误，则可以对个别人员信息进行维护。单击"修改"按钮，进行信息更正即可。

② 选择"智能工资"｜"人员基本信息采集"命令，打开"人员基本信息采集"对话框。单击"同步人员"按钮，再单击"当期确认"按钮。人员基本信息采集每月进行一次，注意首先选择时间，再与"人员信息"同步。单击"同步人员"按钮后人员基本信息采集完成，最后单击"当期确认"按钮锁定前后信息的关联关系。如果想更改数据，则需要进行反确认。操作过程如图 5-11 至图 5-13 所示。

人员基本信息采集操作视频

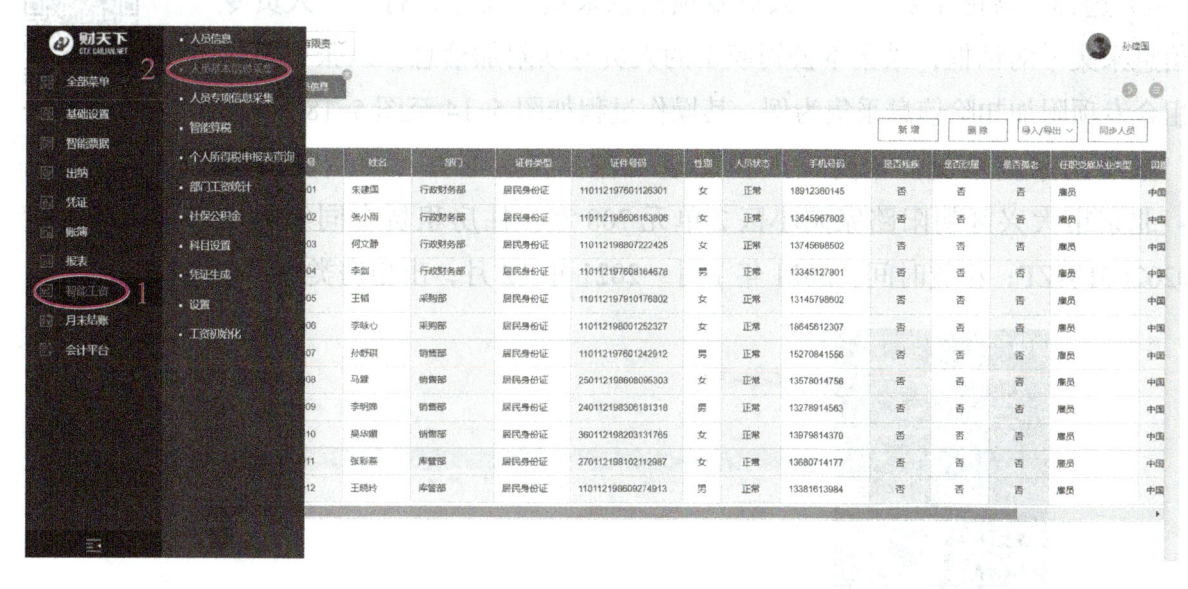

图 5-11 人员基本信息采集 1

103

图 5-12 人员基本信息采集 2

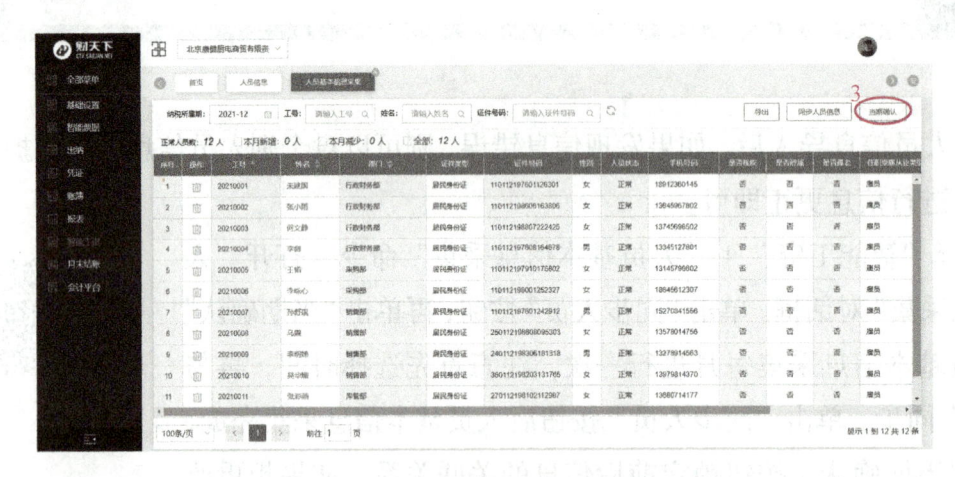

图 5-13 人员基本信息采集 3

③ 选择"智能工资"|"人员专项信息采集"命令，打开"人员专项信息采集"对话框，采集本公司职工的人员专项附加信息。以张小雨住房租金专项附加扣除信息采集为例，其操作过程如图 5-14 至图 5-18 所示。

张小雨家庭情况：单身一人在北京工作，租房居住（租赁房屋地址：北京市大兴区朝阳路家园小区 2 单元 708 室；住房租赁合同编号：11020200101ZF；租赁时间：2021 年 1 月—2021 年 12 月；出租房类型：个人）。

人员专项附加信息
采集操作视频

图 5-14 人员专项附加信息采集 1

图 5-15 人员专项附加信息采集 2

图 5-16 人员专项附加信息采集 3

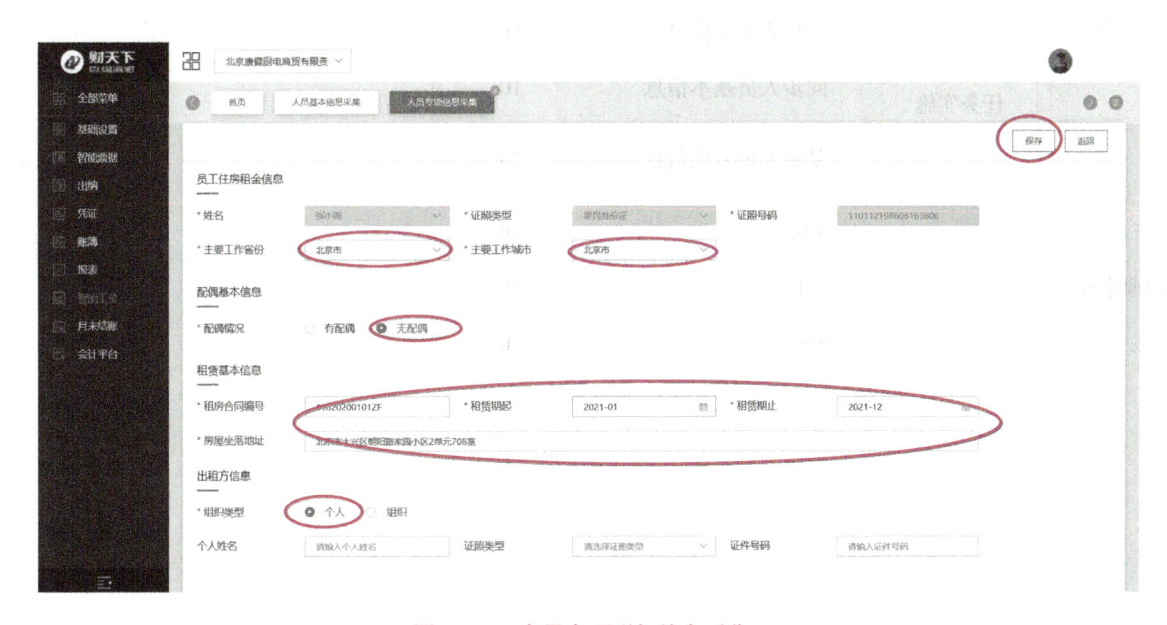

图 5-17 人员专项附加信息采集 4

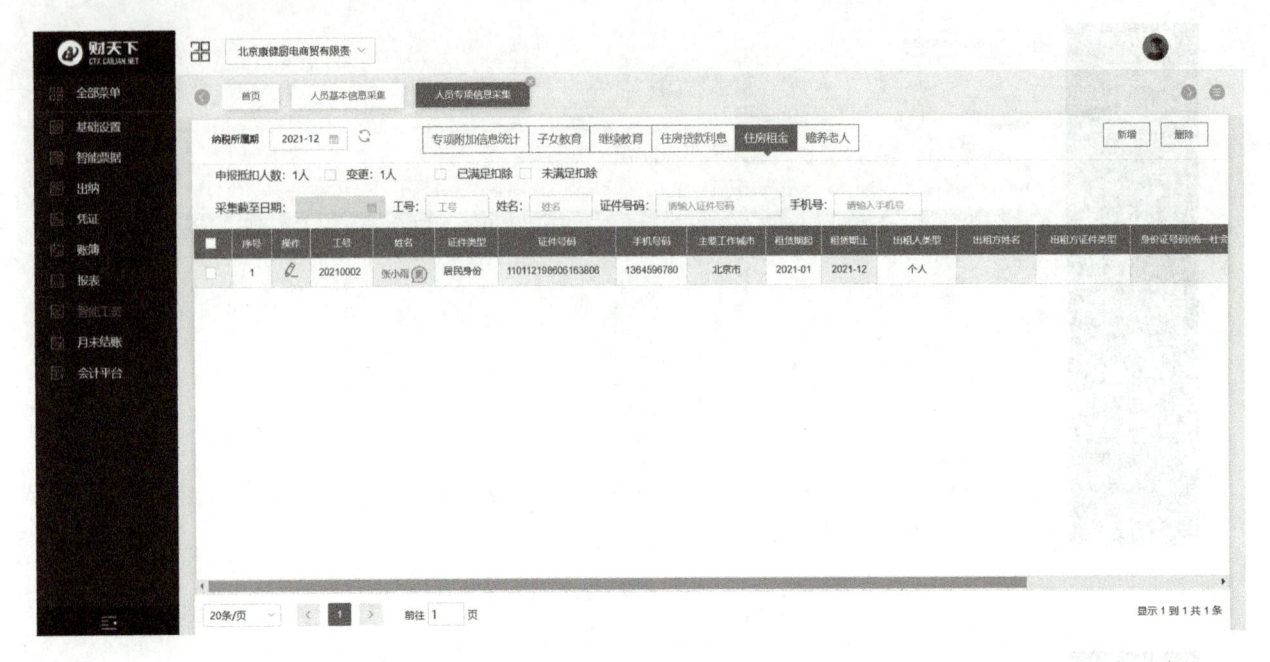

图 5-18　人员专项附加信息采集 5

四、任务评价

任务完成后，教师应对学生完成任务的情况进行评价，评价标准如表 5-4 所示。

表 5-4　工资数据智能导入任务评价表

考核项目	考核内容		考核权重/分	评分/分			合　计
				教师评	互　评	自　评	
专业技能	任务准备	知识	10				
		操作	10				
		要领	10				
	任务实施	导入人员信息	10				
		同步人员基本信息	10				
		采集人员专项信息	20				
职业素养		签到	10				
		合作	10				
		整理	10				

五、任务拓展

2021 年社保缴费计算表

缴费月份	户口性质	最低社保基数 / 元			养老保险 /%		失业保险 /%		医疗生育保险 /%		工伤保险 /%	公司统计 / 元	个人统计 / 元
		养老/失业	工伤	医疗/生育	公司 16%	个人 8%	公司 0.80%	个人 0.20%	公司 9.80%	个人 2%+3	公司 0.2%~1.9%	1 195.31	406.47
2021年1月	城镇	3 613	4 713	5 360	578.08	289.04	28.904	7.226	578.88	110.2	9.45		
合计 / 元												1 601.78	

任务四　个税智能计算与申报

一、任务情境

（一）任务场景

参见本单元任务三的任务场景。

（二）任务布置

为康健厨电进行个税智能计算、个税智能申报和工资账表智能查询。具体要求如下。

① 核对数据：对人员信息表、人员基本信息表和人员专项信息表进行检查，核对是否完整、准确。

② 根据案例资料，登录财天下，进入智能算税子系统，导入工资薪金信息。

③ 根据案例资料，登录财天下，进入智能算税子系统，进行税款计算。

④ 登录财天下，进入个人所得税申报表查询子系统，进行个人所得税申报表的申报与查询。

⑤ 登录财天下，进入部门工资统计子系统，进行部门工资统计，重置、导出数据。

二、任务准备

（一）知识准备

① 了解《中华人民共和国个人所得税法》（中华人民共和国主席令第 48 号）（2018年修订）、《中华人民共和国税收征收管理法》（中华人民共和国主席令第 60 号）（2015年修订）、《中华人民共和国个人所得税法实施条例》（中华人民共和国国务院令第 142 号）（2018 年修订）和《国务院关于印发个人所得税专项附加扣除暂行办法的通知》（国发〔2018〕

41号）等法律法规的相关内容，并能在实际业务中应用。需要掌握的要点有：

个人所得税是国家对本国公民、居住在本国境内的个人的所得和境外个人来源于本国的所得征收的一种所得税。个人所得税的纳税义务人，既包括居民纳税义务人，也包括非居民纳税义务人。居民纳税义务人负有无限纳税义务，必须就其来源于中国境内、境外的全部所得缴纳个人所得税；非居民纳税义务人负有有限纳税义务，仅就其来源于中国境内的所得缴纳个人所得税。

② 掌握个人所得税计算方法，并能在实际业务中应用。个人所得税根据不同的征税项目，分别规定了以下3种不同的税率。

- 综合所得（工资薪金所得、劳务报酬所得、稿酬所得、特许权使用费所得）：适用七级超额累进税率，按月应纳税所得额计算征税。该税率按个人月工资薪金应税所得额划分级距，最高一级为45%，最低一级为3%，共7级。
- 经营所得：适用按年计算、分月预缴税款的个体工商户的生产、经营所得和对企事业单位的承包经营、承租经营的所得。该税率按全年应纳税所得额划分级距，最低一级为5%，最高一级为35%，共5级。
- 比例税率：对个人的利息、股息、红利所得，财产租赁所得，财产转让所得，偶然所得和其他所得，按次计算征收个人所得税，适用20%的比例税率。

个人所得税应纳税所得额＝月度收入－5 000元（起征点）－专项扣除（"五险一金"等）－专项附加扣除－依法确定的其他扣除

③ 了解个人所得税政策的相关规定，并掌握纳税申报要求及纳税申报的时间。个人所得税纳税申报的时间为：不论是一般纳税人还是小规模纳税人，均需要每月申报个人所得税，即使本企业所有职工的工资都达不到缴税标准，仍然需要按时申报。

④ 能在智能工资系统中对计算扣除专项附加后的个人所得税费用进行复核。

（二）操作准备

员工工资表。

三、任务实施

（一）任务流程

个税智能计算与申报的工作流程如图5-19所示。

01 工资薪金信息导入 → 02 税额计算 → 03 个人所得税申报与查询 → 04 部门工资统计

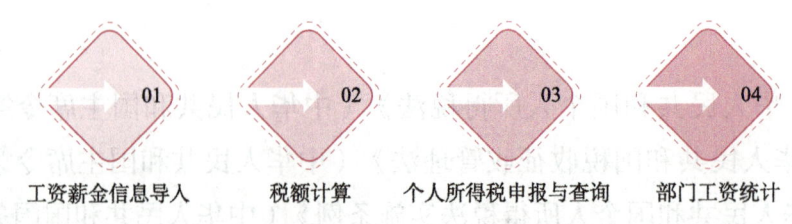

图5-19 个税智能计算与申报的工作流程

单元五　智能工资管理

（二）任务操作

① 选择"智能工资"｜"智能算税"命令，打开"智能算税"对话框。单击"工资薪金信息导入"｜"导入"｜"模版下载"命令，将工资表导入系统。具体操作过程如图 5-20 至图 5-23 所示。

个税智能计算与申报
操作视频

图 5-20　工资薪金信息导入 1

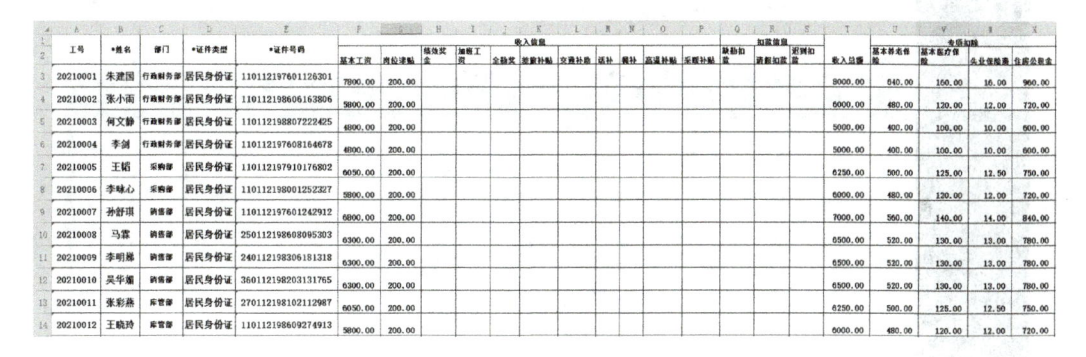

图 5-21　工资薪金信息导入 2

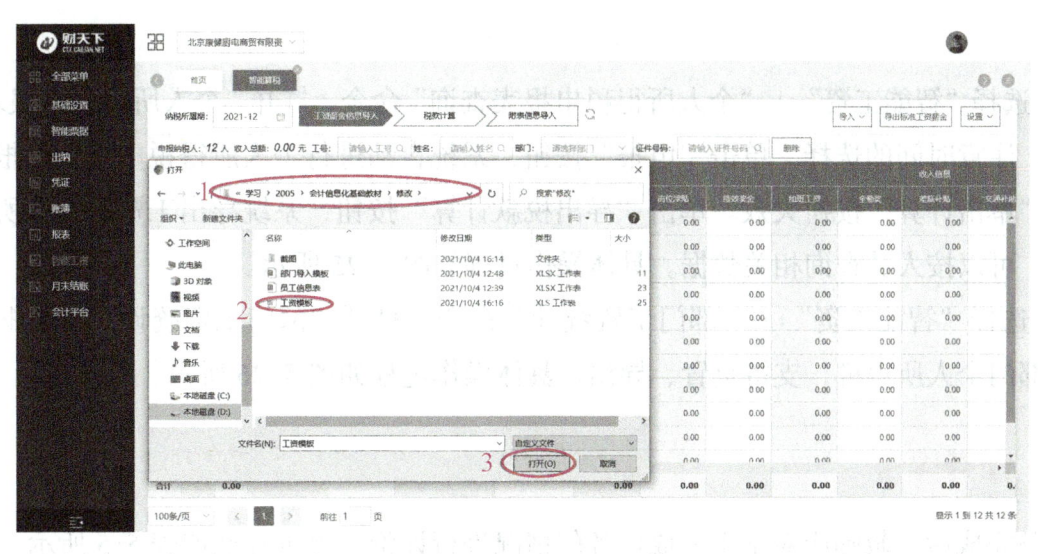

图 5-22　工资薪金信息导入 3

109

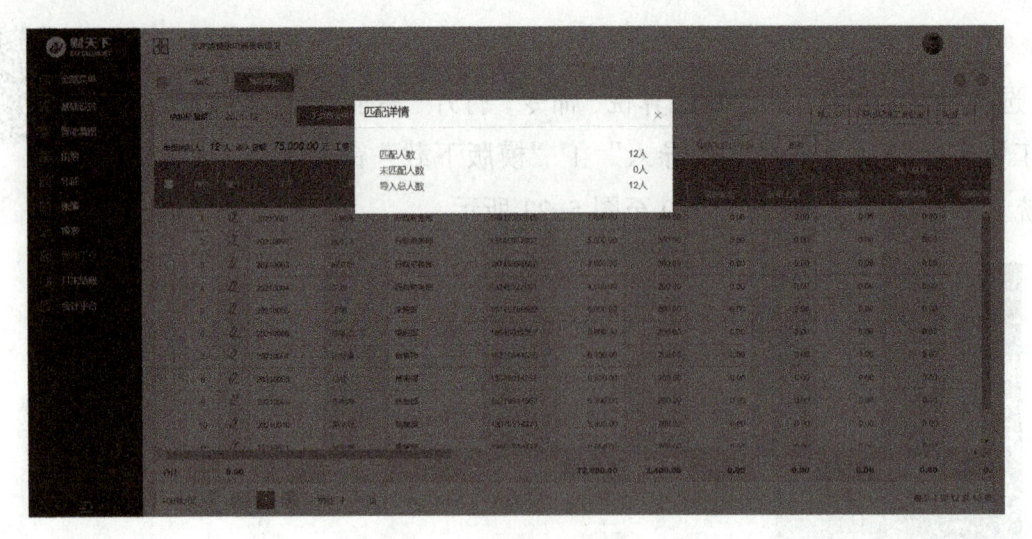

图 5-23 工资薪金信息导入 4

② 选择"智能工资"|"智能算税"命令，打开"智能算税"对话框。切换到"税款计算"选项卡，单击"单击计算"按钮，系统自动生成个人所得税相关数据。具体操作过程如图 5-24 所示。

图 5-24 税款计算

③ 选择"智能工资"|"个人所得税申报表查询"命令，打开"个人所得税申报表查询"对话框。注意时间的选择。单击"申报"按钮，系统自动进行个人所得税申报，申报后智能算税的"单击计算"按钮失效。单击"导出税款计算"按钮，系统导出工资及个人所得税相关数据，可以按人员查询相关数据。具体操作过程如图 5-25 所示。

④ 选择"智能工资"|"部门工资统计"命令，打开"部门工资统计"对话框，可以查询各部门个人所得税，支持重置、导出。具体操作过程如图 5-26 所示。

四、任务评价

任务完成后，教师应对学生完成任务的情况进行评价，评价标准如表 5-5 所示。

单元五 智能工资管理

图 5-25 个人所得税申报表查询

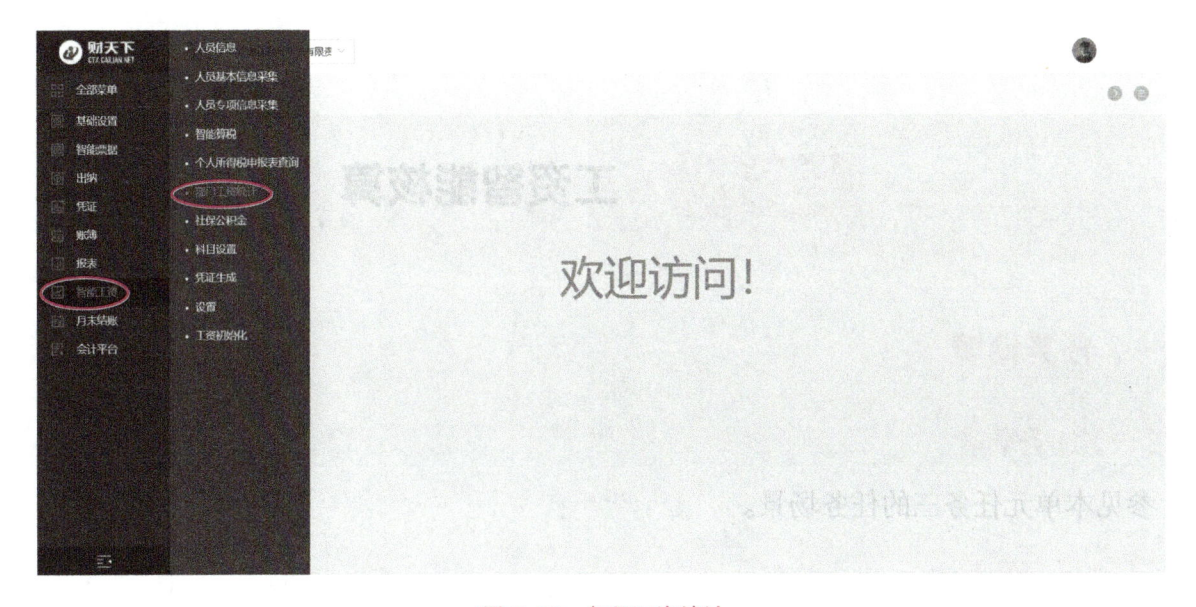

图 5-26 部门工资统计

表 5-5 个税智能计算与申报任务评价表

考核项目	考核内容		考核权重/分	评分/分			合 计
				教师评	互 评	自 评	
专业技能	任务准备	知识	10				
		操作	10				
		要领	10				
	任务实施	工资薪金信息导入	10				
		税款计算	15				
		个人所得税申报与查询	15				
		部门工资信息统计	15				

111

(续表)

考核项目	考核内容	考核权重/分	评分/分 教师评	评分/分 互评	评分/分 自评	合计
职业素养	签到	5				
	合作	5				
	整理	5				

五、任务拓展

学习个人所得税专项附加扣除。

专项附加扣除

任务五　工资智能核算

一、任务情境

（一）任务场景

参见本单元任务三的任务场景。

（二）任务布置

为康健厨电进行"五险一金"信息导入、工资科目设置和工资业务智能制单。具体要求如下。

① 核对数据：对人员信息表、人员基本信息表和人员专项信息表进行检查，核对是否完整、准确。

② 导入"五险一金"：根据案例资料，登录"财天下"平台，进入智能工资系统，导入职工的"五险一金"信息。

③ 科目设置：登录"财天下"平台，进入"智能工资"的"科目设置"子系统，进行计提工资、"五险一金"业务各部门费用科目名称检查并修改。

④ 智能制单：登录"财天下"平台，进入"智能工资"的"凭证生成"子系统，生成计提工资、"五险一金"及发放工资并代扣款项的凭证。

二、任务准备

（一）知识准备

① 掌握计提工资的账务处理方法，并能在实际业务中应用。计提康健厨电 12 月份工资的账务处理如表 5-6 所示。

表 5-6　计提工资的账务处理　　　　　　　　　　　　　　　　　　　　　　元

摘　要	科目编号	科目名称	借方金额	贷方金额
计提 12 月份工资	56010101	销售费用——职工薪酬——工资薪金支出	26 500.00	
计提 12 月份工资	56020101	管理费用——职工薪酬——工资薪金支出	48 500.00	
计提 12 月份工资	221101	应付职工薪酬——工资薪金		75 000.00
合　计			75 000.00	75 000.00

② 掌握计提"五险一金"的账务处理方法，并能在实际业务中应用。计提康健厨电 12 月份"五险一金"的账务处理如表 5-7 所示。

表 5-7　计提"五险一金"的账务处理　　　　　　　　　　　　　　　　　　　元

摘　要	科目编号	科目名称	借方金额	贷方金额
计提 12 月份公司承担的"五险一金"	56010105	销售费用——职工薪酬——各类基本社会保障性缴款	7 367.00	
计提 12 月份公司承担的"五险一金"	56010106	销售费用——职工薪酬——住房公积金	3 180.00	
计提 12 月份公司承担的"五险一金"	56020105	管理费用——职工薪酬——各类基本社会保障性缴款	13 483.00	
计提 12 月份公司承担的"五险一金"	56020106	管理费用——职工薪酬——住房公积金	5 820.00	
计提 12 月份公司承担的"五险一金"	221102	应付职工薪酬——各类基本社会保障性缴款		20 850.00
计提 12 月份公司承担的"五险一金"	221106	应付职工薪酬——住房公积金		9 000.00
合　计			29 850.00	29 850.00

③ 掌握工资发放及代扣"三险一金"、代扣个人所得税相关账务处理方法，并能在实际业务中应用。代扣康健厨电 12 月份"三险一金"和个人所得税、发放 12 月份工资的账务处理如表 5-8 所示。

表 5-8　代扣"三险一金"和个税、发放工资的账务处理　　　　　　　　　　　元

摘　要	科目编号	科目名称	借方金额	贷方金额
代扣 12 月份"三险一金"和个税，发放 12 月工资	221101	应付职工薪酬——工资薪金	75 000.00	
代扣 12 月份"三险一金"和个税，发放 12 月工资	1002	银行存款		58 350.00
代扣 12 月份"三险一金"和个税，发放 12 月工资	224101	其他应付款——代扣代缴个人社保		7 650.00
代扣 12 月份"三险一金"和个税，发放 12 月工资	224102	其他应付款——代扣代缴个人公积金		9 000.00
合　计			75 000.00	75 000.00

（二）操作准备

人员信息、人员基本信息、人员专项信息、职工工资表已经导入系统。

（三）任务要领

① 重点：熟悉操作路径并掌握账务处理要点。
② 难点：工资、"五险一金"计提及发放工资代扣款项的账务处理。
③ 关键点：掌握业务之间、各子系统数据之间的钩稽关系。

三、任务实施

（一）任务流程

工资智能核算的工作流程如图 5-27 所示。

图 5-27　工资智能核算的工作流程

（二）任务操作

① 选择"智能工资"｜"社保公积金"命令，打开"社保公积金"对话框。单击"同步人员"按钮，选中行次。单击"批量调整"按钮，输入信息后单击"确定"按钮。注意，如果人员计提基数相同，则可以同时选中，然后批量修改。具体操作过程如图 5-28 至图 5-34 所示。

社保公积金操作视频

图 5-28　导入"五险一金"信息 1

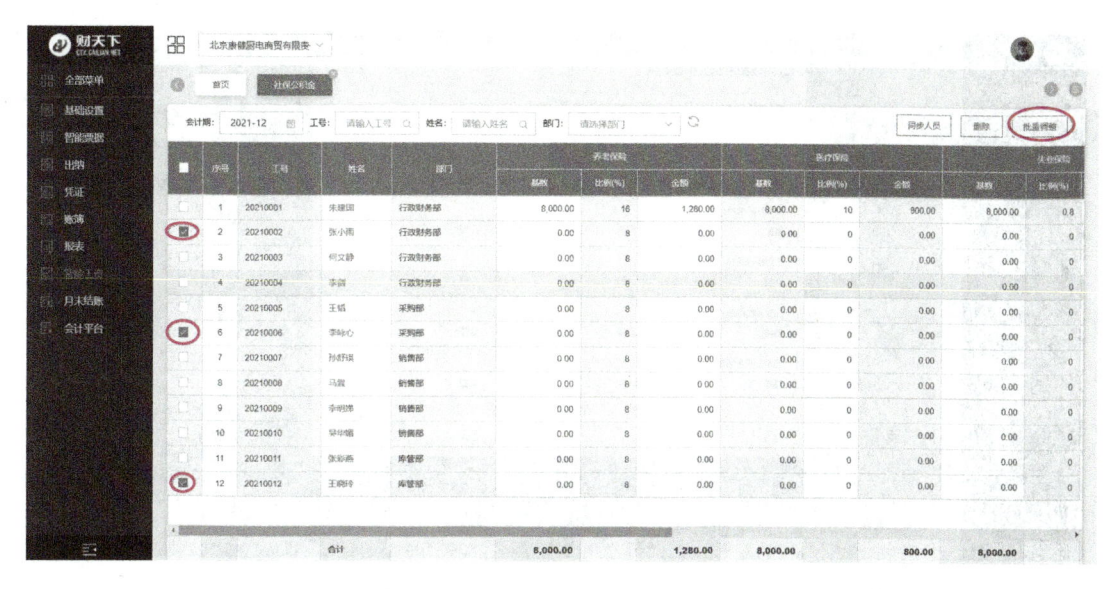

图 5-29 导入"五险一金"信息 2

图 5-30 导入"五险一金"信息 3

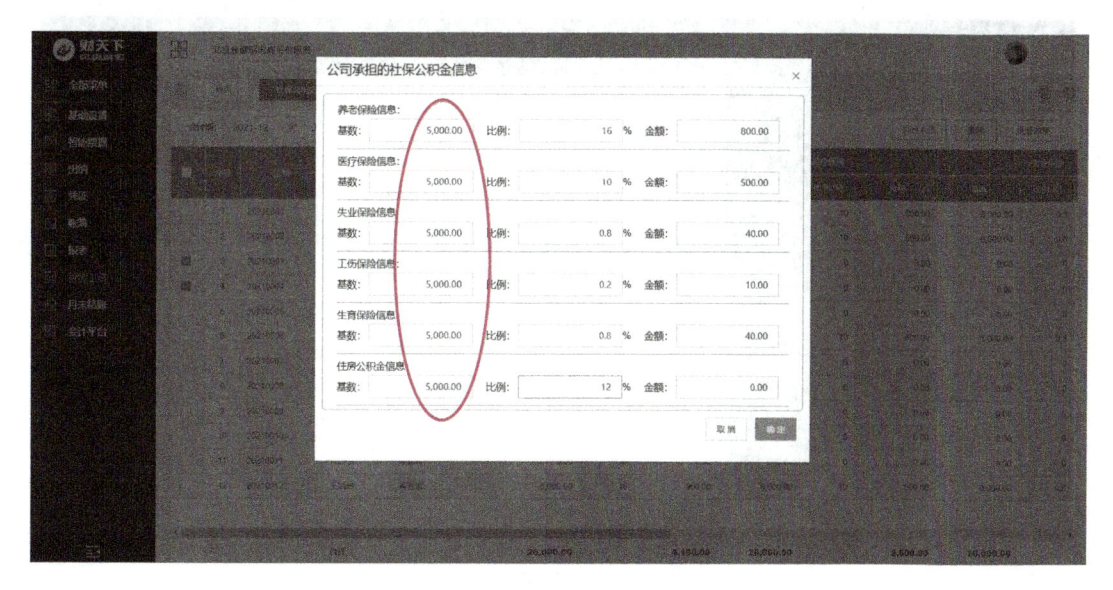

图 5-31 导入"五险一金"信息 4

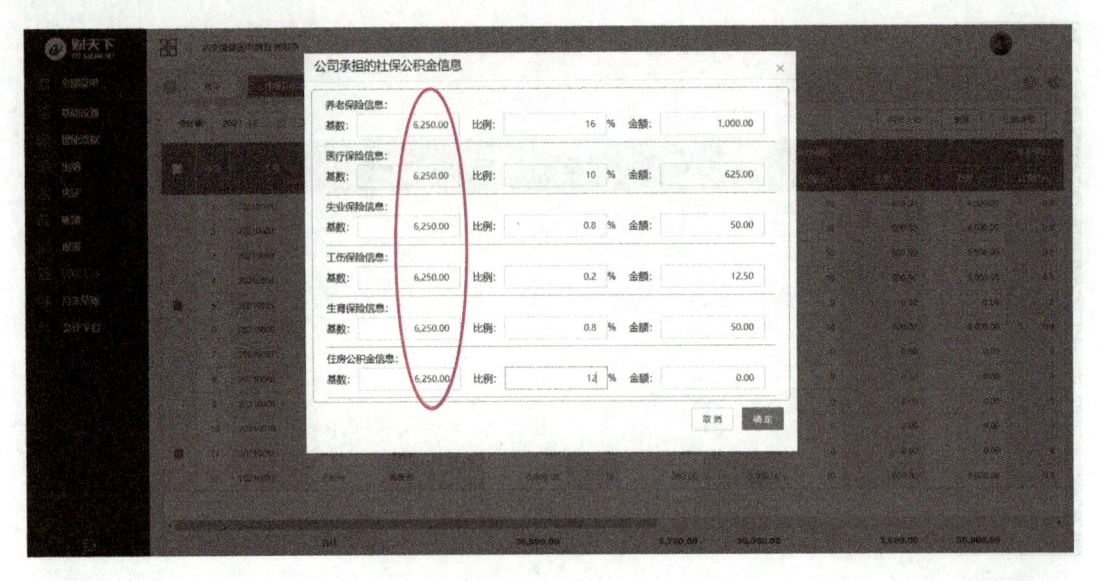

图 5-32　导入"五险一金"信息 5

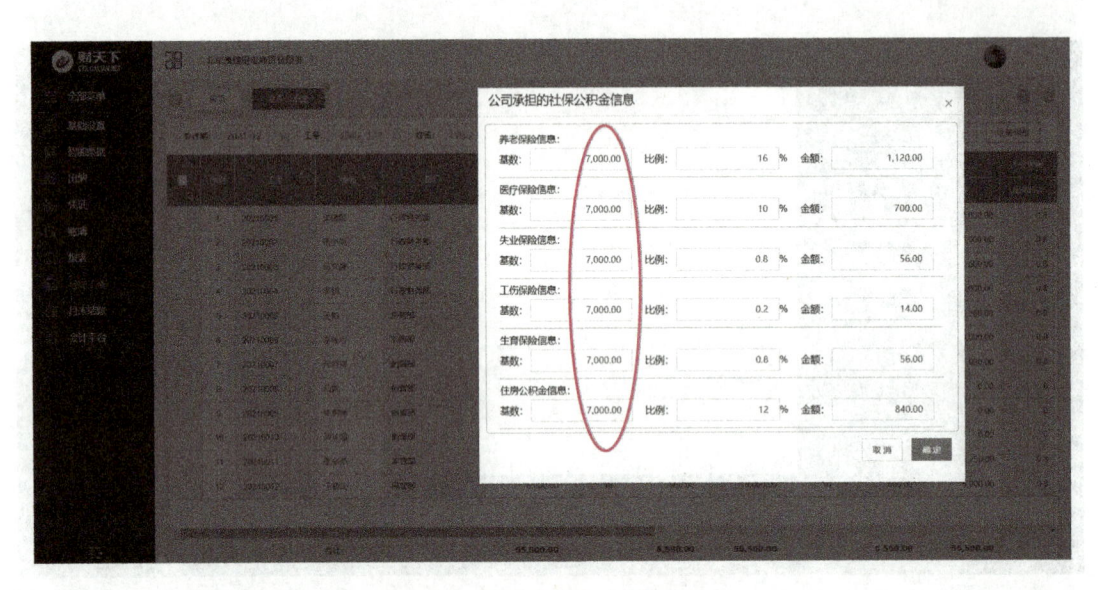

图 5-33　导入"五险一金"信息 6

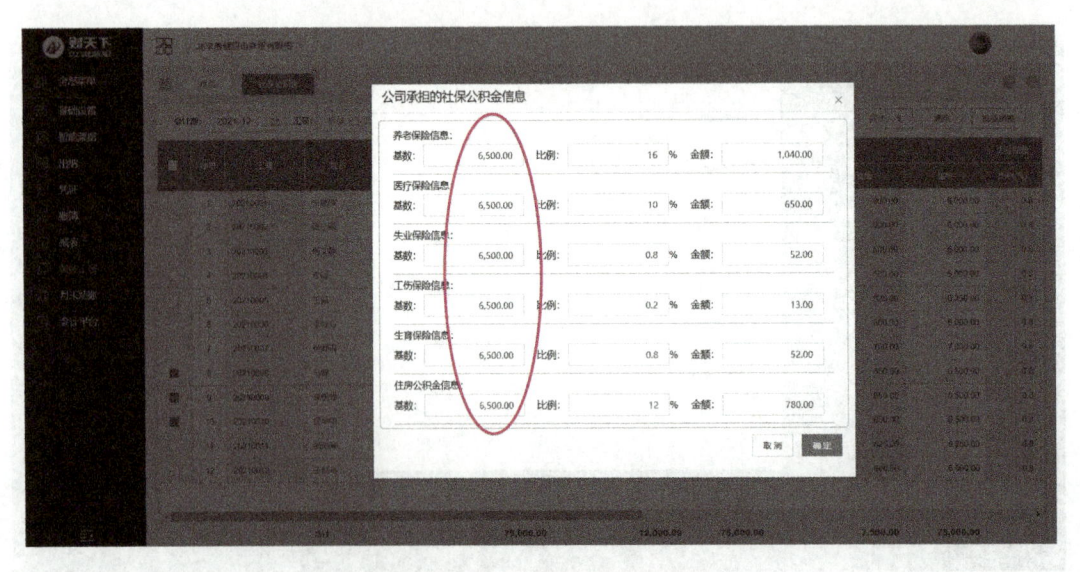

图 5-34　导入"五险一金"信息 7

② 选择"智能工资"|"科目设置"命令，打开"科目设置"对话框。修改销售部的工资薪金科目，其他部门同理修改，"五险一金"借方科目同理。具体操作过程如图 5-35 和图 5-36 所示。

住房公积金凭证生成操作视频

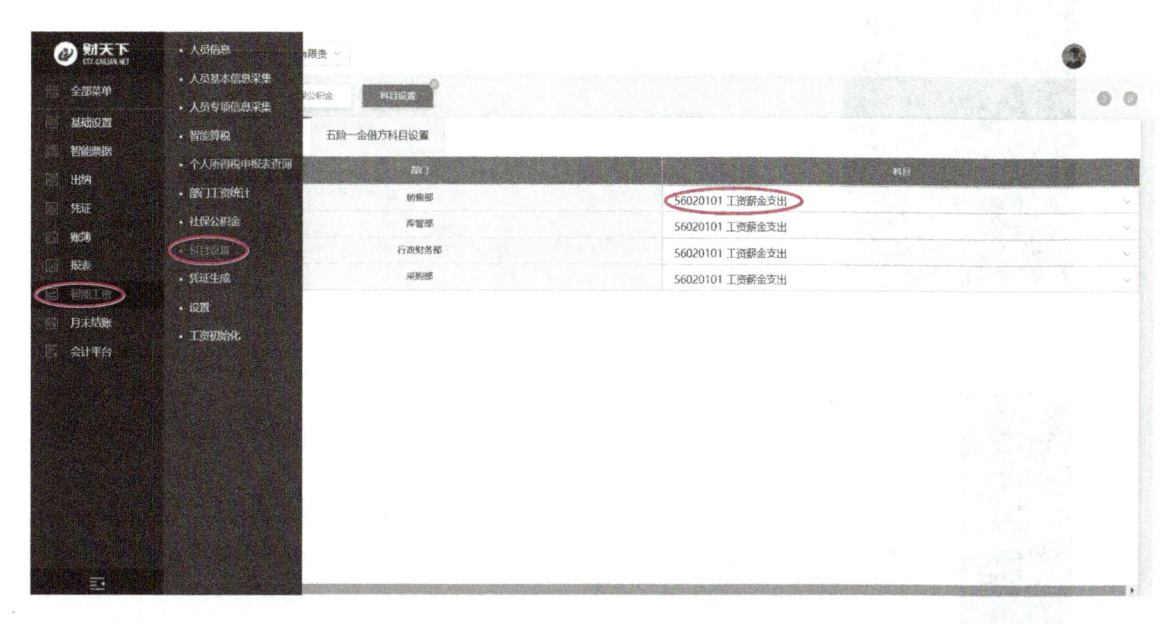

图 5-35　科目设置 1

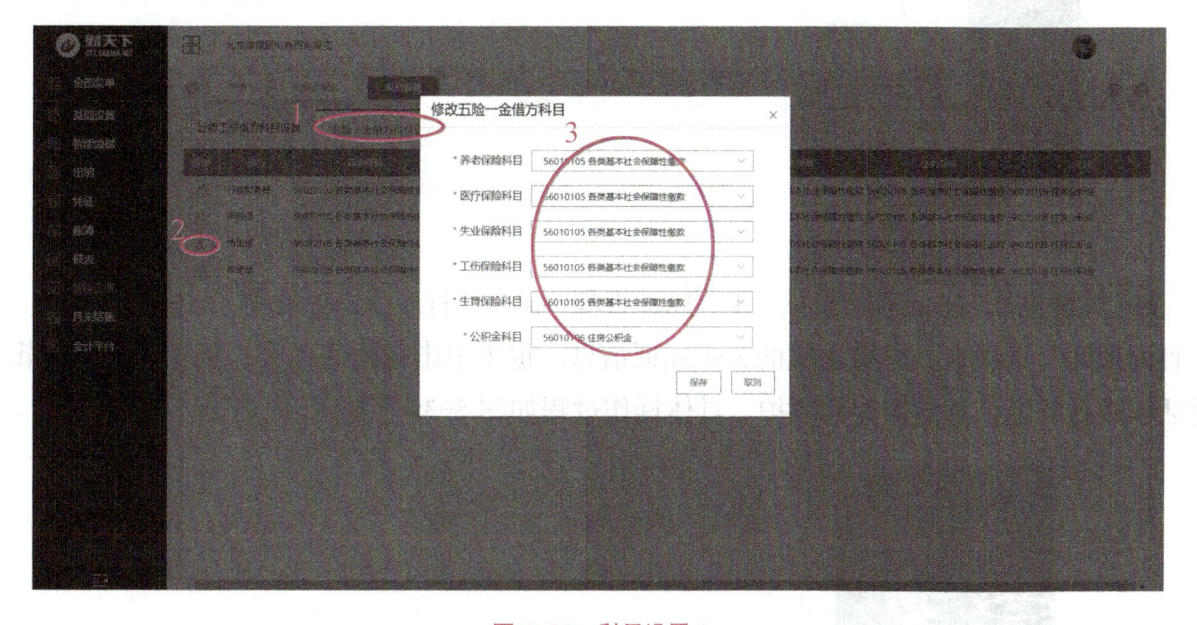

图 5-36　科目设置 2

③ 选择"智能工资"|"凭证生成"命令，打开"凭证生成"对话框（如果当月工资当月发放，则需要先单击"修改"按钮，再单击"当月工资当月发放"按钮，然后单击"保存"按钮）。单击"生成凭证"按钮。生成凭证后如果数据或科目有修改，则单击"重新计算"按钮，系统自动更新数据并修改凭证。具体操作过程如图 5-37 和图 5-38 所示。

注意：生成的代扣个税、代扣"三险一金"和发放工资合并生成一张凭证。发放工资设置选择"当月工资当月发放"和"当月工资下月发放"，会使凭证的数据不同。

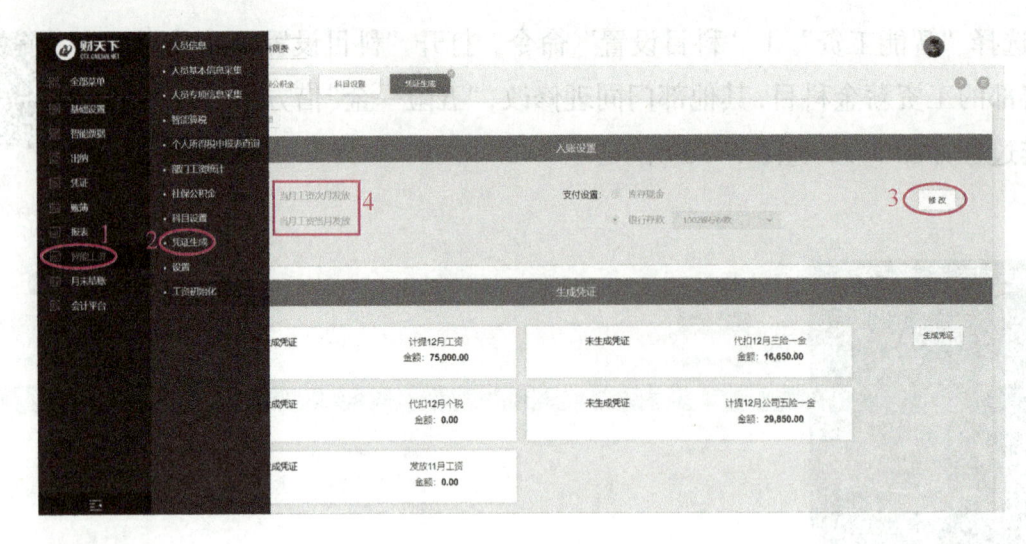

图 5-37　生成凭证 1

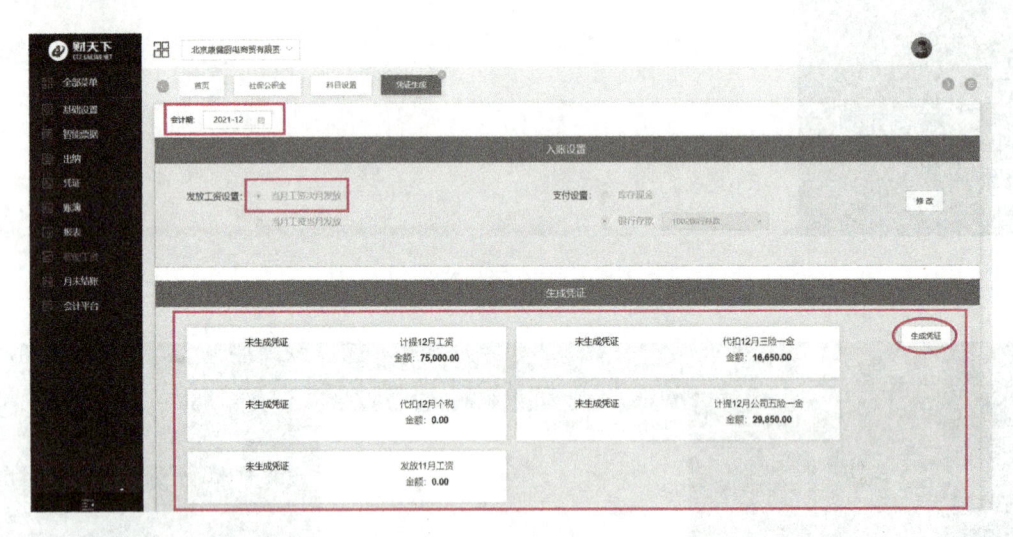

图 5-38　生成凭证 2

④ 凭证生成后，选择"凭证"|"凭证管理"命令，打开"凭证管理"对话框。选择"凭证查询期间"选项卡，总览生成的 3 张凭证信息。也可单击每张凭证号，打开"凭证编辑"对话框进行凭证信息的修改和维护。具体操作过程如图 5-39 至图 5-41 所示。

图 5-39　凭证管理 1

图 5-40　凭证管理 2

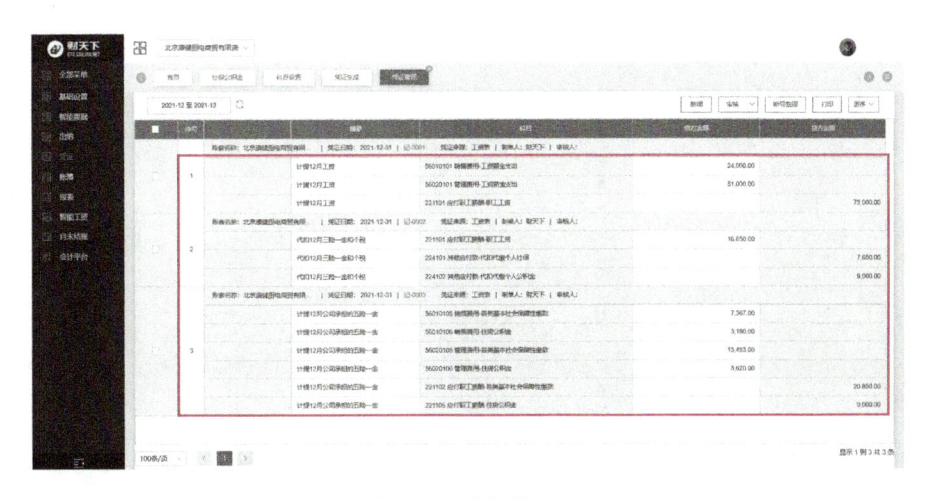

图 5-41　凭证管理 3

四、任务评价

任务完成后，教师应对学生完成任务的情况进行评价，评价标准如表 5-9 所示。

表 5-9　工资智能核算任务评价表

考核项目	考核内容		考核权重/分	评分/分			合计
				教师评	互评	自评	
专业技能	任务准备	知识	10				
		操作	10				
		要领	10				
	任务实施	导入职工的"五险一金"	10				
		税款计算	10				
		科目设置	20				
		生成凭证	15				
职业素养		签到	5				
		合作	5				
		整理	5				

五、任务拓展

学习企业社保开户和"五险一金"业务处理及其操作流程。

企业社保开户和"五险一金"
业务处理及其操作流程

单元练习

在线测试

单元六

固定资产管理

↘ 思政目标

1. 树立正确的世界观、价值观、人生观。
2. 培养学生良好的职业道德、职业素养和创新精神。
3. 强化学生的法律意识，知法、懂法。
4. 深化学生的职业理念，增强学生的守法意识。

↘ 知识目标

1. 了解《中华人民共和国会计法》《企业会计准则第 4 号——固定资产》《企业会计准则第 8 号——资产减值》等相关法规的基本内容。
2. 掌握资产管理系统的初始设置。
3. 掌握资产卡片信息输入的操作步骤。
4. 掌握固定资产日常业务处理和期末处理。
5. 掌握固定资产计提折旧的设置。
6. 掌握资产凭证账簿的智能查询。

↘ 技能目标

1. 能够应用资产管理系统进行资产卡片期初信息的输入和增加。
2. 能够应用资产管理系统进行固定资产的变动和修改。
3. 能够应用资产管理系统进行固定资产的账务处理，并自动生成记账凭证。
4. 能够编制企业固定资产折旧明细表，并在资产管理系统中生成折旧核算账务处理凭证。
5. 能够应用资产管理系统进行资产凭证账簿的智能查询。

任务一　固定资产认知

一、任务情境

（一）任务场景

康健厨电 12 月建账，委托智能财税共享中心进行固定资产业务的处理。康健厨电的行政财务部门提供固定资产管理及账务处理所需的资料。

(二)任务布置

① 在财天下启用资产管理系统,设置辅助核算。

② 了解财天下资产管理系统的管理流程。

二、任务准备

(一)知识准备

1. 固定资产的概念

固定资产既是企业的主要劳动工具,也是企业赖以生产经营的主要资产。它是指同时具有下列特征的有形资产:为生产产品、提供劳务、出租或经营管理而持有;使用寿命超过一个会计年度。

从固定资产的概念看,固定资产具有以下两个特征。

(1)为生产产品、提供劳务、出租或经营管理而持有

企业持有固定资产的目的是生产产品、提供劳务、出租或经营管理,即企业持有的固定资产是企业的劳动工具,而不是用于出售的产品。这里的出租是指企业以经营租赁方式出租机器设备等固定资产。

(2)使用寿命超过一个会计年度

固定资产使用寿命超过一个会计年度,意味着固定资产属于非流动资产,随着使用和磨损,应通过计提折旧的方式逐渐减少账面价值。固定资产的使用寿命是指企业使用固定资产的预计期间,或者该固定资产所能生产产品或提供劳务的数量。例如,自用房屋建筑物的使用寿命,表现为企业对该建筑物的预计使用年限;某些机器设备或运输设备等固定资产的使用寿命,表现为该固定资产所能生产产品或提供劳务的数量,如汽车或飞机等是按其预计行驶或飞行里程估计使用寿命的。

2. 固定资产的种类

① 按经济用途分类,固定资产可分为生产经营用固定资产(直接服务于企业生产、经营过程)和非生产经营用固定资产(不直接服务于企业生产、经营过程)。

② 按经济用途和使用情况等综合分类,固定资产可划分为七大类:生产经营用固定资产,如房屋、建筑物、机器设备、电子产品、家具等;非生产经营用固定资产;租出固定资产(指企业在经营租赁方式下出租给外单位使用的固定资产);不需用固定资产;未使用固定资产;土地(指过去已经估价单独入账的土地。因征地而支付的补偿费,应计入与土地有关的房屋、建筑物的价值内,不单独作为土地价值入账。企业取得的土地使用权,应作为无形资产管理,不作为固定资产管理);融资租入固定资产(指企业以融资租赁方式租入的固定资产,在租赁期内应视同自有固定资产进行管理)。

3. 资产管理系统的含义及特点

资产管理系统的主要功能是正确反映固定资产的分类、计价及增减变动情况，正确计提固定资产折旧，编制固定资产折旧汇总表，登记固定资产总账及明细账，保护企业固定资产的安全与完整。

资产管理系统的特点体现在以下几个方面。

① 以卡片形式进行明细核算与管理。资产卡片管理是固定资产管理的一种独特方式。通过卡片管理，可以实现固定资产的输入、增加和减少等。

② 日常数据处理的频度较小。固定资产在核算过程中，日常信息的输入与输出工作量相对较少。

③ 以折旧的方式转移价值。固定资产核算中资产价值转移以折旧方式进行。固定资产折旧计算方法较为复杂，对成本费用影响较大。

4. 资产管理系统的功能

① 系统初始设置功能。此功能主要包括参数设置、部门折旧对应科目设置、增减方式、折旧方法、使用状况、与其他系统参数的接口等。其作用是为后续的固定资产核算与管理做铺垫。

② 资产卡片管理功能。利用资产管理系统，能对资产卡片信息进行输入、修改、删除等操作，并可以利用资产卡片进行固定资产的增减变动处理，实现对固定资产的文字管理与图片管理。

③ 固定资产折旧管理。资产管理系统每期可以根据输入的资产卡片信息计提折旧，自动计算每项固定资产的折旧，生成折旧分配表及折旧清单，从而完成本期的登账工作，并生成折旧凭证。

④ 系统的期末处理。期末，资产管理系统可以利用初始设置的内容进行固定资产、累计折旧与总账系统的自动对账，根据对账情况进行期末结账。

⑤ 固定资产账表管理。资产管理系统为用户提供关于固定资产所有账表的管理，可以随时查询与打印资产清单、统计表、折旧表和账簿等。

5. 资产管理系统与其他系统的关系

当企业的固定资产利用财天下管理时，在建立账套的过程中需要启用资产管理系统。

资产管理系统中资产的增加、减少，原值和累计折旧的调整，折旧的计提等都需要将有关数据通过记账凭证的形式传递到总账系统，同时通过对账保持固定资产账目与总账的平衡。

6. 固定资产管理流程

固定资产管理的基本工作流程包括期初资产卡片信息输入工作、固定资产增加业务处理、固定资产变动业务处理、固定资产折旧业务处理、固定资产清理业务处理。

① 期初资产卡片信息输入工作由固定资产管理人员进行，通过"资产管理"｜"资产卡片"命令完成。期初输入信息包括资产名称、资产编码、资产类别、原值、输入日期、开始使用日期、预计使用年限（月）、折旧方式、残值率等。

② 固定资产增加业务处理。新增资产卡片的信息包括资产名称、资产编码、资产类别、原值、税目、部门、输入日期、开始使用日期、预计使用年限（月）、折旧方式、残值率、进项税额、资产科目、结算科目、折旧科目、折旧费用科目、是否期初、期初累计折旧、期初折旧期间数（月）、使用期间数（月）。资产卡片信息填写完并保存后，在"资产卡片"对话框中单击"生成凭证"按钮，系统将自动生成凭证。在"资产卡片"对话框中单击"联查凭证"按钮，打开"记账凭证"对话框，即可查看记账凭证。

③ 固定资产变动业务处理。当已经入账的固定资产的使用部门等信息发生变化时，需要对资产卡片的内容进行修改——由固定资产管理人员通过"资产卡片"对话框中的"修改"按钮对资产卡片信息进行更改。

④ 固定资产折旧业务处理。期末，通过"资产管理"｜"折旧及摊销"命令完成固定资产折旧的业务处理。

⑤ 固定资产清理业务处理。固定资产发生损失、报废和出售等情况时，根据财务部门的意见，由固定资产管理人员通过"资产管理"｜"资产清理"命令对资产卡片信息进行变更。

（二）操作准备

根据业务内容，熟悉智能化财务操作平台（财天下）的相关功能。

（三）任务要领

① 财务核算主体的选择一定要正确。
② 会计期间的选择一定要正确。

三、任务实施

（一）任务流程

固定资产认知的工作流程如图 6-1 所示。

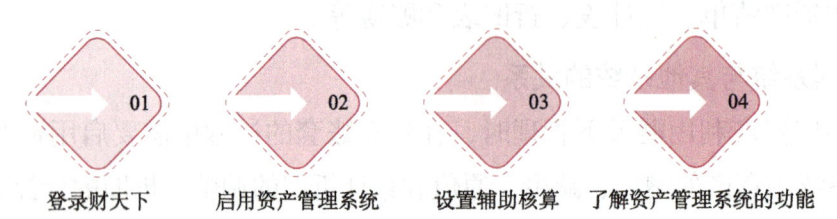

01 登录财天下 → 02 启用资产管理系统 → 03 设置辅助核算 → 04 了解资产管理系统的功能

图 6-1 固定资产认知的工作流程

（二）任务操作

1. 启用资产管理系统

① 登录财天下。
② 选择"基础设置"｜"账套信息"命令，打开"账套信息"对话框，如图 6-2 所示。选中"启用资产管理"复选框，选择启用日期"2021-12"。

启用资产管理系统操作视频

图 6-2 "账套信息"对话框

③ 单击"保存"按钮，启用资产管理系统，如图 6-3 所示。

图 6-3 单击"保存"按钮

④ 选择"基础设置"|"会计科目"命令，打开"会计科目"对话框。选择会计科目 1601，单击"修改"按钮，如图 6-4 所示。

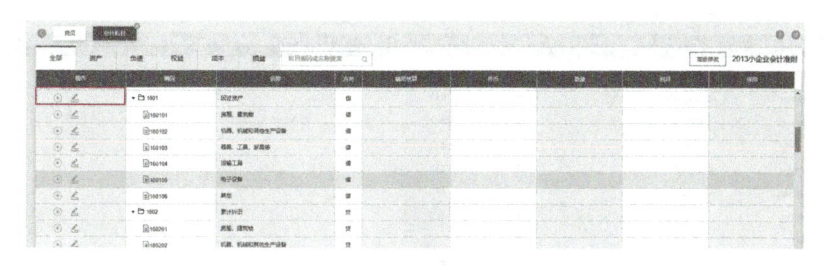

图 6-4 单击"修改"按钮

⑤ 在"修改科目"对话框中选中"辅助核算""部门"复选框，单击"确定"按钮，如图 6-5 所示。

⑥ 系统弹出"是否将所有的下级科目全部进行同样的设置？"提示框，单击"确定"按钮，如图 6-6 所示。

⑦ 完成辅助核算的设置，如图 6-7 所示。

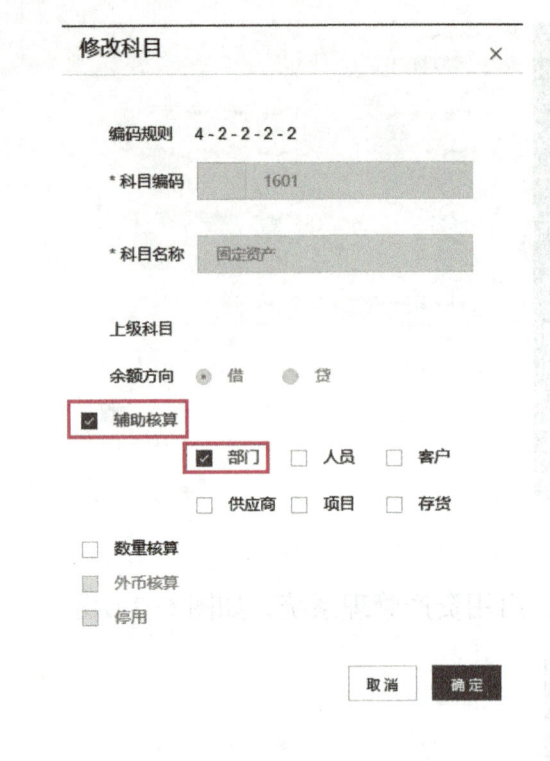

图 6-5 单击"确定"按钮

图 6-6 单击"确定"按钮

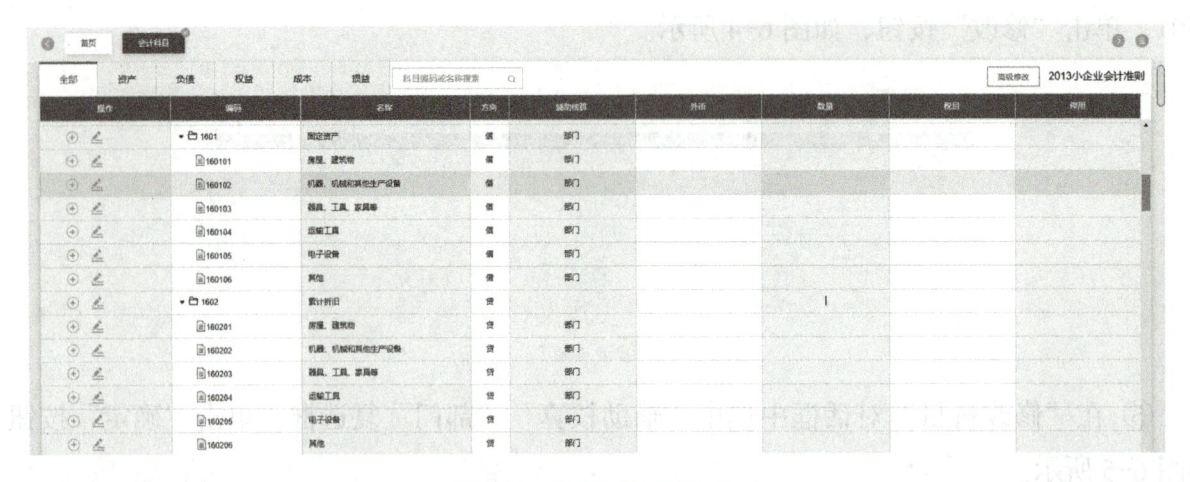

图 6-7 辅助核算设置完成

2. 了解资产管理系统的功能

① 登录财天下，选择（或切换）财务核算主体，如图 6-8 所示。

单元六　固定资产管理

图 6-8　选择（或切换）财务核算主体

② 在"资产管理"菜单下，依次单击"资产卡片""原值变更""折旧及摊销""资产清理""模板设置""资产明细账""资产总账""折旧明细账""折旧汇总表"命令，熟悉各功能的对话框及作用，如图 6-9 所示。

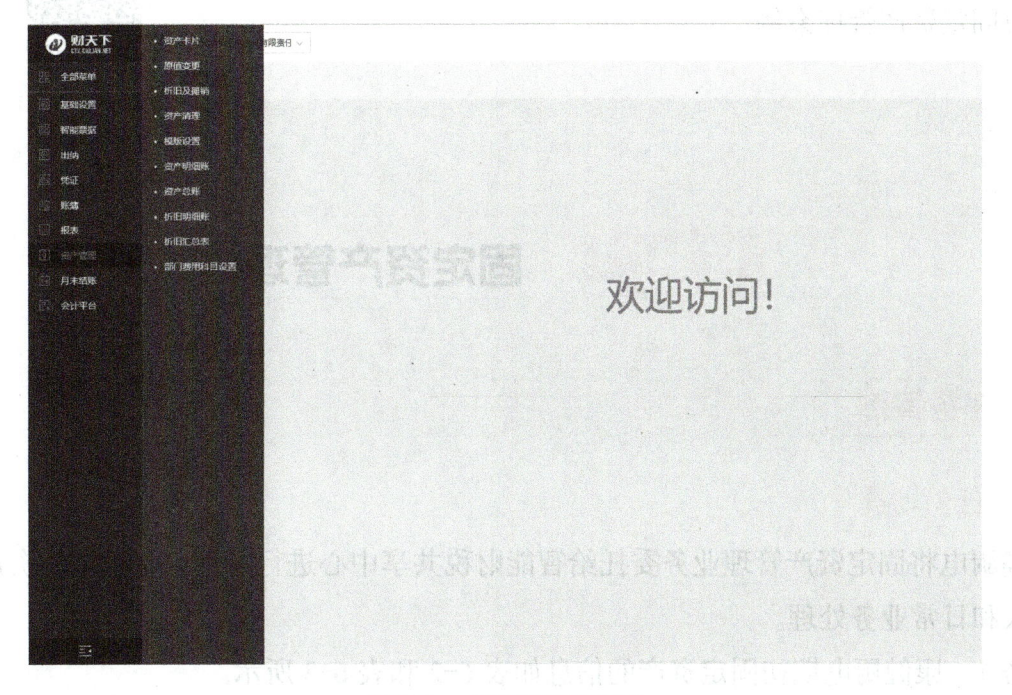

图 6-9　"资产管理"菜单

四、任务评价

任务完成后，教师应对学生完成任务的情况进行评价，评价标准如表 6-1 所示。

表 6-1　固定资产认知任务评价表

考核项目	考核内容		考核权重 / 分	评分 / 分			合计
				教师评	互评	自评	
专业技能	任务准备	知识	10				
		操作	10				
		要领	10				

127

(续表)

考核项目	考核内容	考核权重/分	评分/分 教师评	评分/分 互评	评分/分 自评	合计
专业技能	《企业会计准则第4号——固定资产》等相关法律法规的基本内容	20				
专业技能	启用资产管理系统	15				
专业技能	资产管理系统的功能	10				
职业素养	签到	5				
职业素养	合作	5				
职业素养	整理	5				

（"任务实施"属于"专业技能"栏）

五、任务拓展

学习固定资产管理案例。

固定资产管理案例——海南第三建筑机器设备有限公司

任务二 固定资产管理

一、任务情境

（一）任务场景

康健厨电将固定资产管理业务委托给智能财税共享中心进行处理，包括期初资产卡片信息的输入和日常业务处理。

业务1 康健厨电期初固定资产的信息如表6-2和表6-3所示。

表6-2 固定资产类别表

编　码	类　别
01	房屋建筑物
02	机器设备
03	办公家具
04	运输工具
05	电子设备
06	其他

表6-3 固定资产明细表

资产名称	原价	数量	使用部门	折旧年限	预计净残值率	购置时间	编码	折旧方法
电脑	5 000元/台	12	行政财务部	3	4%	2021.11.01	0501-0512	平均年限法
皮卡车	100 000元/辆	1	库管部	4	4%	2021.11.01	0401	平均年限法
家具	5 000元/套	2	行政财务部	5	4%	2021.11.01	0301-0302	平均年限法
空调	8 000元/台	5	行政财务部	5	4%	2021.11.01	0601-0605	平均年限法

业务2 2021年12月2日,购买复印机1台。单价8 500元/台(工商银行转账支付),净残值率4%,预计使用年限3年。分配给行政财务部使用,已交付。

业务3 2021年12月3日,购买办公家具1套(0303),单价3 000.00元/套(工商银行转账支付),进项税额390元,净残值率4%,预计使用年限5年。分配给行政财务部使用,已交付。

业务4 2021年12月10日,将行政财务部办公家具(资产编码0301)调拨到销售部。

业务5 2021年12月15日,库管部皮卡车(资产编码0401)添置导航仪1 130元(含增值税)。

业务6 2021年12月31日,计提本月折旧费用。

业务7 2021年12月31日,因电路问题造成行政财务部电脑(资产编码0501)毁损,将其转入资产清理。[资产卡片000001在本期(2021-12)的上一期末进行计提折旧,本期不能进行资产清理。]

(二)任务布置

① 输入固定资产期初信息。
② 处理固定资产增加业务。
③ 处理固定资产变动业务。
④ 计提固定资产折旧。
⑤ 处理固定资产清理业务。

二、任务准备

(一)知识准备

1. 固定资产期初信息输入

在日常管理过程中,由于某种原因会发生固定资产增加、减少及部门间的转移,所以这时就需要及时做出处理,否则会影响计提折旧。在月末,还需要准确计提本月折旧,及时生成记账凭证。

2. 固定资产增加核算

固定资产增加的基本途径，可分为固定资产的购建、外单位转入、捐赠、盘盈等。核算时，应根据实际业务要求，在资产卡片中输入固定资产增加的信息内容。

3. 固定资产减少核算

固定资产减少的基本途径，可分为固定资产的出售、报废、毁损、盘亏等。月内投入使用的固定资产，当月不计提折旧，从次月开始计提；月内退出使用的固定资产，当月照提折旧，从次月开始停止计提。因此，使用资产管理系统减少固定资产时，需要先进行计提折旧。

4. 固定资产变动核算

固定资产变动主要包括原值变更、部门转移，以及固定资产停用、封存、启用等方面的内容。资产管理系统对已做出变动的固定资产，要求输入相应的变动单来记录资产调整结果。

5. 固定资产折旧处理

固定资产折旧处理包括计提本月折旧、整理折旧信息和形成折旧报表。资产管理系统在一个会计期间可以多次计提折旧，每次计提折旧后只是将计提的折旧累加到月初的累计折旧，不会重复累计。

（二）操作准备

① 根据业务内容，启用资产管理系统。
② 期初固定资产的信息搜集整理完成。
③ 完成固定资产科目辅助核算的设置。

（三）任务要领

① 熟知与固定资产相关的法律制度。
② 会计期间的选择一定要正确，如图6-10所示。

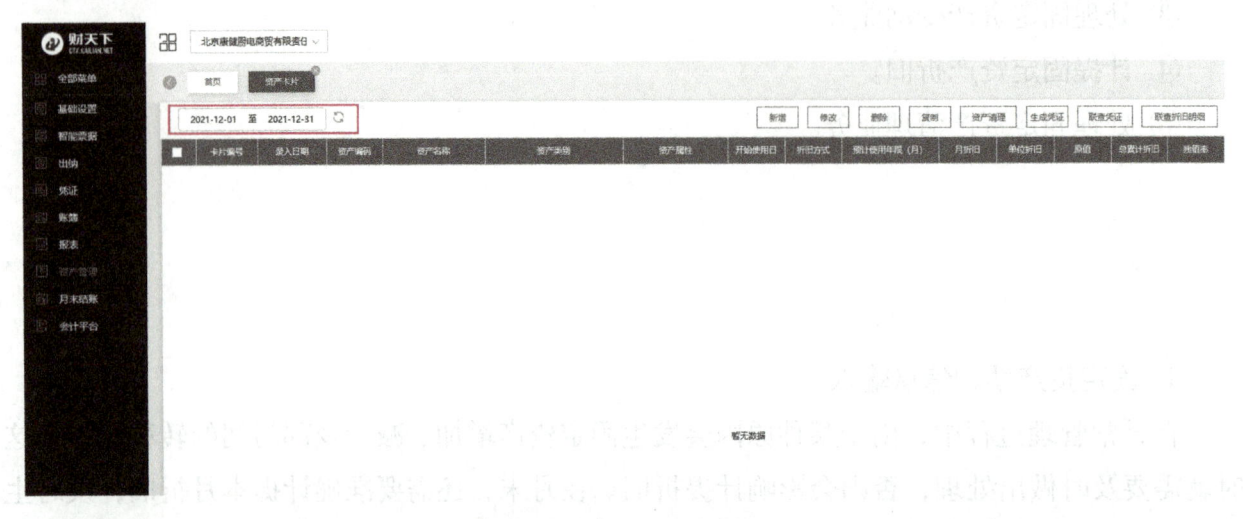

图6-10 正确选择会计期间

③ 设置科目辅助核算时，直接修改一级科目可以自动修改相关明细科目。

④ 当月新增固定资产的信息必须在当月输入资产管理系统。

⑤ 根据会计制度的规定，当月增加的固定资产当月不计提折旧，下月开始计提。因此，对于新资产卡片上的固定资产第一个月不计提折旧，累计折旧为空或 0。

⑥ 需要清理的固定资产，必须在上一期计提过折旧。

三、任务实施

（一）任务流程

固定资产管理的基本工作流程如图 6-11 所示。

01 登录财天下 → 02 期初资产卡片信息输入 → 03 固定资产增加 → 04 固定资产变动 → 05 固定资产折旧 → 06 固定资产清理

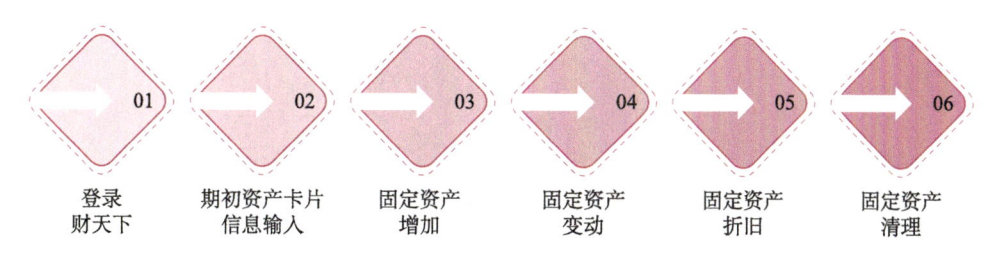

图 6-11　固定资产管理的基本工作流程

（二）任务操作

业务 1

① 登录财天下，选择"北京康健厨电商贸有限责任公司"会计核算账套，进入操作平台，如图 6-12 所示。

输入固定资产的期初数据操作视频

图 6-12　选择会计核算账套

② 选择"资产管理"｜"资产卡片"命令，打开"资产卡片"对话框。

③ 在"资产卡片"对话框中，单击"新增"按钮，如图 6-13 所示。

④ 打开"卡片录入"对话框，如图 6-14 所示。

⑤ 根据业务资料，在"卡片录入"对话框中输入以下信息。

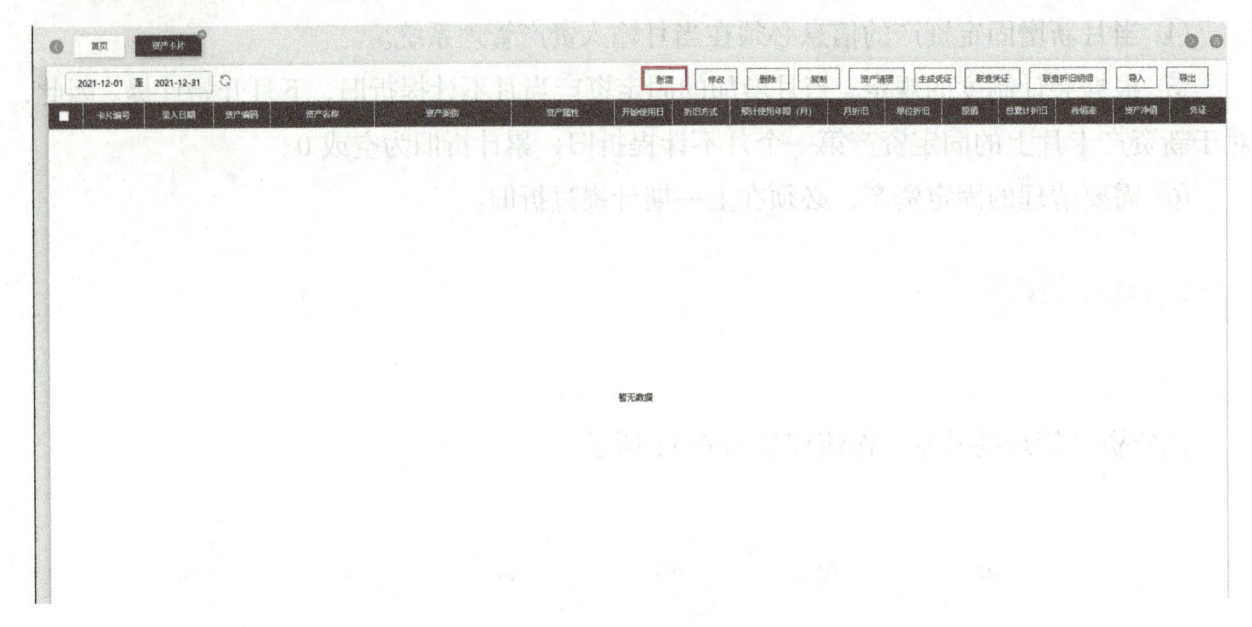

图 6-13　单击"新增"按钮

图 6-14　"卡片录入"对话框

资产名称：电脑；资产编码：0501；资产类别：电子设备；是否期初：是；录入日期：2021-12-01；开始使用日期：2021-11-01；预计使用年限（月）：36；原值：5000.00，进项税额：650.00；残值率：4%；部门：行政财务部；固定（无形）资产科目：160105；结算科目：100201；折旧（摊销）科目：160205；折旧（摊销）费用科目：560207；期初已使用期间数（月）：1。

⑥ 填写完成后单击"保存"按钮，如图 6-15 所示。

图 6-15　单击"保存"按钮

⑦ 在"资产卡片"对话框中选中或打开相关固定资产卡片，单击"复制"按钮，可以使用复制功能完成重复性输入，如图 6-16 所示。

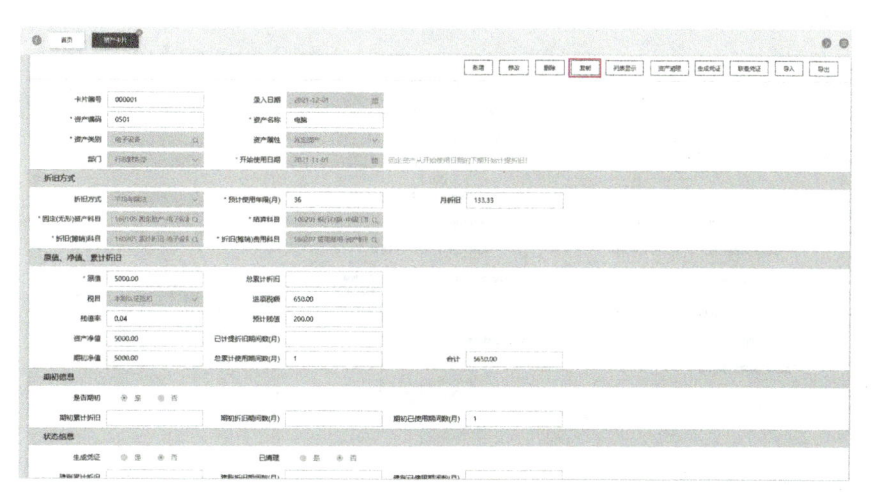

图 6-16　使用复制功能完成重复性录入

⑧ 根据业务资料，在"卡片录入"对话框中更改资产编码为 0502，然后单击"保存"按钮，如图 6-17 所示。

图 6-17　更改资产编码

⑨ 在"资产卡片"对话框中单击"新增"按钮打开"卡片录入"对话框。根据业务资料，在"资产卡片"对话框中按上述方法完成其他固定资产期初信息的输入。

业务2

① 选择"资产管理"|"资产卡片"命令，打开"资产卡片"对话框。单击"新增"按钮，打开"卡片录入"对话框。

② 根据以下资产信息填写资产卡片，然后单击"保存"按钮，如图6-18所示。

固定资产新增的业务处理1操作视频

资产名称：复印机；资产编码：05013，资产类别：电子设备；录入日期：2021-12-02；开始使用日期：2021-12-02；预计使用年限（月）：36；折旧方式：平均年限法；原值：8 500.00；进项税额：1 105.00；残值率：0.04；部门：行政财务部；固定（无形）资产科目：160105 电子设备；结算科目：1002 银行存款；折旧科目：160205 电子设备；折旧（摊销）费用科目：560702 资产折旧摊销；是否期初：否。

图6-18 输入固定资产信息并保存

③ 在"资产卡片"对话框中单击"生成凭证"按钮，系统弹出"凭证生成成功"提示框。

④ 在"资产卡片"对话框中单击"联查凭证"按钮，打开"记账凭证"对话框，查看记账凭证，如图6-19和图6-20所示。

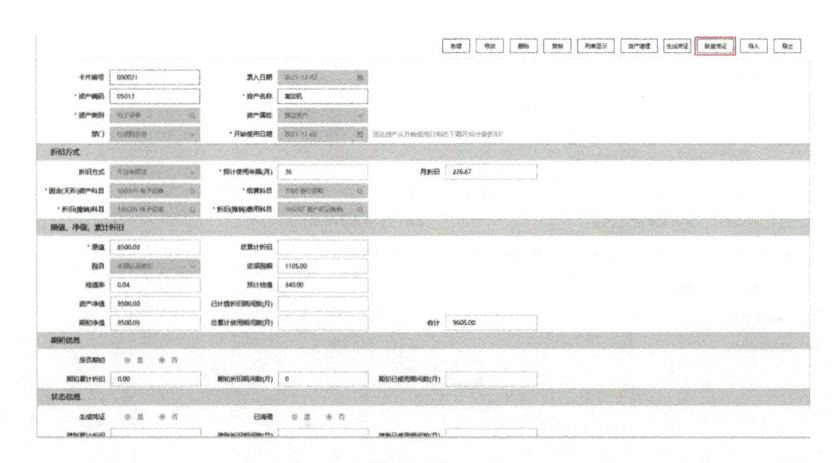

图6-19 单击"联查凭证"按钮

单元六　固定资产管理

[记账凭证截图]

图 6-20　记账凭证信息

业务 3　操作可参照业务 2。

[二维码]　固定资产新增的业务处理 2 操作视频

业务 4

① 在"资产卡片"对话框中选中资产卡片 000014，然后单击"修改"按钮，如图 6-21 所示。

[二维码]　固定资产变动的业务处理 1 操作视频

[资产卡片列表截图]

图 6-21　选中资产卡片

② 在卡片对话框中将部门调整为"销售部"、折旧（摊销）费用科目修改为 56010701，然后单击"保存"按钮，如图 6-22 所示。

135

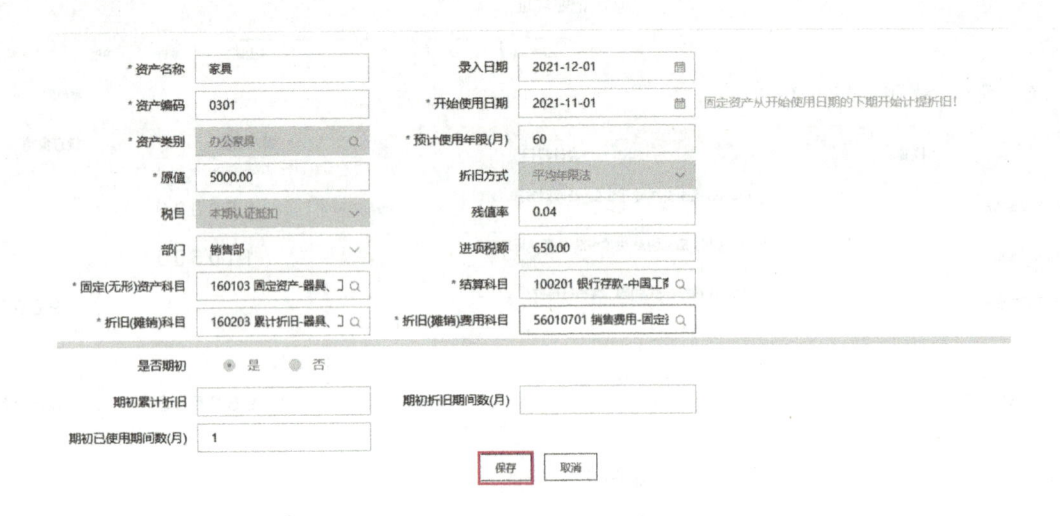

图 6-22 修改资产卡片

业务 5

① 选择"资产管理"|"原值变更"命令,单击"新增"按钮,打开"新增"对话框,如图 6-23 所示。

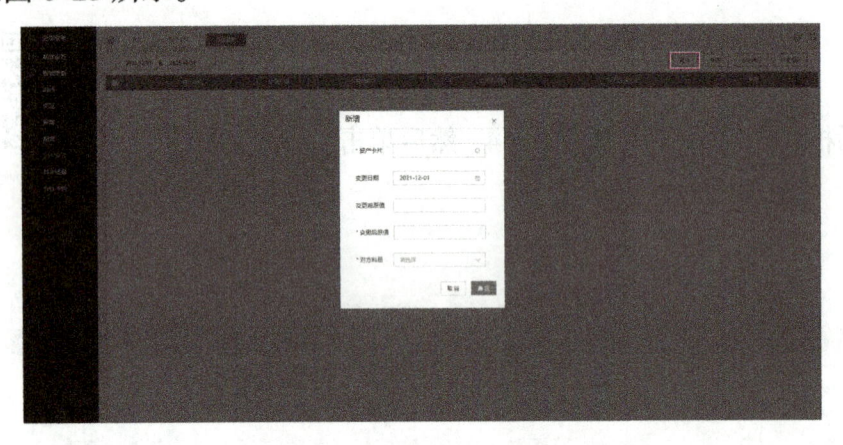

图 6-23 打开"新增"对话框

固定资产变动的
业务处理 2 操作视频

② 在资产卡片中选择"皮卡车"后,再按以下资料填写资产卡片,然后单击"确定"按钮,如图 6-24 所示。

资产卡片:皮卡车;变更日期:2021-12-15;变更前原值:100,000.00;变更后原值:101,000.00;对方科目:100201 银行存款-中国工商银行存款。

③ 在"原值变更"对话框中,选中资产卡片 00013,然后单击"生成凭证"按钮,如图 6-25 所示。

④ 打开"记账凭证"对话框,单击"增行"按钮,"摘要"栏自动带出"000013_皮卡车原值变更"。在"会计科目"栏中选择"22210101 应交税费-进项税额"、"借方金额"栏输入"130.00"、银行存款贷方金额更改为"1130.00"之后单击"保存"按钮,如图 6-26 所示。

图 6-24　填写资产卡片

图 6-25　单击"生成凭证"按钮

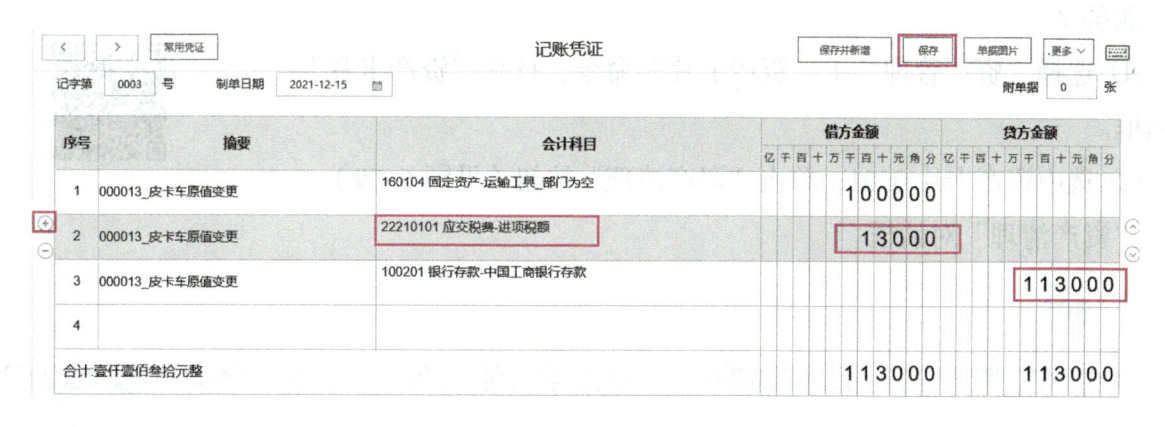

图 6-26　增行制单后保存

业务 6

① 选择"资产管理"|"折旧及摊销"命令，打开"折旧及摊销"对话框。

② 选中账套"北京康健厨电商贸有限责任公司"、期间"2021-12"，然后单击"折旧及摊销"按钮，如图 6-27 所示。

③ 系统弹出"全部计提折旧成功"提示框，如图 6-28 所示。

固定资产折旧的业务处理操作视频

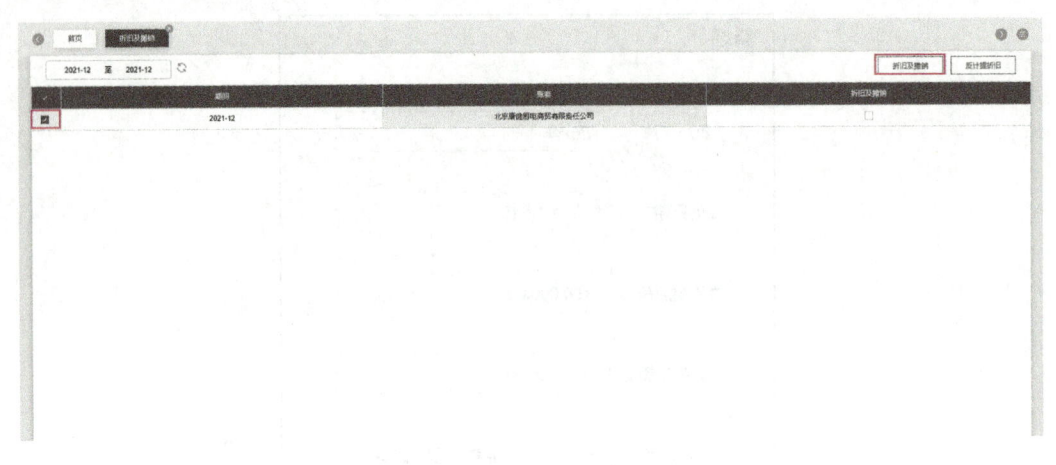

图 6-27 选中相关月份计提折旧

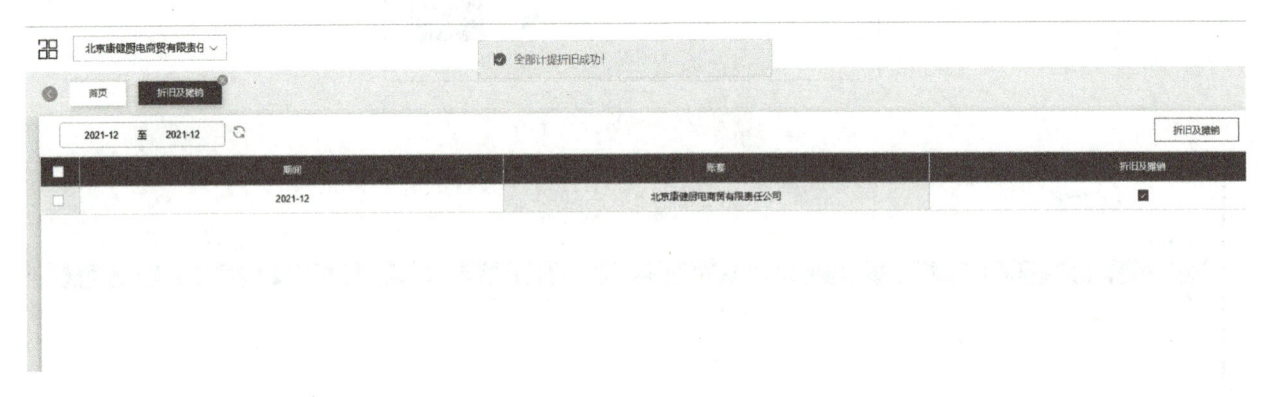

图 6-28 弹出"全部计提折旧成功"提示框

业务 7

① 选择"资产管理"|"资产卡片"命令，打开"资产卡片"对话框。

② 选中资产卡片 0501，单击"资产清理"按钮（见图 6-29），打开"资产清理"对话框。

固定资产清理的业务处理操作视频

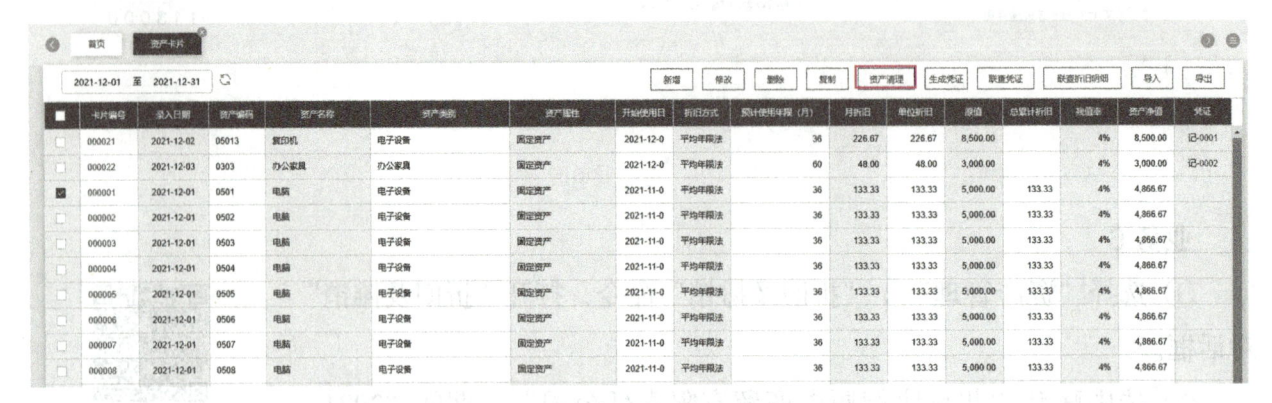

图 6-29 单击"资产清理"按钮

③ 资产清理月选择"2021-12"，单击"确定"按钮，如图 6-30 所示。

④ 系统弹出"资产清理成功"提示框，如图 6-31 所示。

⑤ 选择"资产管理"|"资产清理"命令，打开"资产清理"对话框。

单元六　固定资产管理

图 6-30　选择资产清理月

图 6-31　资产清理成功

⑥ 选择资产卡片 000001，单击"联查凭证"按钮，如图 6-32 所示。

图 6-32　选择资产卡片 000001

⑦ 查看记账凭证，如图 6-33 所示。

图 6-33　固定资产清理后的记账凭证信息

四、任务评价

任务完成后，教师应对学生完成任务的情况进行评价，评价标准如表 6-4 所示。

139

表 6-4 固定资产管理任务评价表

考核项目	考核内容		考核权重/分	评分/分			合　计
				教师评	互评	自评	
专业技能	任务准备	知识	10				
		操作	10				
		要领	10				
	任务实施	输入期初数据	10				
		增加固定资产	10				
		处理固定资产变动	10				
		计提折旧	10				
		固定资产清理	10				
		生成凭证	10				
职业素养		签到	3				
		合作	4				
		整理	3				

五、任务拓展

① 如何在资产管理系统中对新增资产卡片进行审核？

② 如何在资产管理系统中输入资产减值信息并制单？

③ 如何在资产管理系统中进行固定资产处置和减值的账务处理？

任务三　资产凭证账簿智能查询

一、任务情境

（一）任务场景

康健厨电委托智能财税共享中心进行固定资产业务的处理。2021年12月31日，智能财税共享中心进行固定资产凭证账簿智能查询业务处理。

（二）任务布置

完成固定资产相关账表的查询。

二、任务准备

（一）知识准备

1. 固定资产总账的概念

固定资产总账也称固定资产总分类账，主要用来核算固定资产的原价。固定资产总账需要详细记录固定资产的所属期间、固定资产的来源、固定资产的原值、折旧金额、净值余额等内容。

2. 固定资产总账的设置

由于总账只进行货币量度的核算，因此最常用的格式是三栏式：在账页中设置"借方""贷方""余额"3个基本金额栏。"余额"栏前的"借或贷"栏是指账户余额的方向。

3. 固定资产总账的登记方法

固定资产总账既可以根据记账凭证逐笔登记，也可以根据固定资产明细账的余额在月末时汇总登记。具体登记方法如下。

① "期间"栏：填写所依据的凭证日期。如果是依据记账凭证登记，就是该记账凭证的日期；如果是依据固定资产明细账的期末余额汇总登记，就是月末结转余额的日期。

② "摘要"栏：根据固定资产和累计折旧的相关记账凭证填制。

③ "固定资产"栏：根据与固定资产相关的记账凭证填制。

④ "累计折旧"栏：根据与累计折旧相关的记账凭证填制。

4. 固定资产明细账的概念

固定资产明细账是对固定资产项目进行明细分类，从而进行明细核算。固定资产明细账主要记载企业存放的各类固定资产的名称及资产类别和属性等内容。固定资产明细账一般采用卡片的形式，所以也叫资产卡片。

5. 固定资产明细账的设置

固定资产明细账是三栏式明细分类账，账页只设"借方""贷方""余额"3个金额栏，只进行金额核算，所以不设置数量栏。

6. 固定资产明细账的登记方法

固定资产明细账是由会计人员根据审核无误的记账凭证先在资产管理系统中新增资产卡片，然后按资产卡片发生的时间逐日逐笔登记的。

① 明细账中的"日期""凭证号""摘要"等栏根据有关记账凭证登记。

② "资产编码""资产名称""资产类别""资产属性"等栏根据资产卡片登记。

③ "借方""贷方"金额栏登记账户的借方、贷方发生额。

④ "余额"栏登记业务发生后该账户的余额。

⑤ "净值余额"栏由资产管理系统根据固定资产和累计折旧相关账户发生额及余额情况

自动计算得出。

7. 折旧明细账

折旧明细账用来登记相关固定资产的累计折旧发生情况。在会计核算中，为了反映企业固定资产的增减变动及其结果，提供管理需要的会计信息，除应设置和运用"固定资产"会计科目外，还应设置和运用"累计折旧"会计科目。固定资产在其较长的使用期限内保持原有实物形态，而其价值却随着固定资产的损耗而逐渐减少。固定资产由于损耗而减少的价值就是固定资产的折旧。

8. 折旧明细账的设置

折旧明细账是汇总式账簿，账页只设置"资产原值""本期折旧""累计折旧""期末净值"4个金额栏进行金额核算，不设置数量栏。

9. 折旧明细账的登记方法

折旧明细账根据资产卡片、资产明细账、资产总账在资产管理系统中填制，按固定资产和累计折旧发生的时间逐日逐笔登记。

① 明细账中的"日期"应与资产明细账和资产总账的日期保持一致。

② "资产类别""资产属性""资产编码""资产名称""预计使用年限""净残值率""资产原值"等栏根据资产卡片登记。

③ "折旧日期""本期折旧""累计折旧""期末净值""凭证号"等栏根据固定资产折旧分摊时产生的记账凭证填制。

10. 折旧汇总表

折旧汇总表是对固定资产金额进行核算的汇总式账簿，账页只设置"资产属性""资产类别""资产原值""本期折旧""累计折旧""资产净值"等金额栏进行金额核算，不设置数量栏。

折旧汇总表根据资产卡片、资产明细账、折旧明细账在资产管理系统中填制，按固定资产发生的时间逐日逐笔登记。

（二）操作准备

根据业务内容，在资产管理系统中完善资产卡片、原值变更、折旧及摊销、资产清理等基础信息，如图6-34所示。

（三）任务要领

① 查询时间的选择一定要正确，如图6-35所示。

② 注意本期折旧是否已计提结转，如图6-36所示。

单元六　固定资产管理

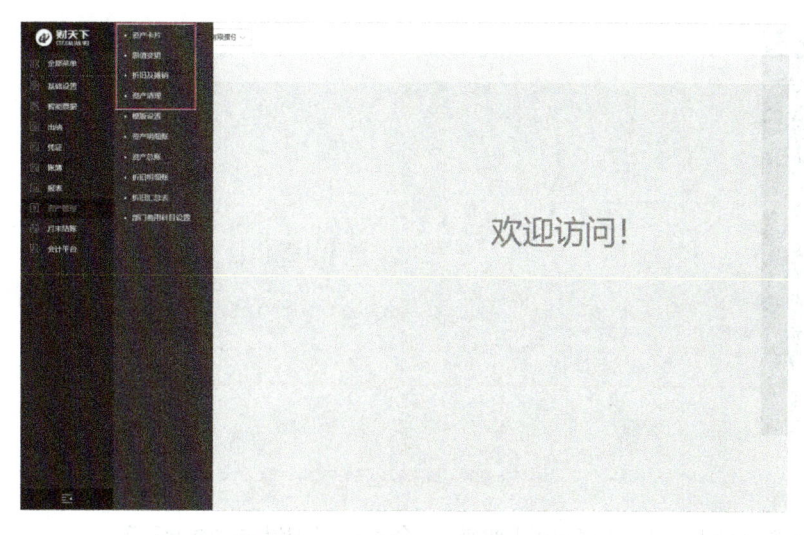

图 6-34　"资产管理"菜单

图 6-35　查询时间

图 6-36　查询是否已计提折旧并结转

三、任务实施

（一）任务流程

资产凭证账簿智能查询的基本工作流程如图 6-37 所示。

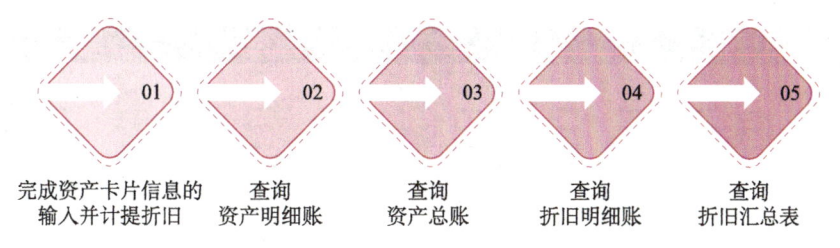

01 完成资产卡片信息的输入并计提折旧 → 02 查询资产明细账 → 03 查询资产总账 → 04 查询折旧明细账 → 05 查询折旧汇总表

图 6-37　资产凭证账簿智能查询的基本工作流程

（二）任务操作

1. 完成 2021 年 12 月资产明细账查询

① 经办人登录财天下，选择（或切换）会计核算账套，如图 6-38 所示。

143

图 6-38　选择财务核算主体

② 选择"资产管理"|"资产明细账"命令，如图 6-39 所示。

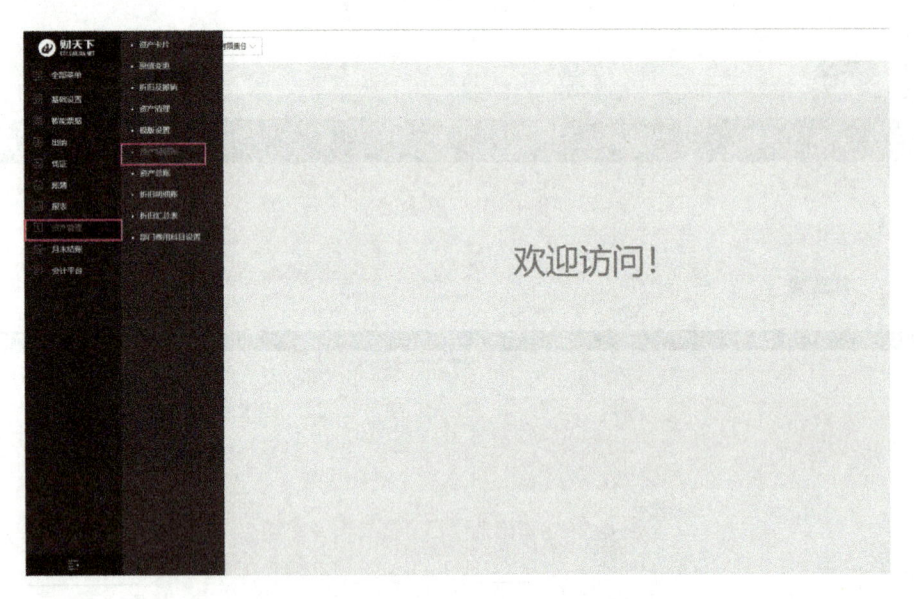

图 6-39　选择"资产明细账"命令

③ 进行固定资产明细账查询，如图 6-40 所示。在固定资产明细账中，可以查询出资产名称、资产属性、固定资产和累计折旧的发生额及余额。

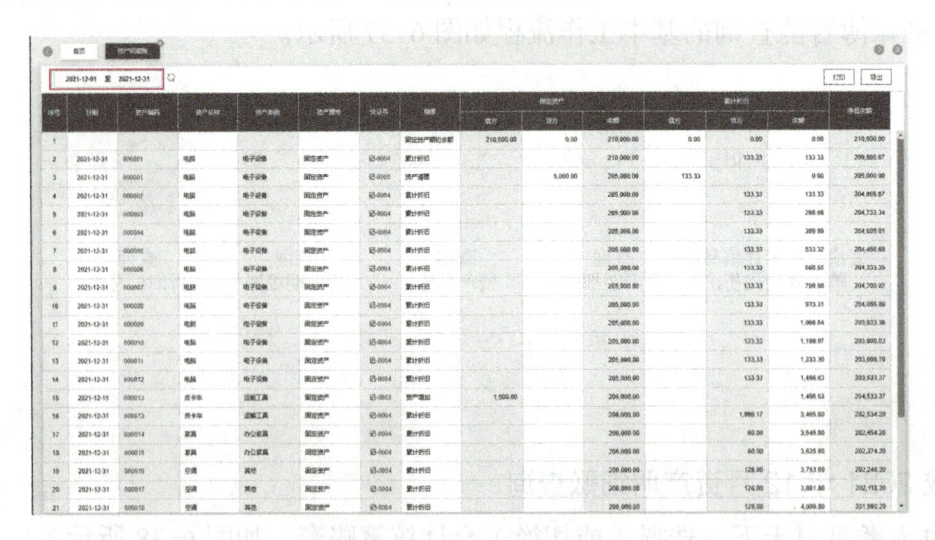

图 6-40　查询固定资产明细账

④ 单击"资产编码"项目中的编码，可以查询出对应资产卡片的内容，如图 6-41 和图 6-42 所示。

图 6-41　单击资产编码

图 6-42　查看对应资产卡片信息

⑤ 单击凭证号，可以查询与该固定资产有关的记账凭证，如图 6-43 和图 6-44 所示。

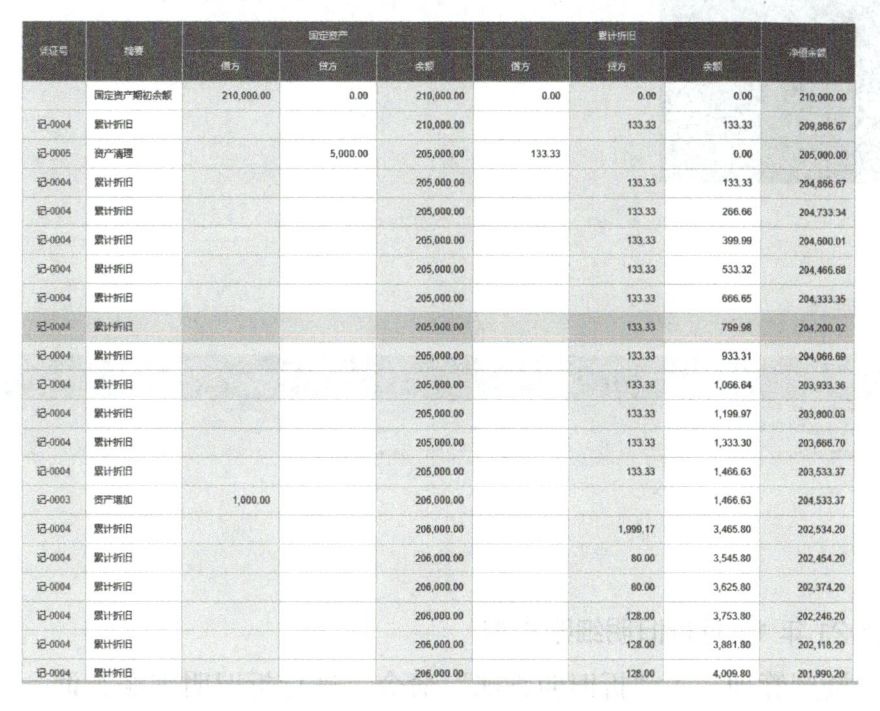

图 6-43　单击凭证号

智能会计信息系统应用

记字第 0004 号 制单日期 2021-12-31		记账凭证		附单据 0 张
序号	摘要	会计科目	借方金额 亿千百十万千百十元角分	贷方金额 亿千百十万千百十元角分
1	2021-12月折旧(摊销)	560207 管理费用-资产折旧摊销	4 3 1 9 1 3	
2	2021-12月折旧(摊销)	160203 累计折旧-器具、工具、家具等_行政财务部		8 0 0 0
3	2021-12月折旧(摊销)	56010701 销售费用-固定资产折旧	8 0 0 0	
4	2021-12月折旧(摊销)	160203 累计折旧-器具、工具、家具等_销售部		8 0 0 0
5	2021-12月折旧(摊销)	160204 累计折旧-运输工具_库管部		1 9 9 9 1 7
6	2021-12月折旧(摊销)	160205 累计折旧-电子设备_行政财务部		1 5 9 9 9 6
7	2021-12月折旧(摊销)	160206 累计折旧-其他_行政财务部		6 4 0 0 0
8				
合计:肆仟叁佰玖拾玖元壹角叁分			4 3 9 9 1 3	4 3 9 9 1 3

图 6-44 查看记账凭证

2. 完成 2021 年 12 月资产总账查询

选择"资产管理"|"资产总账"命令，进行固定资产总账查询，如图 6-45 和图 6-46 所示。

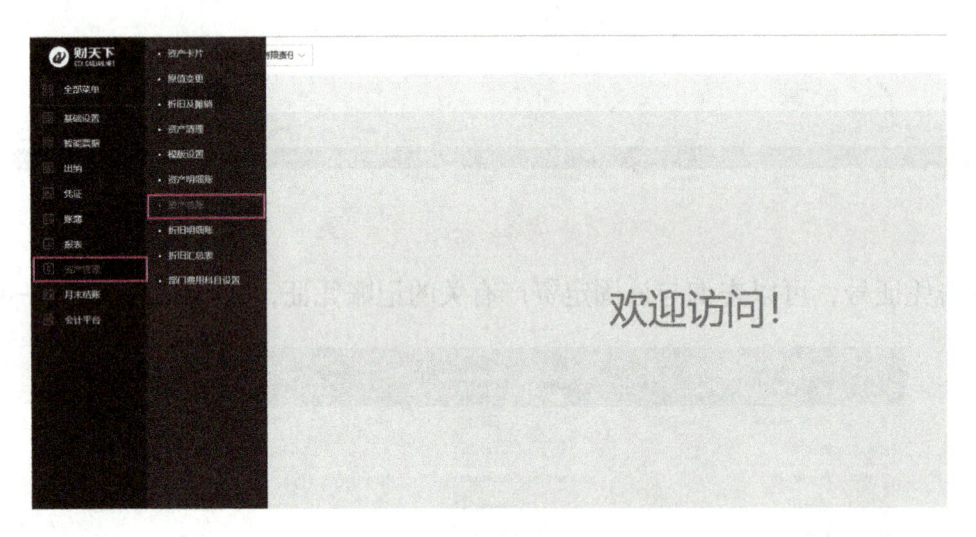

图 6-45 选择"资产总账"命令

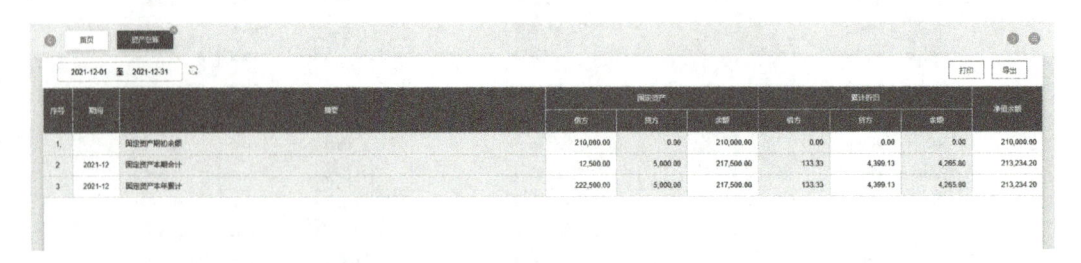

图 6-46 查看固定资产总账

3. 完成 2021 年 12 月折旧明细账查询

① 选择"资产管理"|"折旧明细账"命令，进行折旧明细账查询，如图 6-47 和图 6-48 所示。

单元六　固定资产管理

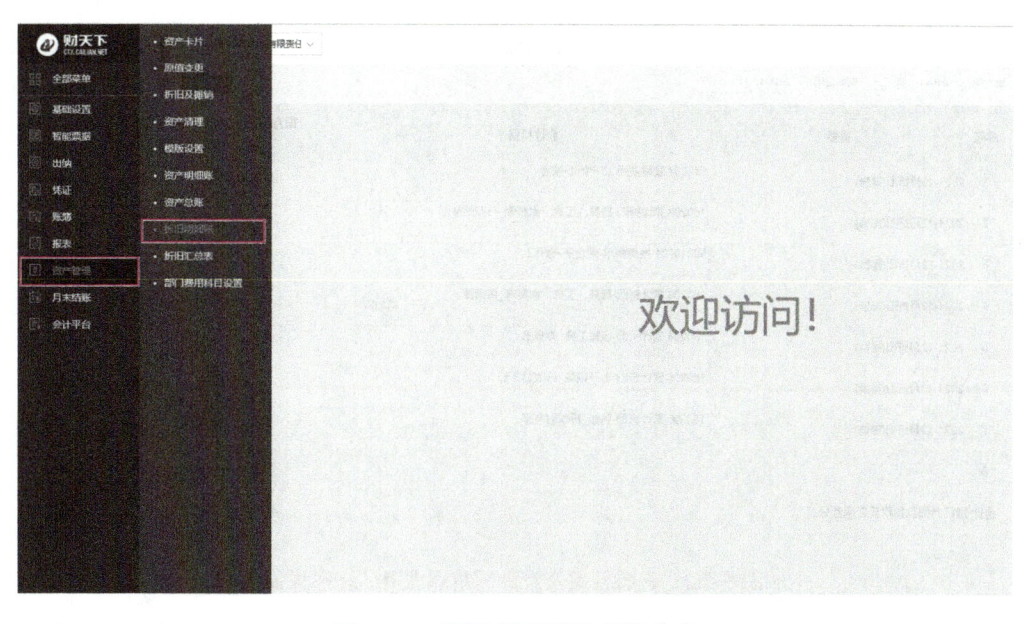

图 6-47　选择"折旧明细账"命令

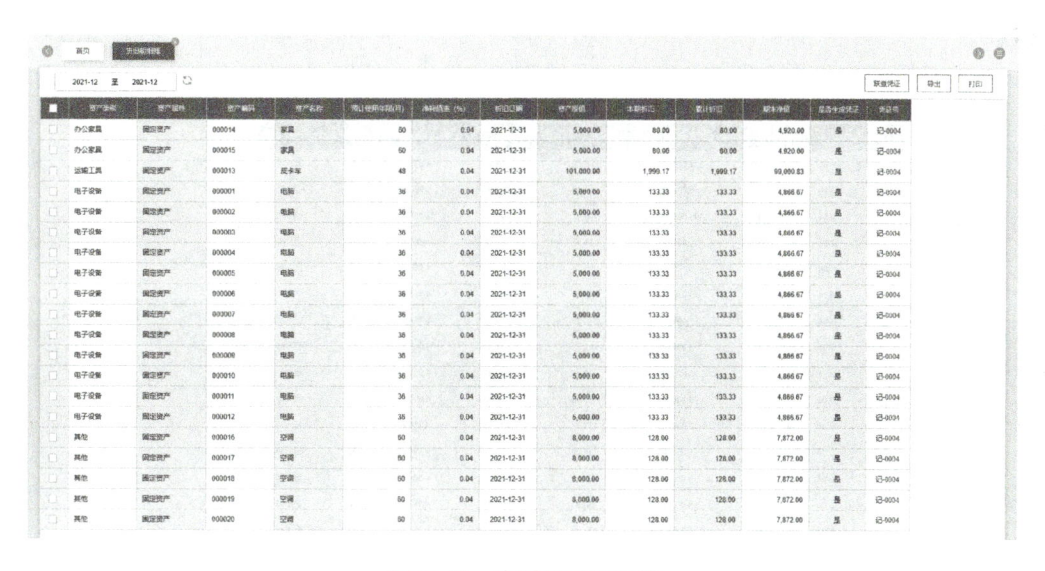

图 6-48　查看折旧明细账

② 选中需要查询的固定资产，单击"联查凭证"按钮，可以对该项固定资产计提折旧业务的记账凭证进行查询，如图 6-49 和图 6-50 所示。

图 6-49　单击"联查凭证"按钮

147

智能会计信息系统应用

图 6-50　查看固定资产计提折旧业务的记账凭证

③ 查询与计提折旧相关的记账凭证也可通过单击折旧明细账中的凭证号来完成，如图 6-51 所示。

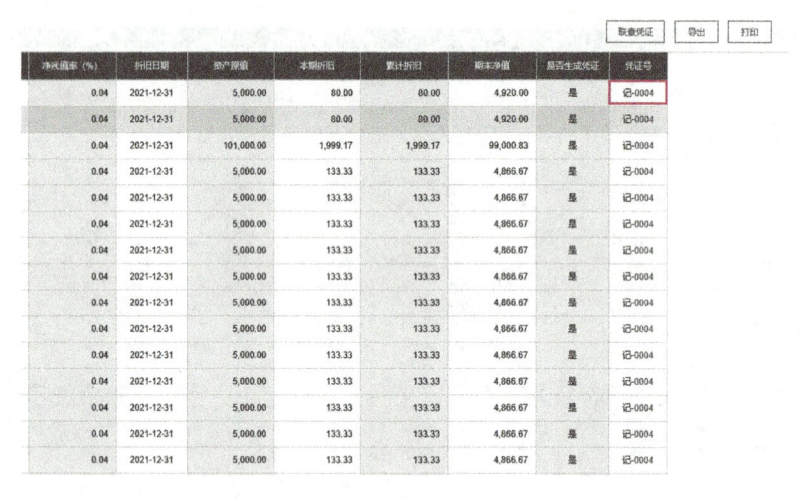

图 6-51　单击凭证号进行与计提折旧相关的记账凭证查询

4. 完成 2021 年 12 月折旧汇总表查询

① 选择"资产管理"|"折旧汇总表"命令，进行累计折旧汇总查询，如图 6-52 所示。

图 6-52　选择"折旧汇总表"命令

148

② 选中需要查询的固定资产，单击"联查明细"按钮，可跳转到"折旧明细账"对话框，如图 6-53 和图 6-54 所示。

图 6-53　单击"联查折旧"按钮

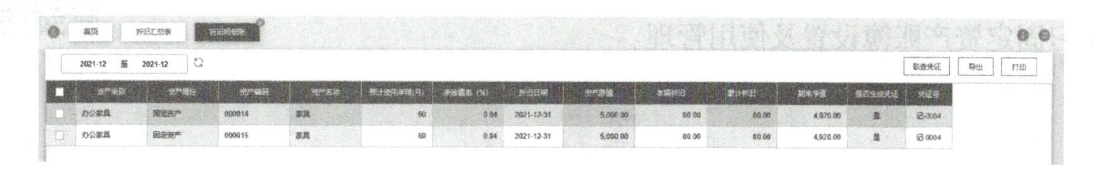

图 6-54　"折旧明细账"对话框

③ 在"折旧明细账"对话框中，可以继续进行折旧明细账及记账凭证的查询，如图 6-55 所示。

图 6-55　查看折旧明细账及记账凭证

四、任务评价

任务完成后，教师应对学生完成任务的情况进行评价，评价标准如表 6-5 所示。

表 6-5　资产凭证账簿智能查询任务评价表

考核项目	考核内容		考核权重 / 分	评分 / 分			合　计
				教师评	互评	自评	
专业技能	任务准备	知识	10				
		操作	10				
		要领	10				
	任务实施	查询资产卡片信息	10				
		查询折旧明细账	10				
		联查凭证	10				
		查询资产总账	10				
		查询折旧汇总表	10				

(续表)

考核项目	考核内容	考核权重/分	评分/分 教师评	评分/分 互评	评分/分 自评	合计
职业素养	签到	5				
	合作	10				
	整理	5				

五、任务拓展

学习固定资产账簿设置及使用管理。

固定资产账簿设置及使用管理

单元练习

在线测试

单元七

期末会计事项的处理

↘ 思政目标

1. 按照 8S 素养要求，学会整理办公学习用品，培养严谨、细心的工作态度和爱岗敬业的劳动精神。

2. 熟读财税〔2016〕12 号和〔2019〕13 号等文件，深刻理解国家减税降费政策，树立关注税收政策和遵纪守法、诚信纳税的观念，深刻理解国家通过减税降费实施保主体、保民生、稳就业的体现社会主义优越性的措施，培养爱党、爱国、爱人民的精神境界。

3. 通过分工合作，提升团队协作、沟通交流能力和信息素养。

↘ 知识目标

1. 掌握期末会计事项、期末结转和期末结账事项的内容。
2. 掌握一般纳税人和小规模纳税人期末转账事项的不同。
3. 理解期末会计处理在财务工作中的重要性。

↘ 技能目标

1. 能够运用月末结账管理系统进行月末转账和结账的操作。
2. 能够运用财税〔2016〕12 号和〔2019〕13 号文件进行企业增值税、一税两费、印花税和所得税税率及减免账务处理。

任务一　期末会计事项认知

任务（一）　期末会计事项的内容

一、任务情境

（一）任务场景

康健厨电已经完成期初和日常业务的全部处理，进入月末处理阶段，委托智能财税共享中心核算员为公司进行月末结转和月末结账工作的梳理。

（二）任务布置

① 网络搜索期末会计事项的概念及内容。

② 登录财天下，列举期末会计事项的内容。

③ 对比网络搜索和财天下两者关于期末会计事项的内容，从有关事项中选择、归纳康健厨电12月末的会计结转事项。

二、任务准备

（一）知识准备

1. 期末会计事项的概念

期末会计事项是指会计人员将本月所发生的日常经济业务全部登记入账后，按照权责发生制原则，在每个会计期末都需要完成的一些特定的会计工作。

2. 期末会计事项的内容

期末会计事项主要包括期末结转、对账、试算平衡、记账和结账等。

期末结转是会计工作中的一个重要业务，通常是把一个会计科目的发生额和余额转移到该科目或另一个会计科目。结转的目的大体有4个：一是结出本会计科目的余额；二是计算本报告期的成本；三是计算当期的损益和利润的实现情况；四是为保持会计工作的连续性，一定要把本会计年度末的余额结转到下个会计年度。

会计期末结转业务主要包括以下方面。

（1）期末损益结转

期末损益结转是将收入收益、成本费用结转至本年利润，结转后损益类科目余额为0。

（2）年末本年利润结转

年末本年利润结转是将本年利润结转至"利润分配——未分配利润"科目，结转后本年利润余额为0。

（3）提取盈余公积

如果有未弥补的亏损，则本年实现的净利润应先用于补亏，然后再提盈余公积；如果没有未弥补亏损，则以本年实现的净利润为基数提取盈余公积。盈余公积分为法定盈余公积和任意盈余公积：应在当年年底提取法定盈余公积；按股东大会决议提取任意盈余公积。

有限责任公司和股份制公司应按照净利润的10%提取法定盈余公积，计提的法定盈余公积达到注册资本的50%时，可以不再提取；公司经股东大会或类似机构批准按照自行规定的比例提取任意盈余公积，但也可以不提。

（4）分配股利

根据股东大会的决议进行分配股利的账务处理。

（5）利润分配内部明细科目结转

将其他明细科目的月结转入"未分配利润"明细科目，结转后其他明细科目无余额。

期末需要结转的科目，包括"制造费用""基本生产成本""辅助生产成本""管理费用"等都要结转到"生产成本"科目；其次，为了计算利润，要把当期的"销售收入""销售成本""其他业务收入""其他业务成本""营业外收入""营业外支出""所得税""产品销售税金"及附加期间费用（"管理费用""销售费用""财务费用"）等科目的发生额都结转到"本年利润"科目；再次，年末需要进行利润分配；最后，要在会计年度末把所有会计科目的余额结转到下一个会计年度。

（二）操作准备

① 网络搜索。

② 智能财税操作平台财天下。

（三）任务要领

理清企业需要完成的月末事项：

① 检查日常业务凭证审核。

② 做好月末未缴增值税的准备。

③ 做好月末计提一税两费的准备。

④ 做好计提购销合同按照万分之五计提印花税的准备。

⑤ 做好结转损益的准备。

⑥ 做好结转本年利润的准备。

⑦ 做好计提所得税费用的准备。

三、任务实施

（一）任务流程

认知期末会计事项是处理期末事项的前提。期末会计事项认知首先要理解概念和内容，其次登录平台查询，最后比较确认，如图 7-1 所示。

01 网络搜索 写出概念及内容

02 登录财天下 写出平台月末事项内容

03 比较确认 写出做账主体12月末会计事项

图 7-1　期末会计事项认知的流程

（二）任务操作

1. 网络搜索期末会计事项的概念及内容

运用"基础会计""财务会计""成本会计"所学原理和知识，网络搜索期末会计事项的概念和内容，填入表7-1。

表7-1 期末会计事项

项　目	内　容
概念	
内容	

2. 列举期末会计事项的内容

① 登录财天下，选择对应的会计核算账套，打开月末结账管理系统，看到"月末结转"和"月末结账"两个命令，如图7-2所示。

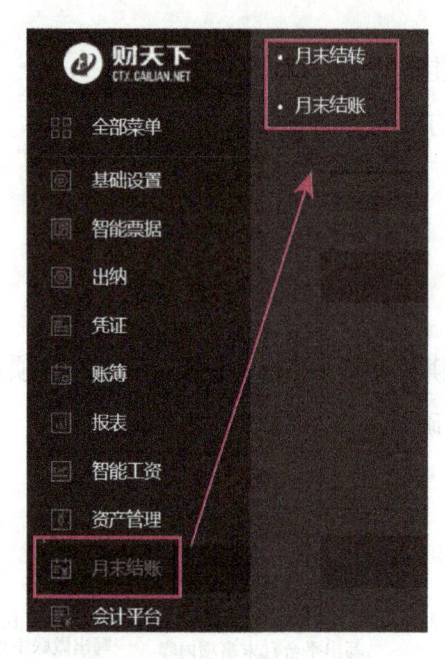

图7-2 月末结账系统的组成

② 选择"月末结转"命令，出现默认的预置结转方案对话框，如图7-3和图7-4所示。

③ 单击"自定义结转方案"标签，如图7-5所示。

④ 选择"月末结账"命令，进入"月末结账"对话框，如图7-6所示。

单元七 期末会计事项的处理

图 7-3 预置结转方案对话框 1

图 7-4 预置结转方案对话框 2

图 7-5 自定义结转方案

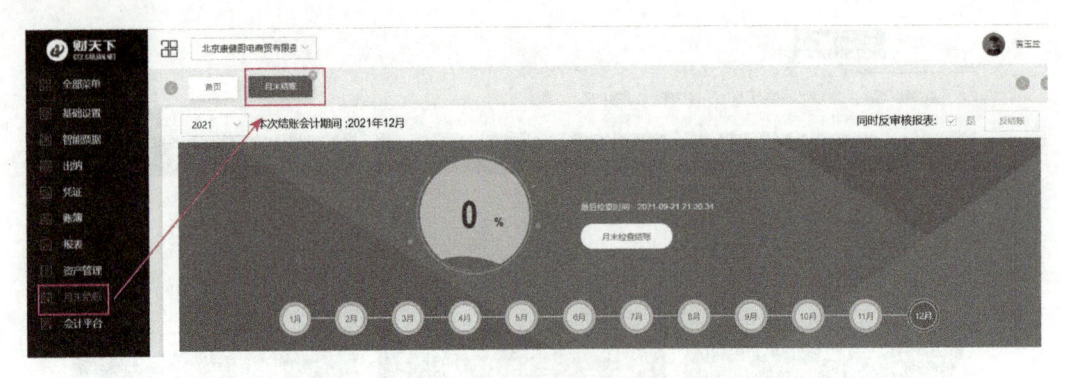

图 7-6 "月末结账"对话框

⑤ 在"月末结账"对话框中，查看月末结账的内容及注意事项，如图 7-7 和图 7-8 所示。

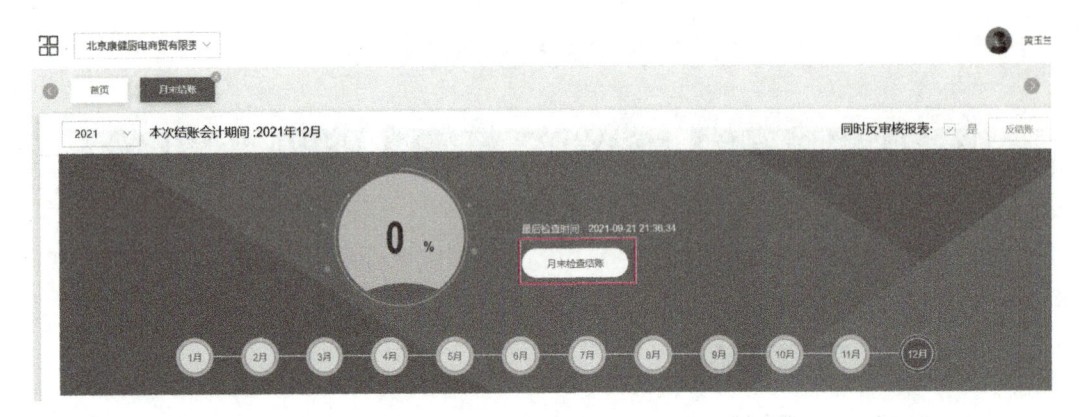

图 7-7 查看月末结账

图 7-8 月末结账的内容

根据上述步骤，列举财天下期末会计事项，填写表 7-2。

表 7-2　财天下期末会计事项

项　目	内　容
财天下期末会计事项	

3. 对比任务布置①和任务布置②中关于期末会计事项的内容

从下列事项中选择康健厨电 12 月末需要处理的期末会计事项，填写表 7-3。

　　A. 资产摊销费用：领用原材料、周转材料摊销、计提折旧、无形资产摊销、其他摊销等

　　B. 计提相关费用：如应付租金、水电

　　C. 工资及附加费：工资、五险一金、工会经费和职工教育费等

　　D. 辅助费用分配（制造业）

　　E. 制造费用分配（制造业）

　　F. 产品成本计算与完工产品入库（制造业）

　　G. 结转销售成本

　　H. 计算增值税

　　I. 计提城建税、教育费附加

　　J. 计提 4 个费用性税金（印花税、土地使用税、房产税、车船使用税）

　　K. 结转损益

　　L. 计提结转所得税

　　M. 结转本年利润（年末）

　　N. 利润分配（年末）

　　O. 结转利润分配（年末）

表 7-3　康健厨电 12 月末结转事项

项　目	内　容
康健厨电 12 月末结转事项	

四、任务评价

任务完成后，教师应对学生完成任务的情况进行评价，评价标准如表7-4所示。

表7-4 期末会计事项认知任务评价表

考核项目	考核内容		考核权重/分	评分/分			合计
				教师评	互评	自评	
专业技能	任务准备	知识	10				
		操作	5				
		要领	10				
	任务实施	搜索	10				
		列举	20				
		归纳	20				
职业素养	签到		5				
	合作		5				
	整理		5				

五、任务拓展

① 列举畅捷通 T3 中的期末会计事项，并与财天下比较。
② 列举财天下月末结转中自定义结转方案的项目。

任务（二） 期末会计事项智能管理流程

一、任务情境

（一）任务场景

智能财税共享中心核算员已为康健厨电完成了月末结转和月末结账工作的梳理，接下来完成期末会计事项智能管理流程的绘制。

（二）任务布置

① 复述手工账务处理的全流程。
② 复述智能财税操作平台财天下账务处理的全流程。
③ 进入智能财税操作平台财天下，根据手工流程和会计核算的要求，在智能财税操作平台财天下中进行期末会计事项处理。

二、任务准备

（一）知识准备

1. 会计核算形式

常见的会计核算形式有记账凭证核算形式、科目汇总表核算形式、汇总记账凭证核算形式等。

2. 手工账务处理的全流程

无论采用何种核算形式，企业的全部账务处理内容都包括票、证、账、表、税，具体流程如图 7-9 所示。

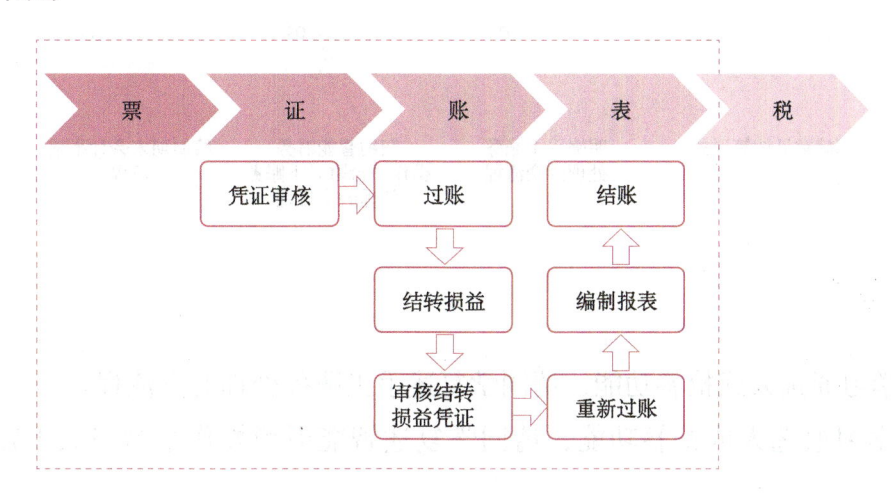

图 7-9　手工账务处理的全流程

3. 智能财税操作平台财天下财务处理的全流程

进入智能财税操作平台财天下，企业的账务处理全流程如图 7-10 所示。

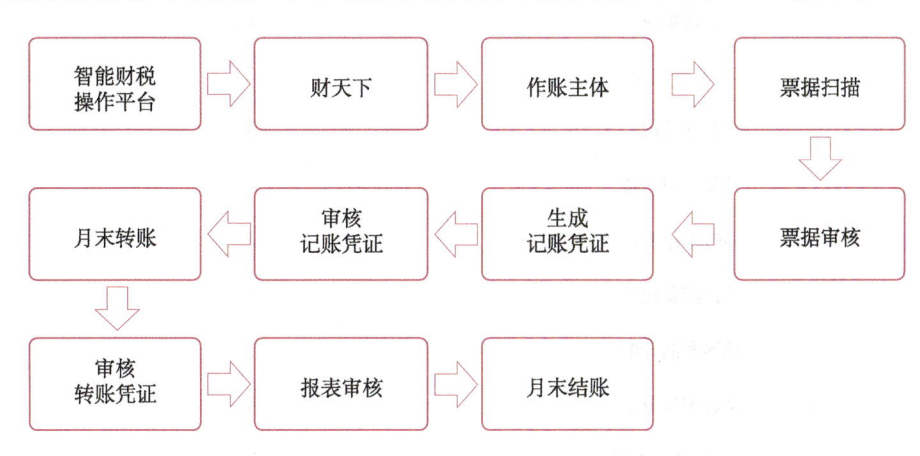

图 7-10　智能财税操作平台财天下账务处理的全流程

（二）操作准备

① 网络搜索。

② 智能财税操作平台财天下。

智能会计信息系统应用

（三）任务要领

明确智能财税操作平台财天下账务处理的操作流程。

三、任务实施

（一）任务流程

为深入理解期末会计事项在智能财税操作平台财天下中的管理流程，请按照如图7-11所示的步骤进行。

```
01 明确常见核算形式 → 02 明确手工账务处理的全流程 → 03 归纳智能财务操作平台财天下账务处理的全流程 → 04 绘制期末会计事项流程
```

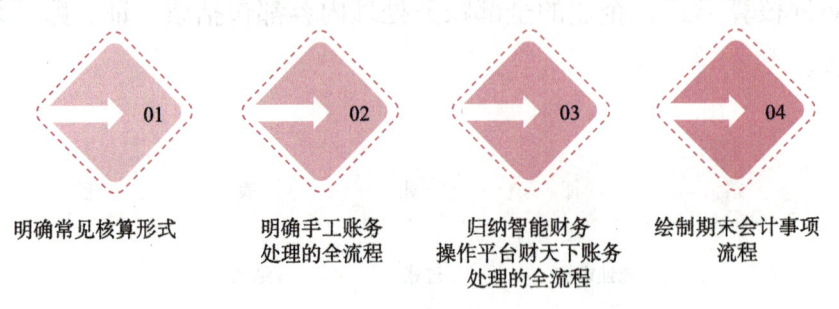

图7-11 任务流程

（二）任务操作

① 利用学习通选人或抢答功能，请同学复述手工账务处理的全流程。

② 利用学习通选人或抢答功能，请同学复述智能财税操作平台财天下账务处理的全流程。

③ 进入智能财税操作平台财天下，根据手工流程和会计核算的要求，在智能财税操作平台财天下中进行期末会计事项处理时，按照业务发生的顺序在图7-12中连一连。

结转损益	①
计算增值税	②
利润分配	③
计算一税两费	④
结转本年利润	⑤
计提印花税等	⑥
结转利润分配	⑦
结转销售成本	⑧
计提结转所得税	⑨

图7-12 期末会计事项处理

四、任务评价

任务完成后，教师应对学生完成任务的情况进行评价，评价标准如表7-5所示。

表 7-5　期末会计事项智能管理流程任务评价表

考核项目	考核内容		考核权重/分	评分/分			合计
				教师评	互评	自评	
专业技能	任务准备	知识	10				
		操作	5				
		要领	10				
	任务实施	复述手工财务处理的全流程	10				
		复述财天下账务处理的全流程	10				
		绘制期末会计事项智能管理流程	30				
职业素养		签到	5				
		合作	5				
		整理	5				

五、任务拓展

① 学习记账凭证核算形式的概念、流程、特点及适用范围。
② 学习科目汇总表核算形式的概念、流程、特点及适用范围。
③ 学习汇总记账凭证核算形式的概念、流程、特点及适用范围。

任务二　月末处理智能管理

任务（一）　月末处理内容

一、任务情境

（一）任务场景

康健厨电 12 月的业务已经全部结束，委托智能财税共享中心核算员对公司的业务进行月末处理。

（二）任务布置

① 根据资料，分析康健厨电 12 月末需要处理哪些业务。
② 正确进行康健厨电 12 月末账务处理。

二、任务准备

（一）知识准备

一般企业日常业务内容比较固定，所以月末凭证编制内容变化不大，只要按固定模式逐一编制即可。会计期末结转业务主要包括以下几类。

（1）成本计算及入账处理

对生产性企业应制定内部单据传递规则，将公司发生的所有与生产有关的内部单据及时有效地传递到财务人员手中进行成本核算，以确保成本计算的准确；及时编制制造费用归集、分配凭证，生产成本归集、分配凭证，产品入库凭证，以及销售成本结转凭证。

（2）做好费用计提及摊销

做好每月固定发生的计提业务，如固定资产计提折旧、无形资产摊销、水电费计提、工资计提，以及以工资为基数计提的福利费、教育经费、工会经费等，做到不漏提也不多提；对需要摊销的费用，如材料成本差异等每月摊销的费用，及时做好摊销分配凭证。

（3）归集损益类科目，结转本年利润

将所有单据入账后应认真归集当月损益类科目发生额，将其分类转入"本年利润"科目，查看当月利润实现情况。

（4）年末本年利润结转及利润分配

将本年利润结转至"利润分配——未分配利润"科目，结转后本年利润余额为0。利润分配是指企业根据国家有关规定和企业章程、投资者协议等，对企业当年可供分配的利润所进行的分配。利润分配的顺序是：提取法定盈余公积→提取任意盈余公积→向投资者分配利润。

（二）操作准备

查找企业基础信息，康健厨电行业性质为商业，属于一般纳税人。

（三）任务要领

① 分清商贸流通企业与制造企业月末结转业务的区别。

② 分清一般纳税人和小规模纳税人增值税计算的不同。

三、任务实施

（一）任务流程

月末处理流程如图7-13所示。

01 分析月末结转业务　　02 月末账务处理

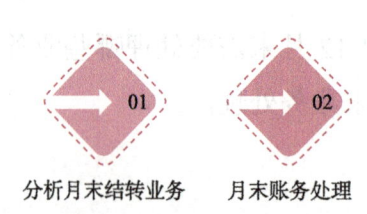

图7-13　月末处理流程

（二）任务操作

① 认真阅读月末处理资料，标出关键字。结合企业基础信息，确定12月份的月末结转业务。

② 编制康健厨电 12 月月末结转会计分录，如表 7-6 所示。

表 7-6 月末结转业务

月末结转业务	会计分录

四、任务评价

任务完成后，教师应对学生完成任务的情况进行评价，评价标准如表 7-7 所示。

表 7-7 月末处理任务评价表

考核项目	考核内容		考核权重/分	评分/分			合 计
				教师评	互评	自评	
专业技能	任务准备	知识	10				
		操作	5				
		要领	10				
	任务实施	分析	20				
		核算	40				
职业素养	签到		5				
	合作		5				
	整理		5				

五、任务拓展

① 小规模纳税人增值税涉及的明细科目有哪些？
② 工业企业成本计算与账务处理是怎样的？

任务（二） 两种增值税纳税人的月末处理

一、任务情境

（一）任务场景

康健厨电 12 月业务已经全部结束，委托智能财税共享中心核算员对公司的业务进行月末处理。

（二）任务布置

① 阅读一般纳税人和小规模纳税人的判定标准，标出关键字。

② 归纳总结一般纳税人和小规模纳税人的不同。

③ 展开讨论"我要当一般纳税人"和"我要当小规模纳税人"。

④ 计算康健厨电12月应缴纳的增值税及附加税并做账务处理。

⑤ 学习一般纳税人和小规模纳税人的税收减免优惠政策，正确进行税收减免的账务处理。

⑥ 假定康健厨电为小规模纳税人，计算增值税及附加税。

⑦ 归纳总结小规模纳税人月末如何做账务处理。

二、任务准备

（一）知识准备

1. 一般纳税人和小规模纳税人的不同

（1）增值税税率不同

2019年起，一般纳税人的增值税税率有4档：13%、9%、6%、0。

小规模纳税人增值税没有税率，只有一个征收率3%，特殊行业是5%。

（2）计税方式不同

一般纳税人增值税抵扣计算，应纳增值税＝销项税额－进项税额－减免税额。

小规模纳税人增值税直接计算，应纳增值税＝收入×征收率3%（特殊行业5%）。

（3）使用发票不同

一般纳税人既可以自行开具增值税专用发票和增值税普通发票，也可以开具4档税率的增值税发票，同时收票方也能抵扣相应的进项税额。

小规模纳税人只能自行开具增值税普通发票，收票方不能抵扣进项税额；小规模纳税人需要开具增值税专用发票时，需要去税务局才能开具，并且只能开具3%的增值税专用发票。

（4）税收优惠不同

一般纳税人在增值税方面一般很少有优惠征策。

2019年起，小规模纳税人在增值税方面可以享受季度收入30万元以内免缴增值税，同时附加税减半征收的征策。

（5）申报方式不同

一般纳税人都是按月申报，并且增值税要在特定的系统内才能申报。

小规模纳税人既可以选择按月申报，也可以选择按季申报，增值税不需要特定的系统就可以申报。

一般纳税人税收优惠政策

2. 一般纳税人税收优惠

增值税及附加税费减免政策如表7-8所示。

表 7-8　增值税及附加税费减免政策一览表

纳税人类型	销售额	发票类型	增值税	城市维护建设税	教育费附加	地方教育附加	水利建设基金
小规模纳税人	月销售额未超过10万元（季销售额未超过30万元）	开具普票	免征	免征	免征	免征	免征
	月销售额未超过10万元（季销售额未超过30万元）	开具专票	全额纳税	减半征收	免征	免征	免征
	月销售额超过10万元（季销售额未超过30万元）	开具发票	全额纳税	减半征收	减半征收	减半征收	山东省征收率0.5%
一般纳税人	月销售额未超过10万元	开具发票	全额纳税	全额纳税	免征	免征	免征
	月销售额超过10万元	开具发票	全额纳税	全额纳税	全额纳税	全额纳税	山东省征收率0.5%

（二）操作准备

查找企业基础信息，康健厨电行业性质为商业，属于一般纳税人。

（三）任务要领

① 注意一般纳税人和小规模纳税人的增值税计算方法不同。

② 分析康健厨电是否满足税收减免优惠条件。

三、任务实施

（一）任务流程

两种增值税纳税人月末处理的工作流程如图 7-14 所示。

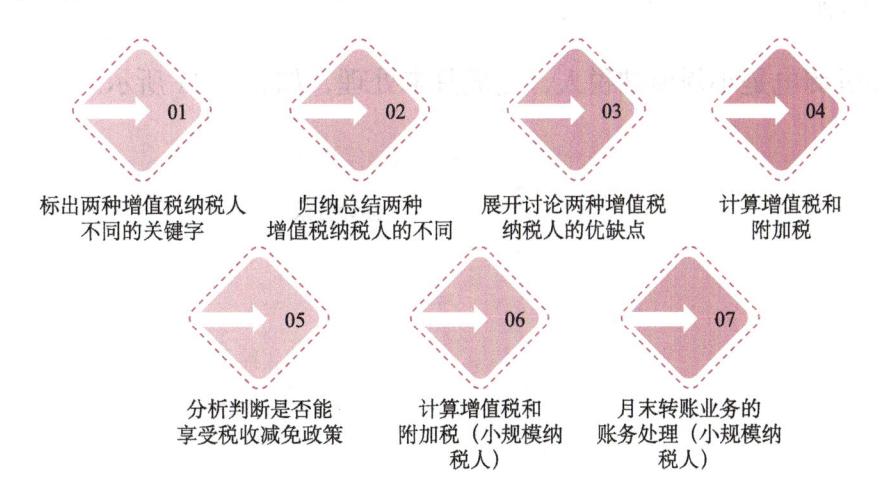

01 标出两种增值税纳税人不同的关键字

02 归纳总结两种增值税纳税人的不同

03 展开讨论两种增值税纳税人的优缺点

04 计算增值税和附加税

05 分析判断是否能享受税收减免政策

06 计算增值税和附加税（小规模纳税人）

07 月末转账业务的账务处理（小规模纳税人）

图 7-14　两种增值税纳税人月末处理的工作流程

（二）任务操作

① 认真阅读一般纳税人和小规模纳税人知识准备资料，找出不同之处，标出关键字。

② 归纳总结一般纳税人和小规模纳税人的不同点，填写表 7-9。

表 7-9　一般纳税人和小规模纳税人的不同点

项　目	一般纳税人	小规模纳税人
增值税税率		
计税方式		
使用发票		
税收优惠		
申报方式		

③ 分组展开讨论，并阐述原因。
- 我要当一般纳税人？
- 我要当小规模纳税人？

④ 计算康健厨电 12 月应缴纳的增值税和附加税。

⑤ 查阅一般纳税人和小规模纳税人的税收减免优惠政策，分析判断康健厨电是否能享受税收减免政策。

⑥ 假设康健厨电是小规模纳税人，计算其 12 月应缴纳的增值税和附加税。根据计算结果完成一般纳税人和小规模纳税人税费计算表，如表 7-10 所示。

表 7-10　一般纳税人和小规模纳税人税费计算表　　　　　　　　　　　　　　元

税　额	一般纳税人	小规模纳税人	优惠政策
增值税			
城建税			
教育费附加			
地方教育费附加			

⑦ 假设康健厨电是小规模纳税人，完成月末处理，如表 7-11 所示。

表 7-11　小规模纳税人月末处理

月末处理	会计分录

四、任务评价

任务完成后，教师应对学生完成任务的情况进行评价，评价标准如表 7-12 所示。

表 7-12　两种纳税人月末处理任务评价表

考核项目	考核内容		考核权重/分	评分/分			合　计
				教师评	互　评	自　评	
专业技能	任务准备	知识	5				
		操作	5				
		要领	5				
	任务实施	标出关键字	10				
		归纳不同	10				
		展开讨论	10				
		计算增值税	10				
		减免税额	10				
		计算小规模增值税	10				
		归纳总结	10				
职业素养	签到		5				
	合作		5				
	整理		5				

五、任务拓展

① 一般纳税人和小规模纳税人是否可以相互转换？

② 一般纳税人遵循《企业会计准则》，小规模纳税人遵循《小企业会计准则》。对吗？

任务（三）　月末处理智能管理操作

一、任务情境

（一）任务场景

康健厨电 12 的月业务已经全部结束，委托智能财税共享中心核算员对公司的业务进行月末处理。

（二）任务布置

根据资料，正确为康健厨电选择月末预置方案，完成结转未缴增值税、计提税金及附加、计提印花税、结转销售成本、损益结转、计算所得税、结转所得税费用、结转本年利润等月末处理。

二、任务准备

（一）知识准备

① 月末处理［见本任务中的任务（二）］。

小型微利企业普惠性所得税减免政策

② 学习《国家税务总局关于实施小型微利企业普惠性所得税减免政策有关问题的公告》《财政部税务总局关于实施小微企业和个体工商户所得税优惠政策的公告》《国家税务总局关于落实支持小型微利企业和个体工商户发展所得税优惠政策有关事项的公告》《财政部税务总局关于进一步实施小微企业所得税优惠政策的公告》。

（二）操作准备

打开每个预置方案，检查方案借贷方科目和金额公式设置，如有不符需先修改。

（三）任务要领

① 认真解读小型微利企业所得税优惠政策。
② 月末结转先计算再生成凭证，否则取数会出现错误。

三、任务实施

（一）任务流程

月末处理流程如图 7-15 所示。

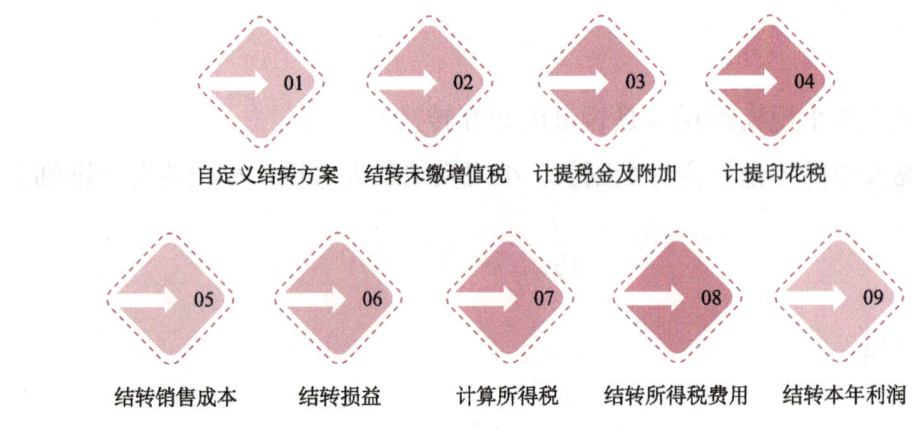

01 自定义结转方案 → 02 结转未缴增值税 → 03 计提税金及附加 → 04 计提印花税

05 结转销售成本 → 06 结转损益 → 07 计算所得税 → 08 结转所得税费用 → 09 结转本年利润

图 7-15　月末处理流程

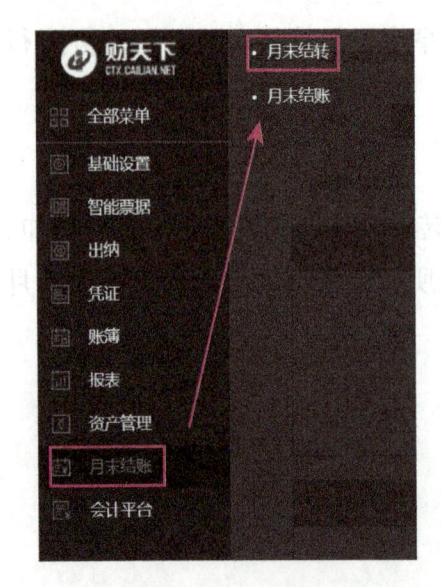

图 7-16　月末结转

（二）任务操作

1. 选择月末预制方案

（1）登录月末结账

登录财天下，选择（或切换）会计核算账套（如果是同一账套，则无须切换）。选择"月末结账"｜"月末结转"命令，如图 7-16 所示。

（2）选择预置结转方案

根据康健厨电 12 月发生的业务，打开"预置结转方案"选项卡，如图 7-17 所示。

其中：

单元七　期末会计事项的处理

图 7-17　"预置结转方案"选项卡

① 待摊费用摊销、结转福利费未涉及相关业务。

② 计提折旧、计提公司社保业务和结转工会经费已经完成。

康健厨电是一般纳税人，月销售额超过 10 万元，所以不能享受减免两费。

（3）设置自定义结转方案

设置自定义结转方案，计提印花税如图 7-18 所示；计提所得税费用如图 7-19 所示；结转所得税费用如图 7-20 所示；结转本年利润如图 7-21 所示。

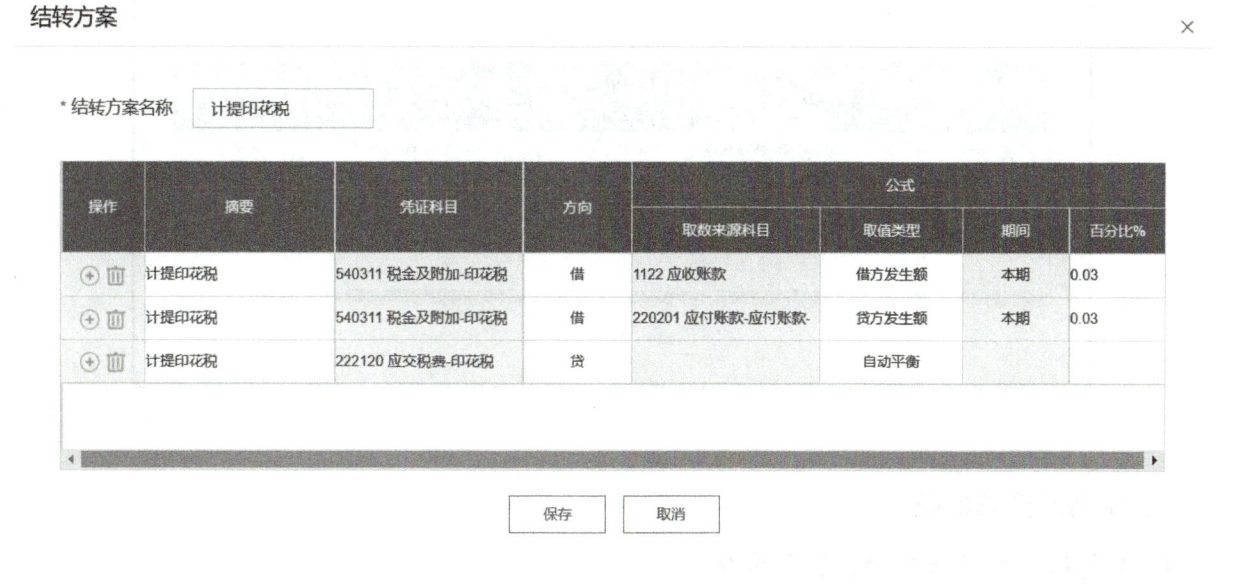

图 7-18　计提印花税

169

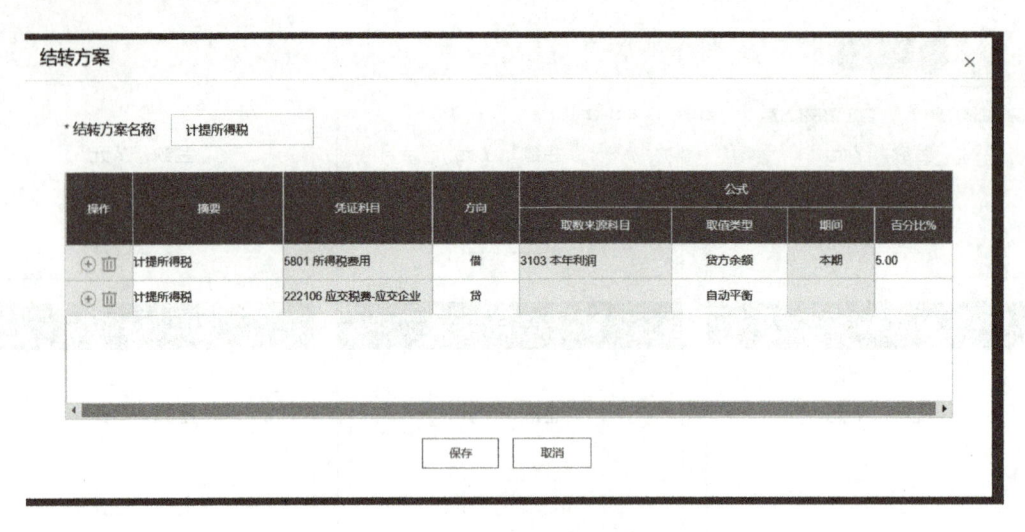

图 7-19 计提所得税费用

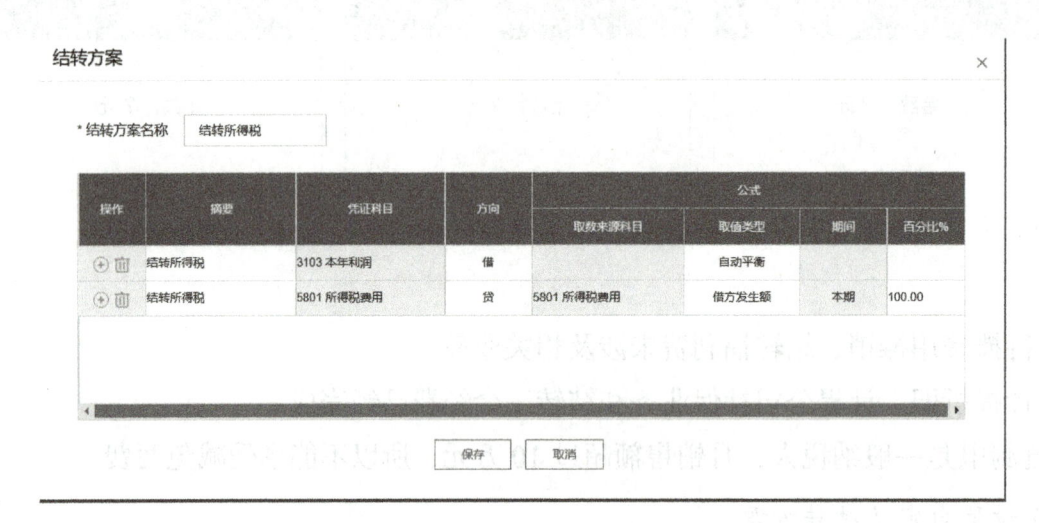

图 7-20 结转所得税费用

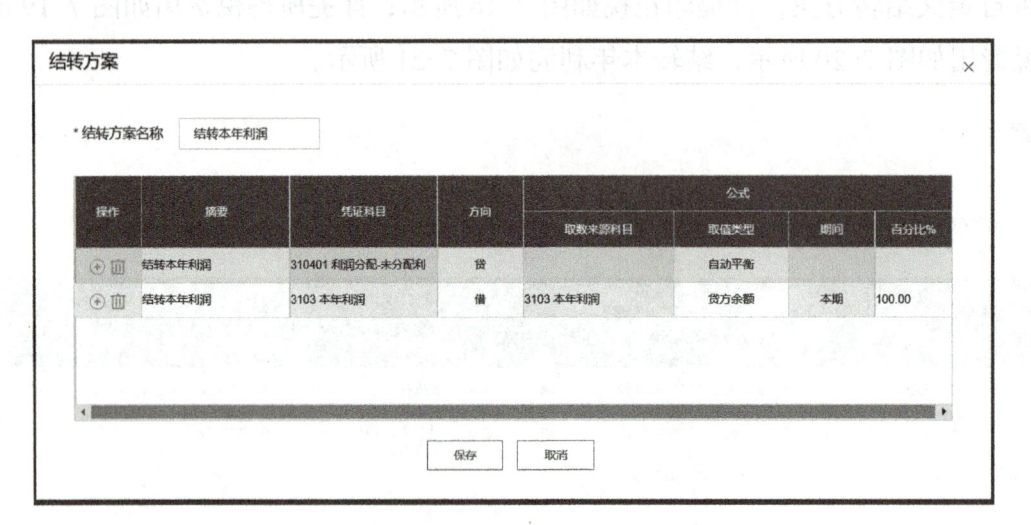

图 7-21 结转本年利润

2. 结转未交增值税

（1）复核"结转未交增值税"方案

检查借贷方科目和金额公式等，单击"保存"按钮，如图 7-22 所示。

单元七 期末会计事项的处理

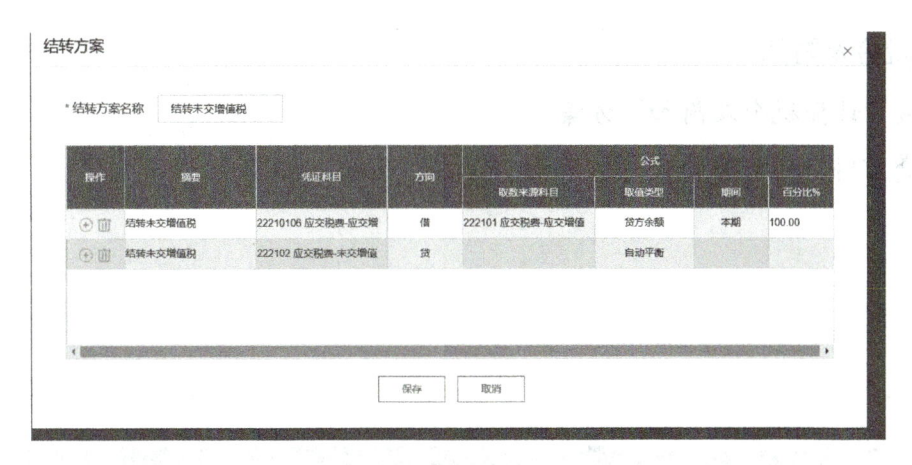

图 7-22 "结转未交增值税"方案

（2）生成凭证

单击"计算" | "生成凭证"按钮，凭证如图 7-23 所示。

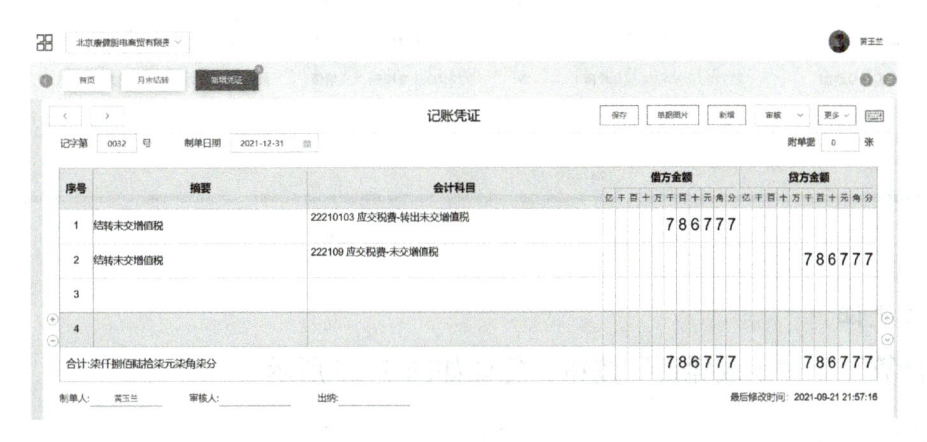

图 7-23 结转未交增值税——生成凭证

（3）重新计算

如果增值税取数错误，则单击"重新计算"按钮，如图 7-24 所示。

图 7-24 结转未交增值税——重新计算

结转未交增值税
操作视频

171

3. 计提税金及附加

（1）复核"计提税金及附加"方案

检查借贷方科目和金额公式等，单击"保存"按钮，如图 7-25 所示。

图 7-25 "计提税金及附加"方案

（2）生成凭证

单击"计算"｜"生成凭证"按钮，凭证如图 7-26 所示。

图 7-26 计提税金及附加——生成凭证

（3）重新计算

如果取数错误，则单击"重新计算"按钮，如图 7-27 所示。

图 7-27　计提税金及附加——重新计算

4. 计提印花税

（1）复核"计提印花税"方案

检查借贷方科目和金额公式等，单击"保存"按钮，如图 7-28 所示。

图 7-28　计提印花税预置方案

（2）生成凭证

单击"计算" | "生成凭证"按钮，凭证如图 7-29 所示。

（3）重新计算

如果取数错误，则单击"重新计算"按钮，如图 7-30 所示。

图 7-29 计提印花税——生成凭证

图 7-30 计提印花税——重新计算

计提印花税操作视频

图 7-31 结转销售成本——按明细结转

5. 结转销售成本

（1）选择结转方式

打开"结转销售成本方案"选项卡，选中"按明细结转"单选按钮，单击"保存"按钮，如图7-31 所示。

（2）生成凭证

单击"计算"｜"生成凭证"按钮，凭证如图7-32 至图 7-34 所示。

图 7-32　结转销售成本——生成凭证 1

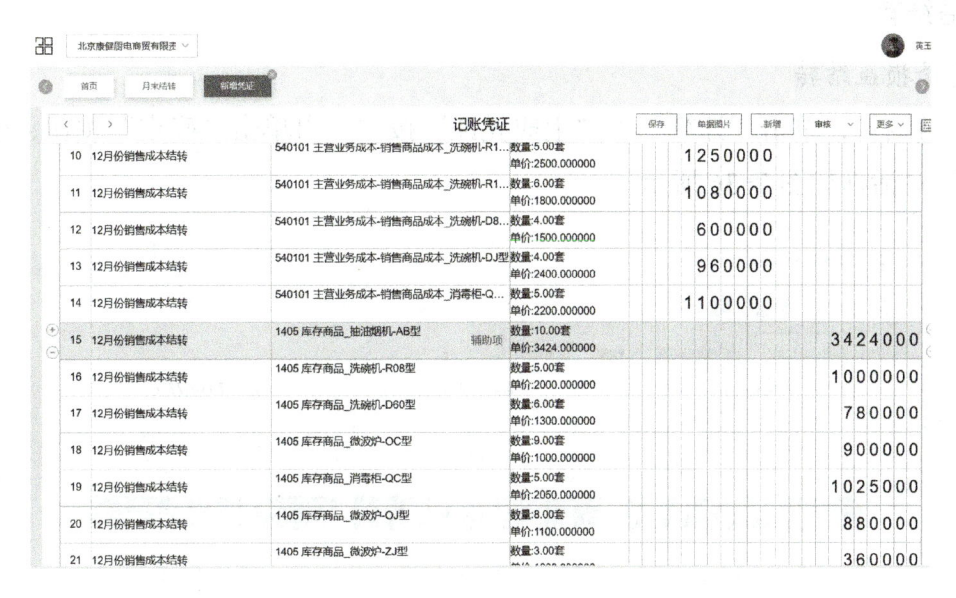

图 7-33　结转销售成本——生成凭证 2

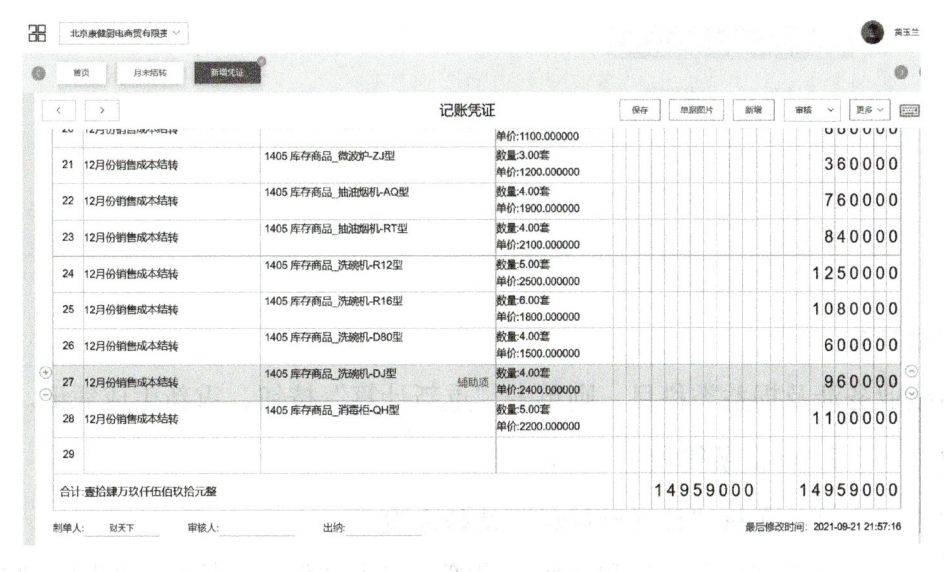

图 7-34　结转销售成本——生成凭证 3

（3）重新计算

如果取数错误，则单击"重新计算"按钮，如图7-35所示。

图7-35　结转销售成本——重新计算

结转销售成本操作视频

6. 损益结转

（1）选择损益结转

选择损益结转，单击"计算"|"生成凭证"按钮，再单击"确定"按钮，生成凭证。"损益结转"对话框如图7-36所示。

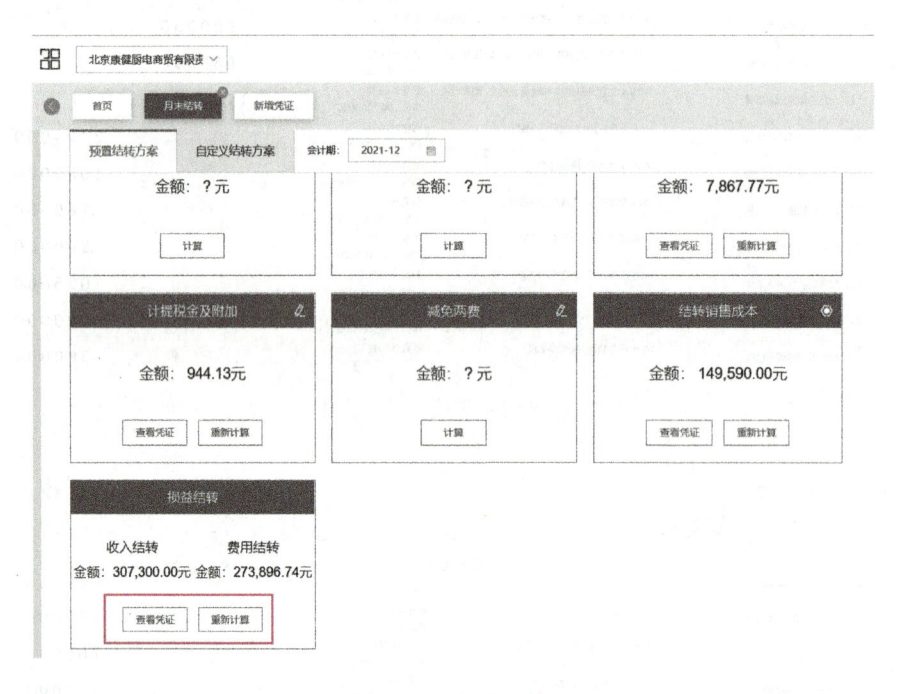

图7-36　损益结转

（2）重新计算

如果后续业务涉及损益类科目，则单击"重新计算"按钮，重新生成凭证。

损益结转操作视频

7. 计提所得税

（1）复核"计提所得税"结转方案

检查借贷方科目和金额公式等，单击"保存"按钮，如图7-37所示。

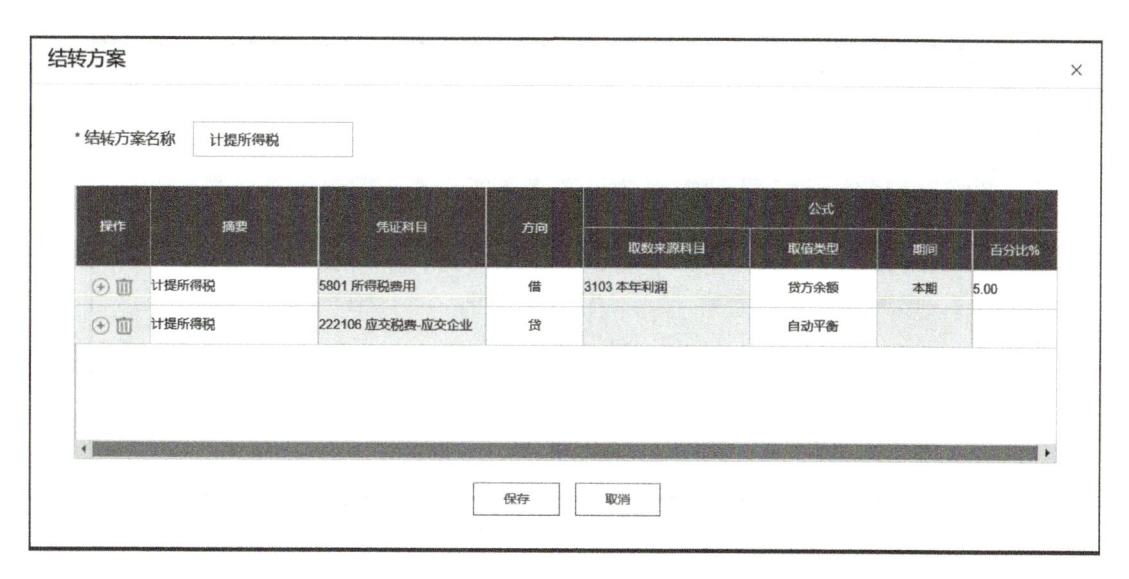

图7-37 计提所得税预置方案

（2）生成凭证

单击"计算"|"生成凭证"按钮，凭证如图7-38所示。

计提所得税操作视频

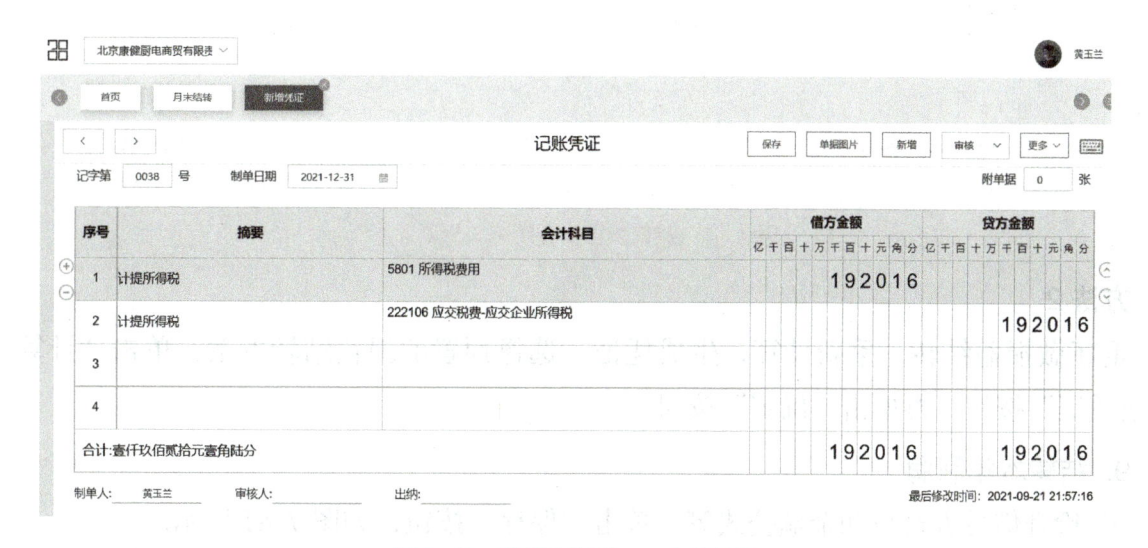

图7-38 计提所得税——生成凭证

（3）重新计算

如果取数错误，则单击"重新计算"按钮，重新生成凭证。

8. 结转所得税费用

方法1

（1）复核"结转所得税费用"结转方案

检查借贷方科目和金额公式等，单击"保存"按钮，如图7-39所示。

（2）生成凭证

单击"计算"|"生成凭证"按钮，凭证如图7-40所示。

结转所得税费用操作视频

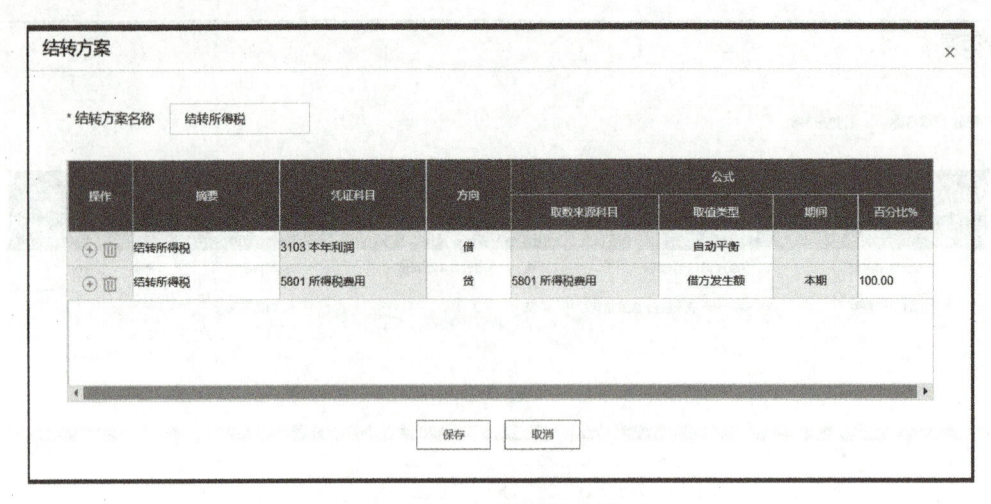

图 7-39　结转所得税费用预置方案

图 7-40　结转所得税费用——生成凭证

方法 2

重新做损益结转，重新计算，生成凭证。选择预置的损益结转方案，单击"计算"｜"生成凭证"按钮，再单击"确定"按钮。

9. 结转本年利润

① 检查借贷方科目和金额公式等，单击"保存"按钮，如图 7-41 所示。

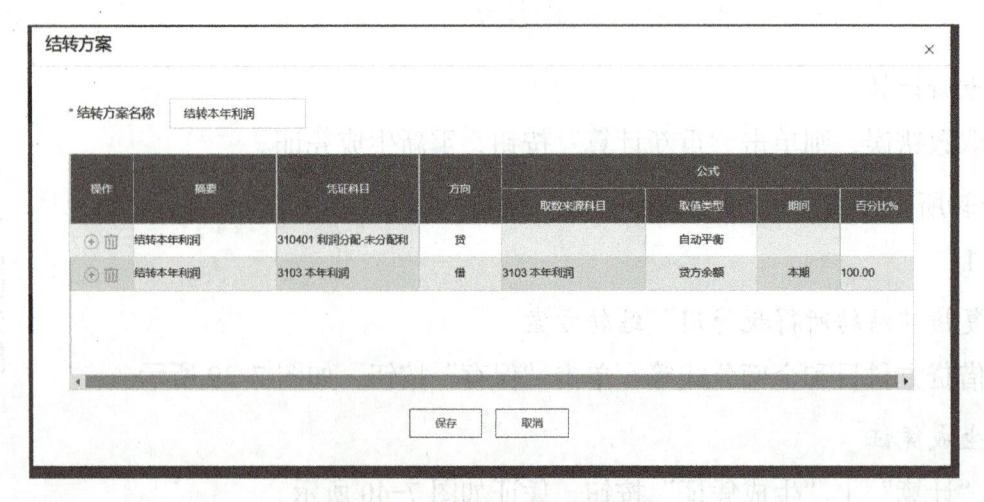

图 7-41　结转本年利润预置方案

② 单击"计算" | "生成凭证"按钮，凭证如图 7-42 所示。

图 7-42 结转本年利润

结转本年利润操作视频

四、任务评价

任务完成后，教师应对学生完成任务的情况进行评价，评价标准如表 7-13 所示。

表 7-13 月末处理智能操作评价表

考核项目	考核内容		考核权重/分	评分/分			合 计
				教师评	互 评	自 评	
专业技能	任务准备	知识	10				
		操作	5				
		要领	10				
	任务实施	预置方案选择	5				
		结转未缴增值税	5				
		计提税金及附加	5				
		计提印花税	5				
		结转销售成本	5				
		损益结转	10				
		计算所得税	10				
		结转所得税	5				
		结转本年利润	10				
职业素养	签到		5				
	合作		5				
	整理		5				

五、任务拓展

① 简述利润分配的顺序及对应的账务处理。
② 说明年终利润分配明细科目之间结转的账务处理。
③ 比较智能财税操作平台财天下与畅捷通 T3 的自定义结转，分析其优缺点。

任务三　账表智能查询与结账

一、任务情境

（一）任务场景

康健厨电于12月建账，因为企业人员有限，委托智能财税共享中心代理记账，所有凭证审核完毕后即可到账簿中查看相应会计科目的账簿明细及科目余额表。核查无误后，审核财务报表，完成月末结转工作。

（二）任务布置

① 康健厨电12月的所有凭证均已审核，在账簿中查看相应会计科目的账簿明细及科目余额表。

② 12月的所有凭证均已审核，生成并查看财务报表。

③ 审核12月的资产负债表和利润表。

④ 12月进行月末结账，结账后系统自动跳转到下个月。

二、任务准备

（一）知识准备

1. 会计账簿的分类

（1）按用途分类

按用途分类，会计账簿可分为序时账簿（现金、银行存款日记账）、分类账簿（总账账簿和明细账账簿）和备查账簿。

（2）按账页格式分类

会计账簿按账页格式分类如表7-14所示。

表7-14　会计账簿按账页格式分类

类　型	举　例
三栏式	日记账、总账，以及资本、债权、债务明细账
多栏式	收入、成本、费用、利润分配明细账
数量金额式	原材料、库存商品明细账

数量金额式明细账样式如图7-43所示。

多栏式明细账样式如图7-44所示。

三栏式明细账样式如图7-45所示。

单元七 期末会计事项的处理

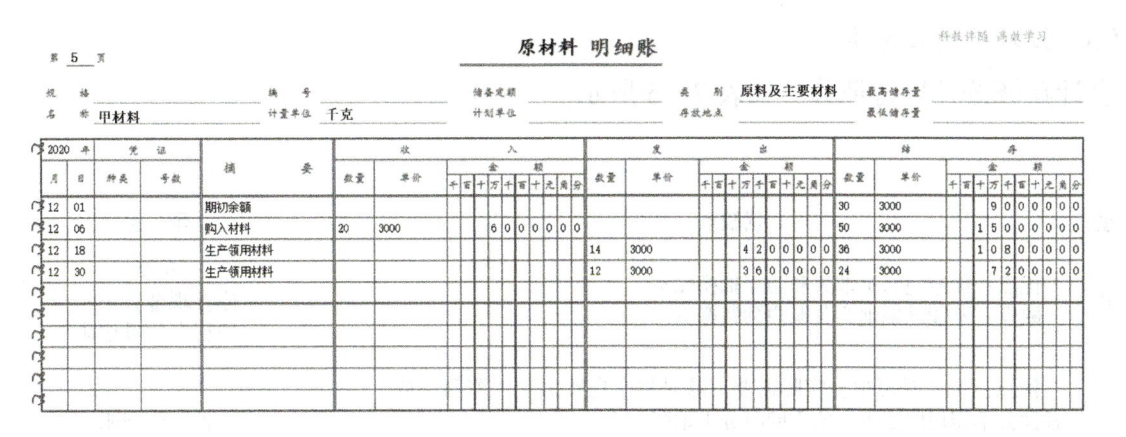

原材料 明细账   第 5 页

规格名称：甲材料　编号：　计量单位：千克　储备定额：　计划单位：　类别：原料及主要材料　最高储备量：　存放地点：　最低储备量：

2020年		凭证		摘要	收入			发出			结存		
月	日	种类	号数		数量	单价	金额	数量	单价	金额	数量	单价	金额
12	01			期初余额							30	3000	90000.00
12	06			购入材料	20	3000	60000.00				50		150000.00
12	18			生产领用材料				14	3000	42000.00	36	3000	108000.00
12	30			生产领用材料				12	3000	36000.00	24	3000	72000.00

图 7-43　数量金额式明细账样式

生产成本明细账

计量单位：件　完工产量：100　编号：6　总页：15　车间：基本一车间　产品名称：A产品

2020年		凭证		摘要	成本项目			合计
月	日	种类	号数		直接材料	直接人工	制造费用	
05	01			期初余额	24000.00	10000.00	6000.00	40000.00
05	05			领用材料	20000.00			20000.00
05	15			分配工资		19000.00		19000.00
05	30			结转制造费用			12900.00	12900.00
05	30			结转完工产品	36280.00	16000.00	10000.00	62280.00
05	31			月末余额	7720.00	13000.00	8900.00	29620.00

图 7-44　多栏式明细账样式

应收账款 明细账　第 12 页

二级科目或明细科目：江南天宇公司

2020年		凭证		摘要	借方	贷方	借或贷	余额
月	日	种类	号数					
12	01			期初余额			借	215000.00
	15	记	03	销售商品，款未收	180000.00			
	20	记	24	收回前欠款项		200000.00		
	30			期末余额			借	33000.00

图 7-45　三栏式明细账样式

181

（3）按外形特征分类

会计账簿按外形特征分类如表7-15所示。

表7-15 会计账簿按外形特征分类

类型	优缺点	示例
订本式	优点：能避免账页散失和防止抽换账页 缺点：不能准确地为各账户预留账页	总账 库存现金日记账 银行存款日记账
活页式	优点：记账时可根据实际需要，随时将空白账页装入账簿，或者抽去不需用的账页，便于同时分工记账 缺点：会造成账页散失或故意抽换账页	各种明细账
卡片式	优点：灵活方便，既可以使记录的内容详细具体、跨年度使用而无须更换账页，也便于分类汇总、根据管理的需要转移卡片 缺点：与活页式账簿基本相同	固定资产卡片

2. 会计账簿的登记方法

（1）日记账的登记方法

日记账的登记方法如表7-16所示。

表7-16 日记账的登记方法

账簿名称	登记方法	登记依据	日清月结
现金日记账	出纳人员根据业务发生时间的顺序逐日逐笔登记	根据库存现金收款凭证、银行存款付款凭证（提现）登记收入栏，根据库存现金付款凭证登记支出栏	每日终了，结出收支合计和余额，与现金核对
银行存款日记账	由出纳人员根据与银行存款收付业务有关的记账凭证，按时间顺序逐日逐笔进行登记	根据银行存款收款凭证和有关的现金付款凭证（库存现金存入银行的业务）登记银行存款收入栏，根据银行存款付款凭证登记其支出栏	每日结出存款余额

（2）总账和明细账的平行登记

平行登记是指对所发生的每项经济业务都要以会计凭证为依据，一方面记入有关总账账户，另一方面记入所属明细账账户的方法。平行登记的要点如表7-17所示。

表7-17 平行登记的要点

登记要点	登记方法
方向相同	在总账账户及其所辖的明细账账户中登记同一项经济业务时，方向应当相同——在总账账户中记入借方，则在其所辖的明细账账户中也应记入借方；在总账账户中记入贷方，则在其所辖的明细账账户中也应记入贷方
期间一致	发生的经济业务记入总账账户和所辖明细账账户的具体时间可以有先后，但应在同一个会计期间
金额相等	记入总账账户的金额必须与记入其所辖的一个或几个明细账账户的金额合计数相等

3. 结账的内容

① 结清各种损益类账户，并据以计算确定本年利润。

② 结出各资产、负债和所有者权益账户的本期发生额合计与期末余额。

企业在一定时期结束时（如月末、季末或年末），为了编制财务报表需要进行结账，具体包括月结、季结和年结。

（二）操作准备

① 本月所有日常经济业务的会计凭证已输入完毕。

② 根据账务处理流程，在财天下的凭证管理系统完成当月所有记账凭证的审核工作，如图 7-46 所示。

凭证审核操作视频

图 7-46　记账凭证审核

③ 出纳人员对涉及库存现金或银行存款的记账凭证进行签字，如图 7-47 所示。

出纳签字操作视频

图 7-47　出纳人员对凭证进行签字

（三）任务要领

① 本月凭证断号及序时检查，如图 7-48 所示。

智能会计信息系统应用

图 7-48 凭证断号及序时检查

② 核查月末结转凭证是否全部结转完毕，如图 7-49 所示。

图 7-49 核查月末结转凭证

凭证断号及序时检查操作视频

三、任务实施

（一）任务流程

账表智能查询与结账的流程如 7-50 所示。

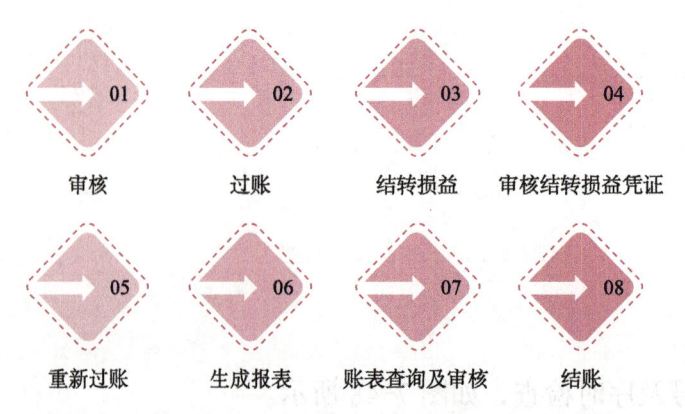

01 审核 → 02 过账 → 03 结转损益 → 04 审核结转损益凭证

05 重新过账 → 06 生成报表 → 07 账表查询及审核 → 08 结账

图 7-50 账表智能查询与结账的流程

184

单元七 期末会计事项的处理

（二）任务操作

1. 查询科目明细和发生额及余额表

（1）查询科目明细账

登入财天下，选择（或切换）会计核算账套为康健厨电，如图7-51所示。选择"账簿"｜"科目明细账"命令，如图7-52所示。选择科目明细账查询期间，然后单击"查询"按钮，如图7-53所示。

图7-51 选择核算主体

图7-52 选择"科目明细账"命令

图7-53 选择科目明细账查询期间

（2）查询发生额及余额表

选择"账簿"｜"发生额及余额表"命令，如图7-54所示。选择发生额及余额表查询期间，然后单击"查询"按钮，如图7-55所示。

图 7-54 选择"发生额及余额表"命令 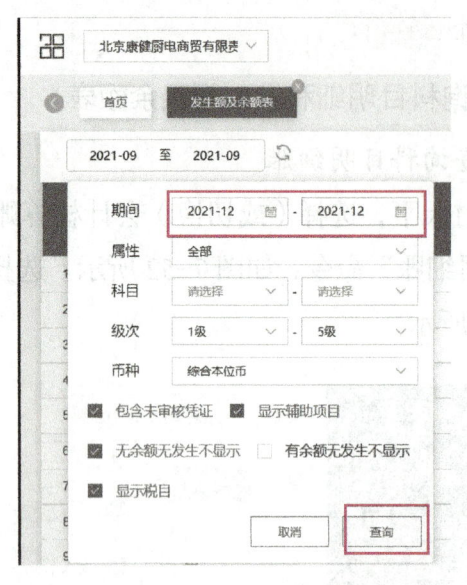　　图 7-55 选择发生额及余额表查询期间

2. 查看生成的财务报表

（1）查询资产负债表

登录财天下，选择（或切换）会计核算账套（如果是同一账套，则无须切换）。选择"报表"|"财务报表"命令，单击"资产负债表"标签，如图 7-56 所示。选择资产负债表所属的会计期间，单击"查询"按钮，如图 7-57 所示。

查询账簿明细及科目余额表操作视频

图 7-56 打开"资产负债表"选项卡

（2）查询利润表

选择"报表"|"财务报表"命令，单击"利润表"标签，如图 7-58 所示。选择利润表所属的会计期间，单击"查询"按钮，如图 7-59 所示。

3. 审核康健厨电 2021 年 12 月的资产负债表和利润表

审核资产负债表，如图 7-60 所示；审核利润表，如图 7-61 所示。

4. 月末结账

选择"月末结账"|"月末结账"命令，如图 7-62 所示。单击"月末检查结账"按钮，如图 7-63 所示。在检查项目通过后，系统便自动过渡到 2022 年 1 月。

单元七　期末会计事项的处理

图 7-57　选择资产负债表所属的会计期间

图 7-58　打开"利润表"选项卡

查看财务报表
操作视频

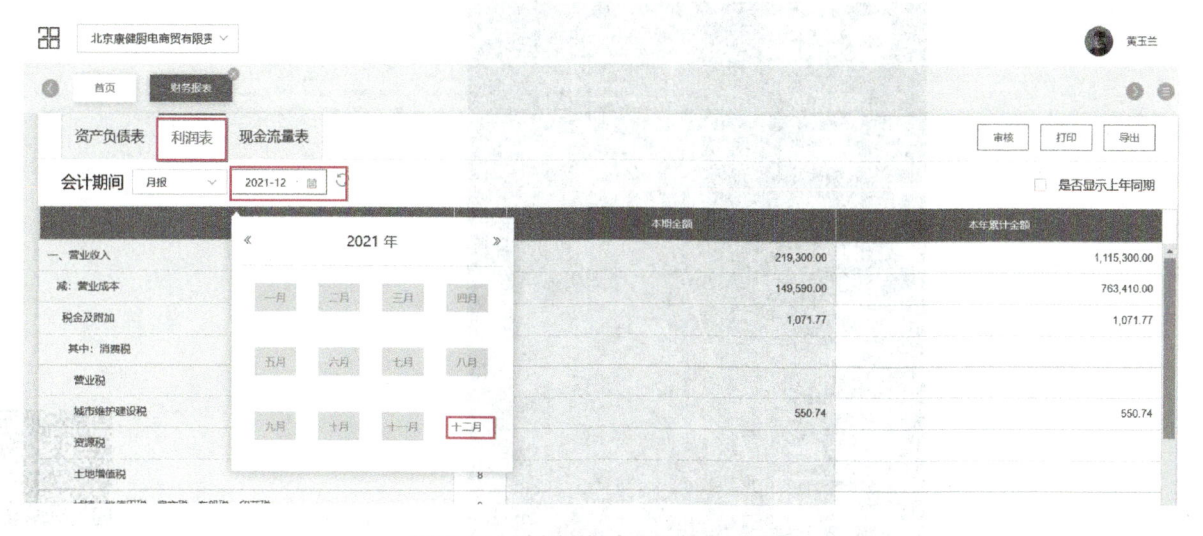

图 7-59　选择利润表所属的会计期间

图 7-60　审核资产负债表

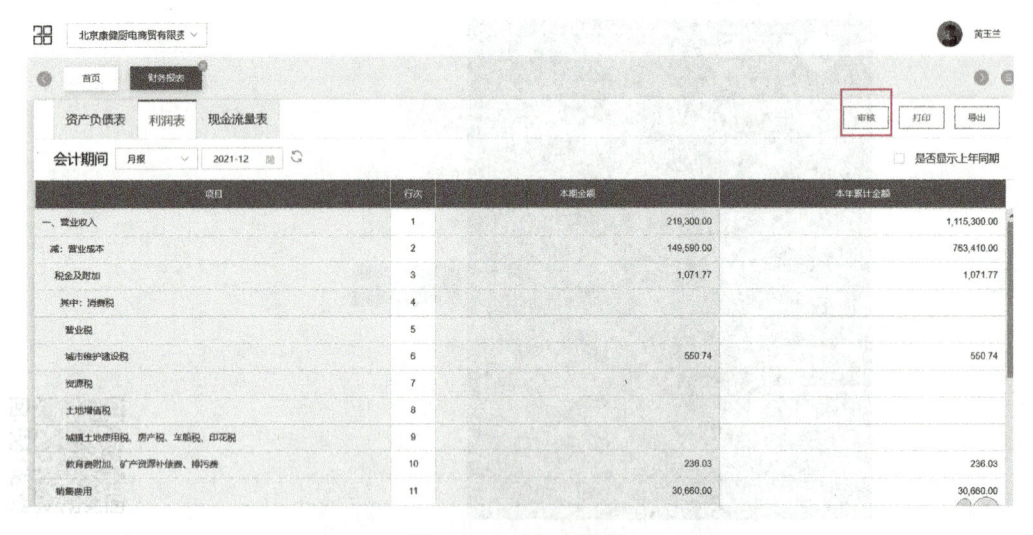

图 7-61　审核利润表

审核财务报表操作视频

图 7-62　选择"月末结账"命令

月末结账操作视频

188

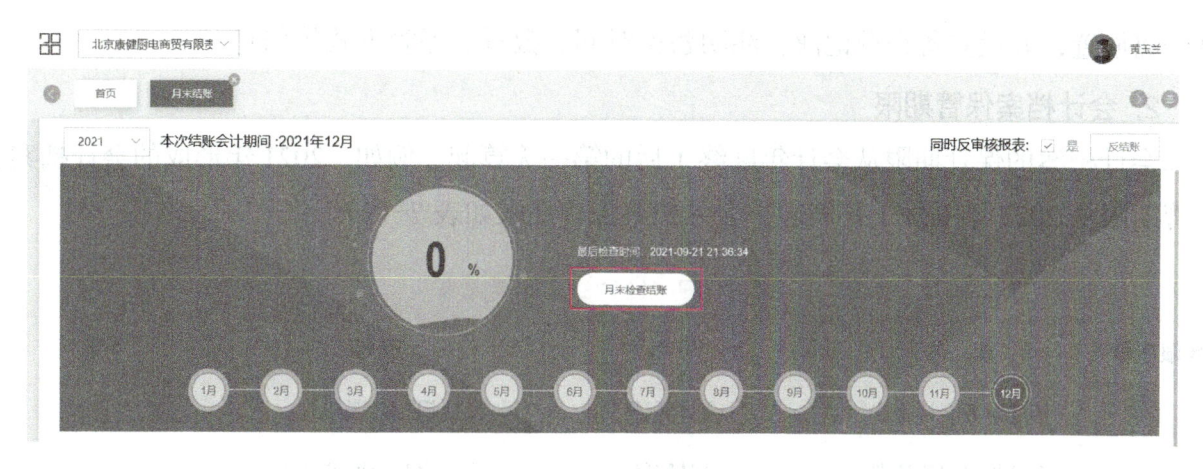

图 7-63 单击"月末检查结账"按钮

四、任务评价

任务完成后,教师应对学生完成任务的情况进行评价,评价标准如表 7-18 所示。

表 7-18 账表智能查询与结账任务评价表

考核项目	考核内容		考核权重/分	评分/分			合 计
				教师评	互 评	自 评	
专业技能	任务准备	知识	10				
		操作	5				
		要领	10				
专业技能	任务实施	查询账簿和报表	10				
		审核报表	20				
		结账	20				
职业素养		签到	5				
		合作	5				
		整理	5				

五、任务拓展

1. 会计档案保管方式

① 纸质会计档案的保管。应分类按顺序存放,注意防火、防潮、防污、防窃、防蛀、防鼠。

② 电子会计档案保管。对数据光盘、磁盘等电子会计档案分类按一定顺序进行编号,标明时间和文件内容,制作档案管理文件卡片;定期进行检测,及时做好数据维护工作,做好防压、防光、防尘、防腐蚀、防病毒、防磁化等工作;做好数据备份工作,备份盘与存储

189

盘分离放置，并设立备查登记簿，注明备份时间、数量、保管方式等信息。

2. 会计档案保管期限

会计档案的保管期限从会计年度终了后的第一天算起。例如，2021年形成的会计档案，保管期限从2022年1月1日算起。会计档案保管期限如表7-19所示。

表7-19 会计档案保管期限

年限序号	永久	30年	10年	5年
1	年度财务会计报告	会计凭证	银行对账单	固定资产卡片（作废清理后保管5年）
2	会计档案保管清册	会计账簿	银行存款余额调节表	
3	会计档案销毁清册	会计档案移交清册	纳税申报表	
4	会计档案鉴定意见书	其他	中期财务会计报告（月度、季度、半年）	

单元练习

在线测试

单元八

会计账簿与财务报表自动化处理

↘ 思政目标

1. 树立严谨细致、合法合规的工作态度，增强主人翁的责任感。
2. 养成注重事物内在联系的思维方式，形成慎终如始的学习和工作习惯。
3. 培养不畏困难、勇于探索的工作热情。
4. 树立学生的团队合作意识。

↘ 知识目标

1. 理解财务报表的编制意义。
2. 掌握财务报表的分类。
3. 掌握资产负债表、利润表和现金流量表的报表结构。
4. 了解账簿的种类、作用和查询方法。
5. 熟悉不同类型账簿查询及导出的基本流程。

↘ 技能目标

1. 掌握会计账簿管理的具体内容。
2. 能够通过账簿管理系统查询并导出相关会计账簿。
3. 能够使用报表管理系统查询并导出相关财务报表。
4. 能够解读相关财务报表。

任务一　会计账簿自动化生成与查询

一、任务情境

（一）任务场景

康健厨电于12月建账，委托智能财税共享中心进行该公司业务的处理。康健厨电想要了解本公司的相关会计账簿信息。

（二）任务布置

查询并导出康健厨电的相关账簿信息。

① 查询2021年12月"1122 应收账款"科目的总账。

② 查询2021年12月的"100201 银行存款－工行存款"科目的明细账。

③ 查询并导出2021年12月所有科目的发生额及余额表。

④ 查询2021年12月辅助类别为"存货"、辅助项目为"抽油烟机-AQ型"的辅助明细账。

⑤ 查询2021年12月辅助类别为"存货"、辅助项目为"抽油烟机-AQ型"的辅助余额表。

⑥ 查询并导出2021年12月的序时账。

⑦ 查询2021年12月31日分析对象为"供应商"、账龄类型为"近期账龄"的余额账龄分析。

⑧ 查询2021年12月31日分析对象为"客户"、账龄类型为"远期账龄"的明细账龄分析。

⑨ 查询2021年12月"1405 库存商品"科目的数量金额总账。

二、任务准备

（一）知识准备

企业发生的各类经济业务经过制单、审核、记账等程序后，就形成了正式的会计账簿。在账簿管理系统中，能够自动生成、查询及导出的账簿分别有科目总账、科目明细账、发生额及余额表、辅助明细账、辅助余额表、序时账、余额账龄分析、明细账龄分析、数量金额总账，以及数量金额明细账等。

1. 科目总账

科目总账可以根据资产、负债、共同、权益、成本和损益六大属性，查询各级科目下的期初余额、本月合计及本年累计的借方发生额、贷方发生额及余额；可以设置按发生日期排序查询、按属性查询和按科目排序查询等查询条件，在查找过程中还可以选择是否包含未记账凭证。

2. 科目明细账

科目明细账查询与科目总账查询的操作步骤和方法基本相同，主要区别在于科目明细账具有快速切换功能，能查找任意指定的总账科目和明细科目下的期初余额、本月合计及本年累计金额。同时，通过凭证号可以联查到对应的记账凭证。

3. 发生额及余额表

发生额及余额表主要用于查询和统计各级科目的本月发生额、累计发生额和余额等，可输出某月或某几个月的所有总账科目和明细科目的期初余额、本期发生额、累计发生额、期末余额；可以分别按照资产、负责、共同、权益、成本和损益六大属性进行查询。

4. 辅助明细账

在强大的账簿查询功能中，除总账、明细账外，系统还提供了辅助账的查询和管理功能，主要包括部门、往来、存货及项目核算等账簿的总账、明细账查询输出，以及部门收支分析和项目统计的查询输出等。辅助明细账可以根据客户、供应商、人员、项目、部门、存货等辅助类别进行明细查询。

5. 辅助余额表

辅助余额表与辅助明细账方法类似，可以分别查询客户、供应商、人员、项目、部门、存货等辅助类别中总账科目和明细科目的期初余额、本期发生额及本年累计发生额。

6. 序时账

序时账实际就是以流水账的形式反映单位的经济业务。序时账也称日记账，是按照经济业务发生的时间顺序，逐日逐笔进行登记的账簿。信息化条件下，在指定的会计期间按"开始科目"和"终止科目"分别可以查询到对应科目借方或贷方的金额。

7. 余额账龄分析

企业在进行审计和资产评估时都会进行应收账款的账龄分析，对账龄较大和数目较大的账款需要对其可收回性做出风险评估——催收账款不利或随着时间流逝弱化了对应收账款的关注都会给企业带来一定的风险，从而推动企业做出科学合理的收款方案。余额账龄分析主要是针对客户产生的应收账款未核销的余额进行近期账龄或远期账龄的分析：近期账龄分别涵盖1～5天、6～15天、15～30天、30天以上等时段；远期账龄分为一个月以内、1～3个月、3～6个月、6～12个月、12个月以上等时段。

8. 明细账龄分析

明细账龄分析与余额账龄分析的操作步骤和方法基本相同。明细账龄分析对每笔应收账款注明发生的日期，对于不同客户的应收账款情况可以联查到对应的记账凭证。

9. 数量金额总账

数量金额总账分别可以查询到期初余额和期末余额的数量、单价与金额，以及本期借方、本期贷方、本年累计借方、本年累计贷方的数量和金额。

10. 数量金额明细账

数量金额明细账是明细账簿的一种，其借方、贷方和余额都分别设有数量、单价与金额3个专栏，适用于既要进行金额核算，又要进行数量核算的各种财产物资类科目的明细分类核算。系统中还可以通过对应的凭证号联查到对应的凭证信息。

(二) 操作准备

根据业务内容，在财天下中选择康健厨电的会计核算账套。

智能会计信息系统应用

（三）任务要领

查询指定账簿时，需要设置好对应期间、属性及科目等查询条件，如图 8-1 所示。

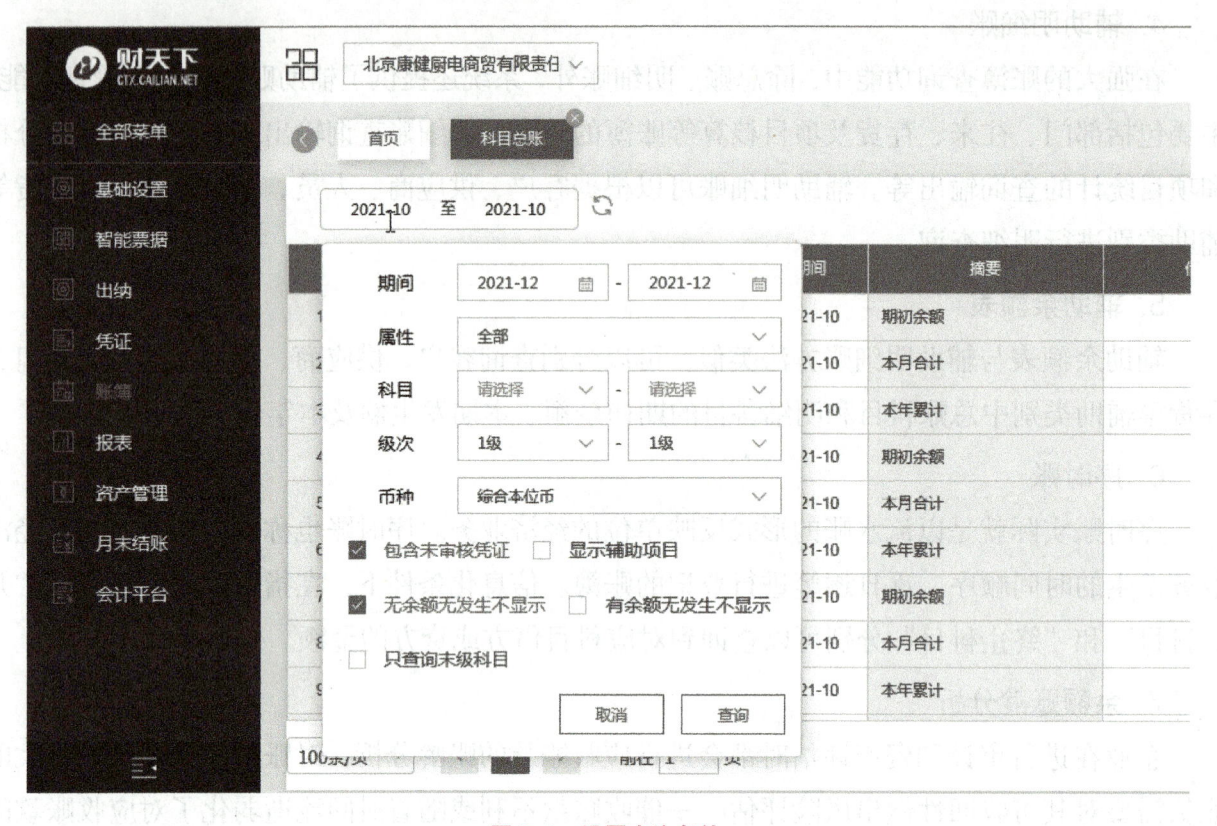

图 8-1 设置查询条件

三、任务实施

（一）任务流程

会计账簿自动化生成与查询的基本工作流程如图 8-2 所示。

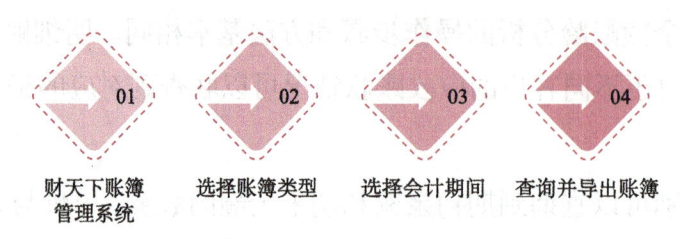

01 财天下账簿管理系统 → 02 选择账簿类型 → 03 选择会计期间 → 04 查询并导出账簿

图 8-2 会计账簿自动化生成与查询的基本工作流程

查询"1122 应收账款"科目总账操作视频

（二）任务操作

① 登录财天下，选择"账簿"|"科目总账"命令，会计期间选择 2021 年 12 月，科目选择"1122 应收账款"－"1122 应收账款"，然后单击"查询"按钮。结果如图 8-3 所示。

图 8-3　查询总账

② 选择"账簿"|"科目明细账"命令，会计期间选择 2021 年 12 月，科目选择"100201 银行存款-工行存款"-"100201 银行存款-工行存款"，级次为"2 级"，然后单击"查询"按钮；或者属性选择"全部"，在右侧的"快速切换"列表中进行选择。结果如图 8-4 所示。

图 8-4　查询科目明细账

③ 选择"账簿"|"发生额及余额表"命令，会计期间选择 2021 年 12 月，属性选择"全部"，然后单击"查询"按钮，查询发生额及余额表，如图 8-5 所示。单击右上角的"导出"按钮，即可导出发生额及余额表。

图 8-5　查询发生额及余额表

④ 选择"账簿"|"辅助明细账"命令，会计期间选择 2021 年 12 月，辅助类别选择"存货"，辅助项目选择"抽油烟机-AQ 型"，然后单击"查询"按钮。结果如图 8-6 所示。

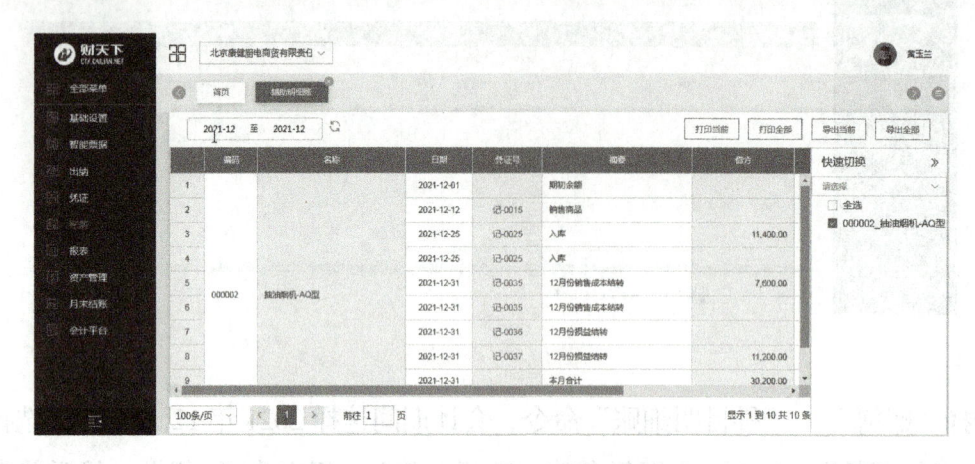

图 8-6 查询辅助明细账

⑤ 选择"账簿"|"辅助余额表"命令，会计期间选择 2021 年 12 月，辅助类别选择"存货"，辅助项目选择"抽油烟机-AQ 型"，然后单击"查询"按钮。结果如图 8-7 所示。

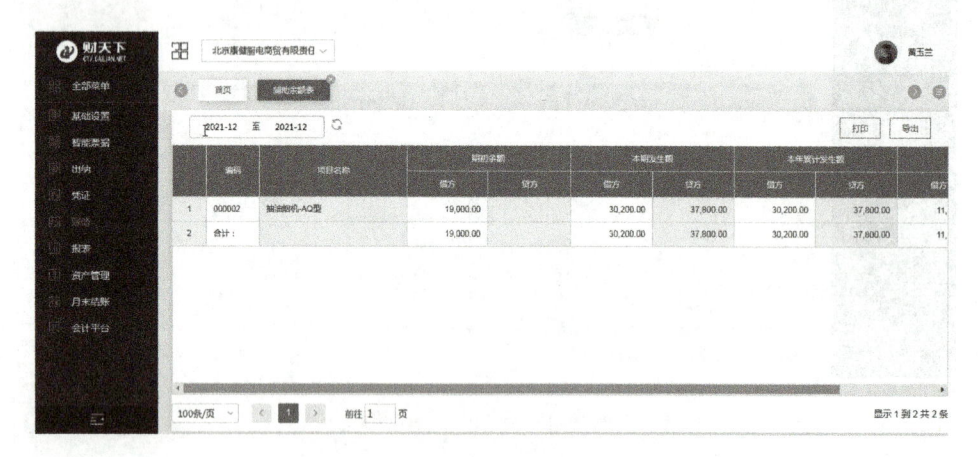

图 8-7 查询辅助余额表

⑥ 选择"账簿"|"序时账"命令，会计期间选择 2021 年 12 月，然后单击"查询"按钮。结果如图 8-8 所示。单击右上角的"导出"按钮，即可导出序时账。

图 8-8 查询序时账

⑦ 选择"账簿"｜"余额账龄分析"命令，时间选择 2021 年 12 月 31 日，分析对象选择"供应商"，账龄类型选择"近期账龄"，然后单击"查询"按钮。结果如图 8-9 所示。

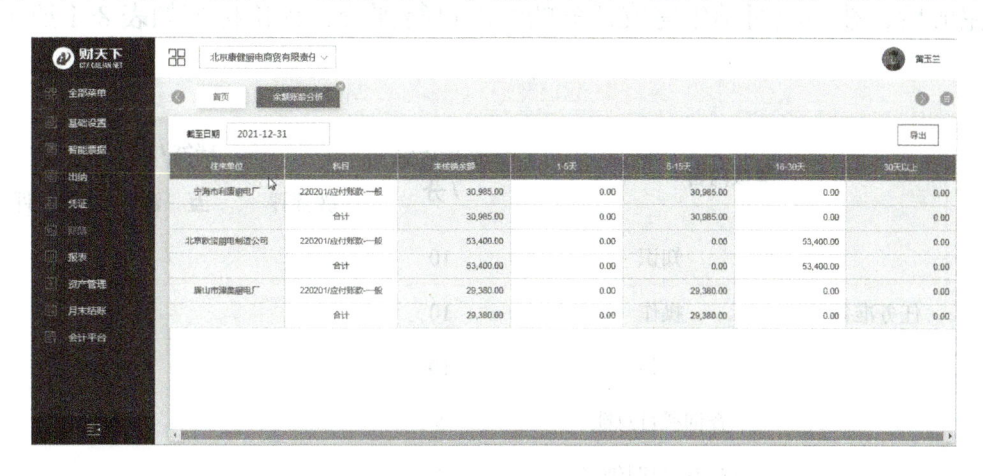

图 8-9　查询余额账龄分析

⑧ 选择"账簿"｜"明细账龄分析"命令，时间选择 2021 年 12 月 31 日，分析对象选择"客户"，账龄类型选择"远期账龄"，然后单击"查询"按钮。结果如图 8-10 所示。

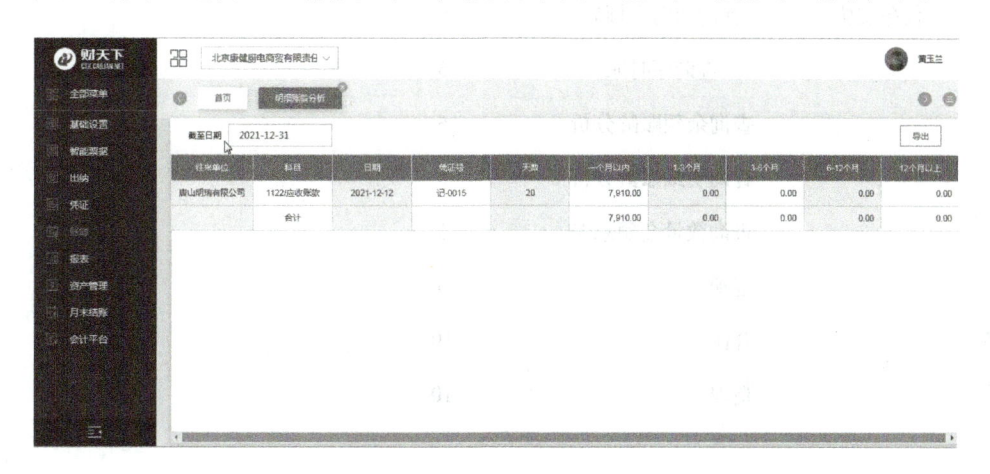

图 8-10　查询明细账龄分析

⑨ 选择"账簿"｜"数量金额总账"命令，会计期间选择 2021 年 12 月，科目选择"1405 库存商品"命令，然后单击"查询"按钮。结果如图 8-11 所示。

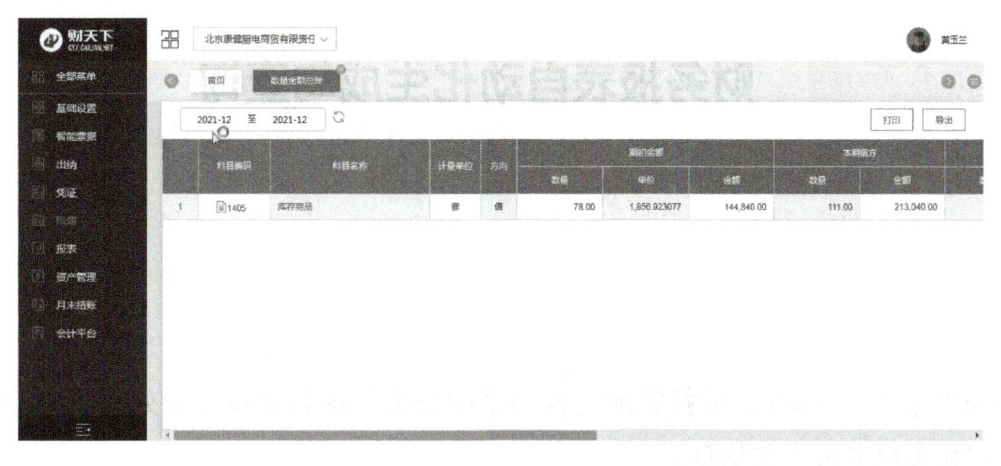

图 8-11　查询数量金额总账

四、任务评价

任务完成后，教师应对学生完成任务的情况进行评价，评价标准如表 8-1 所示。

表 8-1 会计账簿自动化生成与查询任务评价表

考核项目	考核内容		考核权重/分	评分/分			合计
				教师评	互评	自评	
专业技能	任务准备	知识	10				
		操作	10				
		要领	10				
	任务实施	查询科目总账	5				
		查询科目明细账	5				
		查询发生额及余额表	5				
		查询辅助明细账	5				
		查询辅助余额表	5				
		查询序时账	5				
		查询余额账龄分析	5				
		查询明细账龄分析	5				
		查询数量金额总账	5				
职业素养		签到	5				
		合作	10				
		整理	10				

五、任务拓展

学习手工账簿与信息化条件下账簿的对比。

手工账簿与信息化条件下账簿的对比

任务二　财务报表自动化生成与查询

一、任务情境

（一）任务场景

康健厨电于 12 月建账，委托智能财税共享中心进行该公司业务的处理。康健厨电想要了解本公司相关财务报表的信息。

单元八 会计账簿与财务报表自动化处理

（二）任务布置

① 审核并导出 2021 年 12 月 31 日的资产负债表。

② 审核并导出 2021 年 12 月的利润表；查询 2021 年第四季度的利润表。

③ 查询并导出 2021 年 12 月的现金流量表。

二、任务准备

（一）知识准备

1. 财务报表的概念

财务报表是企业根据记账凭证、会计账簿等核算资料定期编制的，用以反映企业一定时期（或时点）财务状况、经营成果和现金流量等会计信息的书面文件。财务报表是企业财务报告的重要组成部分，所提供的会计信息具有重要作用。其主要体现在以下几个方面。

① 有利于国家经济管理部门了解国民经济的运行状况。通过对各单位提供的财务报表资料进行汇总和分析，可以了解和掌握各行业、各地区的经济发展情况，以便宏观调控经济运行，优化资源配置，保证国民经济稳定持续发展。

② 有利于满足财政、税务、工商、审计等部门监督企业经营管理的需要。通过财务报表可以检查、监督各企业是否遵守国家的各项法律、法规和制度，有无偷税漏税的行为。

③ 有利于投资者、债权人和其他有关各方掌握企业的财务状况、经营成果和现金流量情况，进而分析企业的盈利能力、偿债能力、投资收益、发展前景等，为其投资、贷款和贸易提供决策依据。

④ 有利于经营管理人员了解本单位各项任务指标的完成情况，评价管理人员的经营业绩，以便及时发现问题、调整经营方向、制定措施、改善经营管理水平，并为经济预测和决策提供依据。

2. 财务报表的分类

财务报表可以按照不同的标准进行分类，主要有以下几种。

（1）按照所反映的经济内容不同分类

财务报表按其所反映的经济内容不同，可以分为静态报表与动态报表。

① 静态报表是总括反映企业在某一特定日期资产、负债与所有者权益状况的报表，如资产负债表。

② 动态报表是总括反映企业在一定时期的经营情况或现金流动情况的报表，如利润表和现金流量表。

（2）按照编制时间不同分类

财务报表按其编制时间不同，可以分为年度财务报表与中期财务报表。

① 年度财务报表是年度终了以后编制的，用以全面反映企业财务状况、经营成果及其

分配、现金流量等方面情况的报表。

② 中期财务报表是企业在会计年度中期编制的财务报表。中期是指短于一个完整的会计年度的报告期间。中期财务报表分为半年度报表、季报和月报：半年度报表是指每个会计年度的前 6 个月结束后对外提供的财务报表；季报是季度终了后编制的财务报表；月报是月终编制的财务报表，只包括一些主要的报表，如资产负债表、利润表等。

（3）按照服务对象不同分类

财务报表按其服务对象不同，可以分为外部报表和内部报表。

① 外部报表是企业向外部的会计信息使用者报告经济活动和财务收支情况的财务报表，如资产负债表、利润表、现金流量表和所有者权益变动表。这类报表一般有统一的格式和编制要求。

② 内部报表是用来反映企业经济活动和财务收支的具体情况，为管理者进行决策提供信息的财务报表。这类报表无规定的格式和种类。

另外，财务报表按照编制单位不同，可以分为单位财务报表和汇总财务报表；按照所反映的数字内容不同，可以分为个别会计报表和合并会计报表。

3. 财务报表的编制要求

为了充分发挥财务报表的作用，保证财务报表的质量，编制财务报表应做到数字真实、内容完整、计算准确、前后一致、报送及时。

（1）数字真实

财务报表中的各项数据必须真实可靠，如实地反映企业的财务状况、经营成果和现金流量。这是对会计信息质量的基本要求。

（2）内容完整

对外财务报表必须按照规定格式编报，填列齐全、完整，不论主表、附表或补充资料，都不得漏填、漏报，更不能任意改变报送的内容。如果财务报表规定项目的内容主表容纳不下，则可以利用附表、附注及其他形式加以说明。

（3）计算准确

日常的会计核算及财务报表的编制，涉及大量的数字计算，只有计算准确才能保证数字的真实可靠。因此，必须把核对无误后的账簿记录和其他有关资料作为编制依据，不能使用估计或推算的数据，更不能以任何方式弄虚作假，玩数字游戏或隐瞒谎报。

（4）前后一致

编制财务报表依据的会计方法前后期应当遵循一致性原则，不能随意变更。如果确需改变某些会计方法，则应在附注中说明改变的原因及改变后对报表指标的影响。

（5）报送及时

及时性是信息的重要特征，财务报表信息只有及时地传递给信息使用者，才能为使用者的决策提供依据。否则，即使是真实可靠和内容完整的财务报表，由于编制和报送不及时，也会大大降低其使用价值。

由于编制财务报表的直接依据是会计账簿，所有财务报表的数据都来源于会计账簿，因此为保证财务报表数据的正确性，编制财务报表之前必须做好对账和结账工作，做到账证相符、账账相符、账实相符。

4. 资产负债表的概念

资产负债表是反映企业某一特定日期财务状况的会计报表。它是根据资产、负债和所有者权益之间的相互关系，按照一定的分类标准和一定的顺序把企业的资产、负债和所有者权益各项目予以适当排列，并对日常工作中形成的大量财务信息高度浓缩整理后编制而成的。资产负债表是企业对外报送的主要报表之一。

5. 资产负债表的格式与结构

资产负债表正表的列报格式一般有两种：报告式资产负债表和账户式资产负债表。

报告式资产负债表是上下结构，上侧列示资产，下侧列示负债和所有者权益，而账户式资产负债表是左右结构，左侧列示资产，右侧列示负债和所有者权益。

资产负债表由表头、基本部分和补充资料三部分组成。

① 表头部分包括报表名称、编制单位、编制时间和货币单位等内容。

② 基本部分包括资产负债表中各项目的名称、各项目的期末余额和年初余额等内容。该部分为资产负债表的重点。

③ 补充资料部分是对某些项目的补充说明，按有关规定填列。

资产负债表（简表）的格式及结构如表8-2所示。

表8-2 资产负债表（简表）

编制单位： ___年___月___日 元

资　产	期末余额	年初余额	负债和所有者权益（或股东权益）	期末余额	年初余额
流动资产：			流动负债：		
货币资金			短期借款		
交易性金融资产			交易性金融负债		
衍生金融资产			衍生金融负债		
应收票据			应付票据		
应收账款			应付账款		
应收款项融资			预收款项		
预付款项			合同负债		
其他应收款			应付职工薪酬		
存货			应交税费		
合同资产			其他应付款		
持有待售资产			持有待售负债		
一年内到期的非流动资产			一年内到期的非流动负债		
其他流动资产			其他流动负债		

(续表)

资　产	期末余额	年初余额	负债和所有者权益（或股东权益）	期末余额	年初余额
流动资产合计			流动负债合计		
非流动资产：			非流动负债：		
债权投资			长期借款		
其他债权投资			应付债券		
长期应收款			其中：优先股		
其他股权投资			租赁负债		
其他权益工具投资			长期应付款		
其他非流动性金融资产			预计负债		
投资性房地产			递延收益		
固定资产			递延所得税负债		
在建工程			其他非流动负债		
生产性生物资产			非流动负债合计		
油气资产			负债合计		
使用权资产			所有者权益（或股东权益）：		
无形资产			实收资本（或股本）		
开发支出			其他权益工具		
商誉			其中：优先股		
长期待摊费用			永续债		
递延所得税资产			资本公积		
其他非流动资产			减：库存股		
非流动资产合计			其他综合收益		
			盈余公积		
			未分配利润		
			所有者权益（或股东权益）合计		
资产合计			负债和所有者权益（或股东权益）合计		

6. 利润表的概念

利润表又称损益表、收益表，是反映企业在一定期间（月度、年度）实现的经营成果的会计报表。利润表必须按月编制，对外报送。年度终了，企业应编报年度利润表。

利润表是财务会计报告中的主要报表，表明企业某一期间经营的成果是获利还是亏损。由于利润表反映的是某一期间的经营情况，因此是反映企业财务成果的动态报表，反映了企业在一定期间实现的净利润、利润总额及利润构成的情况。

7. 利润表的格式与结构

利润表是净利润计算公式的表格化。利润表的具体结构形式目前通行的主要有单步式和多步式两种。

① 单步式利润表是指通过全部收入和全部费用相对比，一次计算求得利润的表达式。这种格式比较简单，便于编制，但不便于分析企业利润的构成情况。

② 多步式利润表是指按企业利润形成的主要环节，依次分步计算，最终得出利润的表达式。其优点是能全面反映企业利润及其构成项目的形成情况，便于不同企业之间进行比较，

更重要的是有助于正确评估企业管理业绩和预测企业未来收益及盈利能力。我国一般采用的是多步式利润表，其格式如表 8-3 所示。

表 8-3 利润表

编制单位：　　　　　　　　　　　　　　　____年____月　　　　　　　　　　　　　　　元

项 目	本月数	本年累计数
一、营业收入		
减：营业成本		
税金及附加		
销售费用		
管理费用		
研发费用		
财务费用		
其中：利息费用		
利息收入		
加：其他收益		
投资收益（损失以"-"号填列）		
公允价值变动损益（损失以"-"号填列）		
资产减值损失（损失以"-"号填列）		
资产处置收益（损失以"-"号填列）		
二、营业利润（亏损以"-"号填列）		
加：营业外收入		
减：营业外支出		
三、利润总额（亏损总额以"-"号填列）		
减：所得税费用		
四、净利润（净亏损以"-"号填列）		
（一）持续经营净利润（净亏损以"-"号填列）		
（二）终止经营净利润（净亏损以"-"号填列）		
五、其他综合收益的税后净额		
六、综合收益总额		
七、每股收益		
（一）基本每股收益		
（二）稀释每股收益		

8. 现金流量表的概念

现金流量表是反映企业会计期间内（如月度、季度或年度）经营活动、投资活动与筹资活动等对现金及现金等价物产生影响的会计报表。现金流量表主要反映现金的流入和流出，动态反映现金的变动情况。

现金流量表弥补了资产负债表信息量不足的缺点，便于从现金流量的角度对企业进行考核，了解企业筹措现金、生成现金的能力。

9. 现金流量表的格式与结构

现行《企业会计准则》规定，现金流量表应当分别以经营活动、投资活动和筹资活动列报现金流量。具体到每种活动类型，现金流量还应当分别按照现金流入和现金流出额列报。现金流量表的基本格式和结构如表8-4所示。

表8-4 现金流量表

编制单位：　　　　　　　　　　　　　　　　　　　　　年　　月　　　　　　　　　　　　　元

项　目	行　次	本期金额	本年累计金额
一、经营活动产生的现金流量			
销售产成品、商品、提供劳务收到的现金	1		
收到的其他与经营活动有关的现金	2		
购买原材料、商品、接收劳务支付的现金	3		
支付的职工薪酬	4		
支付的税费	5		
支付的其他与经营活动有关的现金	6		
经营活动产生的现金流量净额	7		
二、投资活动产生的现金流量			
收回短期投资、长期债券投资、长期股权投资收到的现金	8		
取得投资收益收到的现金	9		
处置固定资产、无形资产和其他长期资产收回的现金净额	10		
短期投资、长期债券投资、长期股权投资支付的现金	11		
购建固定资产、无形资产和其他非流动资产支付的现金	12		
投资活动产生的现金流量净额	13		
三、筹资活动产生的现金流量			
取得借款收到的现金	14		
吸收投资收到的现金	15		
偿还借款本金支付的现金	16		
偿还借款利息支付的现金	17		
分配利润支付的现金	18		
筹资活动产生的现金流量净额	19		
四、现金净增加额	20		
加：期初现金余额	21		
五、期末现金余额	22		

（二）操作准备

登录财天下，在账套下拉列表中选择正确的账套，如图8-12所示。

单元八　会计账簿与财务报表自动化处理

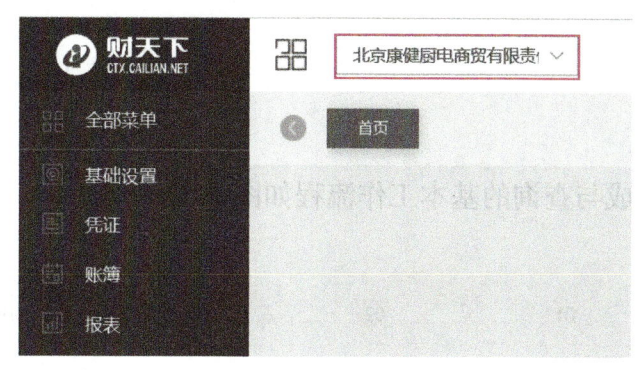

图 8-12　选择账套

（三）任务要领

会计期间的选择一定要正确。系统提供了月报和季报——以资产负债表为例，如果是月报，则会计期间选择 2021 年 12 月，如图 8-13 所示；如果是季报，则选择"第 4 季度"，如图 8-14 所示。

图 8-13　选择会计期间（月报）

图 8-14　选择会计期间（季报）

205

三、任务实施

（一）任务流程

财务报表自动化生成与查询的基本工作流程如图8-15所示。

01 财天下报表管理系统 → 02 选择报表类型 → 03 选择会计期间 → 04 查询并导出报表

图8-15 生成并查询财务报表的基本工作流程

（二）任务操作

① 登录财天下，选择"报表"｜"财务报表"命令。

② 打开"财务报表"对话框，单击"资产负债表"标签，会计期间选择"月报"，时间为"2021-12"，查询资产负债表，如图8-16所示。

图8-16 查询2021年12月的资产负债表

③ 单击"导出"命令，导出并查看Excel格式的资产负债表，如图8-17所示。

图8-17 查看Excel格式的资产负债表

④ 在"财务报表"对话框中单击"利润表"标签，会计期间选择"月报"，时间为"2021-12"，查询本月利润情况，如图 8-18 所示。

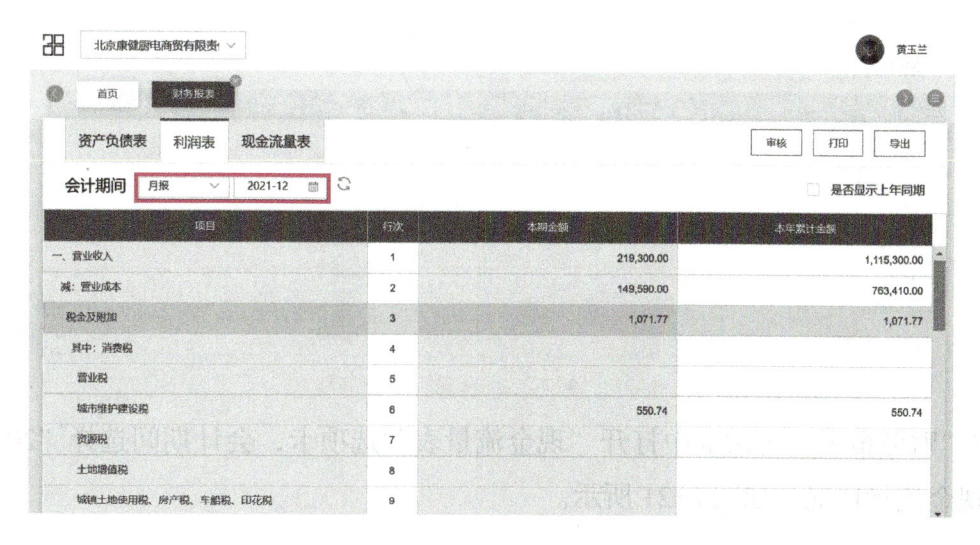

图 8-18　查询 2021 年 12 月的利润表

⑤ 单击"导出"命令，导出并查看 2021 年 12 月 Excel 格式的利润表，如图 8-19 所示。

利润表

编制单位：北京康健厨电商贸有限责任公司　　日期：2021-12-31　　单位：元

项目	行数	本期金额	本年累计金额
一、营业收入	1	219,300.00	1,115,300.00
减：营业成本	2	149,590.00	763,410.00
税金及附加	3	1,071.77	1,071.77
其中：消费税	4		
营业税	5		
城市维护建设税	6	550.74	550.74
资源税	7		
土地增值税	8		
城镇土地使用税、房产税、车船税、印花税	9		
教育费附加、矿产资源补偿费、排污费	10	236.03	236.03
销售费用	11	30,788.00	30,788.00
其中：商品维修费	12		
广告费和业务宣传费	13		
管理费用	14	96,846.10	96,846.10
其中：开办费	15		
业务招待费	16		
研究费用	17		
财务费用	18		
其中：利息费用（收入以"-"号填列）	19		
加：投资收益（损失以"-"号填列）	20		
二、营业利润（亏损以"-"号填列）	21	-58,995.87	223,184.13
加：营业外收入	22	88,000.00	88,000.00
其中：政府补助	23		
减：营业外支出	24		
其中：坏账损失	25		
无法收回的长期债券投资损失	26		
无法收回的长期股权投资损失	27		
自然灾害等不可抗力因素造成的损失	28		
税收滞纳金	29		
三、利润总额（亏损总额以"-"号填列）	30	29,004.13	311,184.13
减：所得税费用	31	1,920.16	1,920.16
四、净利润（净亏损以"-"号填列）	32	27,083.97	309,263.97

图 8-19　查看 Excel 格式的利润表

⑥ 会计期间选择"季报"，时间为 2021 年第四季度，查询 2021 年第四季度利润情况，如图 8-20 所示。

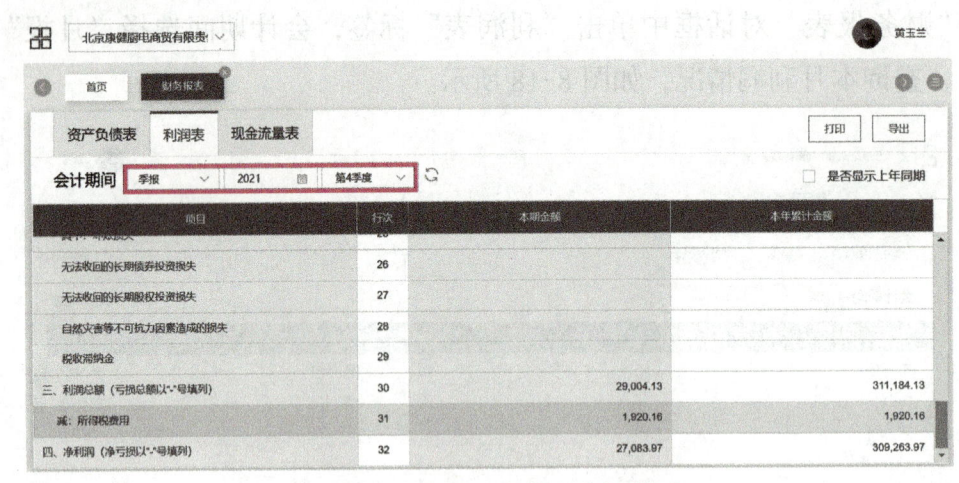

图 8-20 查询 2021 年第四季度利润表

⑦ 在"财务报表"对话框中打开"现金流量表"选项卡，会计期间选择"2021-12"，查询本月现金流量情况，如图 8-21 所示。

图 8-21 查询 2021 年 12 月的现金流量表

⑧ 单击"导出"按钮，导出并查看 Excel 格式的现金流量表，如图 8-22 所示。

现金流量表

编制单位：北京康健厨电商贸有限责任公司　　　日期：2021-12-31

项目	行次	本期金额	本年累计金额
一、经营活动产生的现金流量：			
销售产成品、商品、提供劳务收到的现金	1	267,099.00	267,099.00
收到的其他与经营活动有关的现金	2		
购买原材料、商品、接收劳务支付的现金	3	95,991.20	95,991.20
支付的职工薪酬	4	105,250.00	105,250.00
支付的税费	5	33,600.00	33,600.00
支付的其他与经营活动有关的现金	6	24,810.00	24,810.00
经营活动产生的现金流量净额	7	7,447.80	7,447.80
二、投资活动产生的现金流量：			
收回短期投资、长期债券投资、长期股权投资收到的现金	8		
取得投资收益收到的现金	9		
处置固定资产、无形资产和其他长期资产收回的现金净额	10		
短期投资、长期债券投资、长期股权投资支付的现金	11	14,125.00	14,125.00
购建固定资产、无形资产和其他非流动资产支付的现金	12		
投资活动产生的现金流量净额	13	-14,125.00	-14,125.00
三、筹资活动产生的现金流量：			
取得借款收到的现金	14		
吸收投资收到的现金	15		
偿还借款本金支付的现金	16		
偿还借款利息支付的现金	17		
分配利润支付的现金	18		
筹资活动产生的现金流量净额	19		
四、现金净增加额	20	-6,677.20	-6,677.20
加：期初现金余额	21	207,500.00	
五、期末现金余额	22	200,822.80	200,822.80

图 8-22 查看 Excel 格式的现金流量表

四、任务评价

任务完成后,教师应对学生完成任务的情况进行评价,评价标准如表 8-5 所示。

表 8-5　会计报表自动化生成与查询任务评价表

考核项目	考核内容		考核权重/分	评分/分			合　计
				教师评	互　评	自　评	
专业技能	任务准备	知识	10				
		操作	10				
		要领	10				
	任务实施	资产负债表	20				
		利润表	15				
		现金流量表	20				
职业素养		签到	5				
		合作	5				
		整理	5				

五、任务拓展

学会快速阅读会计报表。

教你快速阅读会计报表

单元练习

在线测试

尊敬的老师：

您好。

请您认真、完整地填写以下表格的内容（务必填写每一项），索取相关图书的教学资源。

教学资源索取表

书　　　名				作者名	
姓　　　名		所在学校			
职　　　称		职　　务		职　　称	
联系方式	电　话		E-mail		
	QQ 号		微信号		
地　址（含邮编）					
贵校已购本教材的数量（本）					
所 需 教 学 资 源					
系 / 院 主 任 姓 名					

系／院主任：_____（签字）

（系／院办公室公章）

20____年____月____日

注意：

① 本配套教学资源仅向购买了相关教材的学校老师免费提供。

② 请任课老师认真填写以上信息，并请系／院加盖公章，然后传真到（010）80115555 转 718438 索取配套教学资源。也可将加盖公章的文件扫描后，发送到 fservice@126.com 索取教学资源。欢迎各位老师扫码加我们的微信号，随时与我们进行沟通和互动。

③ 个人购买的读者，请提供含有书名的购书凭证，如发票、网络交易信息，以及购书地点和本人工作单位证明来索取。

微信号